江苏省"新鱼米之乡"建设途径及指标体系研究

主编 孙兆海 柴丽娜

河海大学出版社
·南京·

图书在版编目(CIP)数据

江苏省"新鱼米之乡"建设途径及指标体系研究 / 孙兆海,柴丽娜主编. -- 南京：河海大学出版社, 2022.12
　ISBN 978-7-5630-7977-3

　Ⅰ.①江… Ⅱ.①孙… ②柴… Ⅲ.①乡村-生态环境建设-研究-江苏 Ⅳ.①F327.53②X321.2

中国版本图书馆 CIP 数据核字(2022)第 255611 号

书　　名	江苏省"新鱼米之乡"建设途径及指标体系研究
书　　号	ISBN 978-7-5630-7977-3
责任编辑	齐　岩　毛积孝
文字编辑	余　迪
特约校对	王春兰
封面设计	徐娟娟
出版发行	河海大学出版社
地　　址	南京市西康路 1 号(邮编:210098)
电　　话	(025)83737852(总编室)　(025)83722833(营销部)
经　　销	江苏省新华发行集团有限公司
排　　版	南京布克文化发展有限公司
印　　刷	苏州市古得堡数码印刷有限公司
开　　本	718 毫米×1000 毫米　1/16
印　　张	17.5
字　　数	294 千字
版　　次	2022 年 12 月第 1 版
印　　次	2022 年 12 月第 1 次印刷
定　　价	69.00 元

《江苏省"新鱼米之乡"建设途径及指标体系研究》

编委会

主　编：孙兆海　柴丽娜

副主编：叶懿安　蒋　红

成　员：董上上　陈　思　张振夏　周君薇　冷湘梓
　　　　高海龙　翟　姝　周璐瑶　刘烨彤　李盈语
　　　　焦丽君　罗　涛　杨倩琪

前言

江苏历来是全国闻名遐迩的鱼米之乡,然而,随着工业化和城镇化的快速推进,以及高投入高产出的农业集约化经营,部分地区环境污染严重、优质资源流失、生态系统退化,乡村要素大量外流,城乡二元结构明显,农村空心化现象逐步凸显,鱼米之乡黯然失色,这成为江苏高质量发展的突出短板。2020年8月,江苏省印发《中共江苏省委 江苏省人民政府关于深入推进美丽江苏建设的意见》,提出美丽江苏建设要优化乡村山水、田园、村落等空间要素,加强重要节点空间、公共空间、建筑和景观的详细设计,保护自然肌理和传统建筑,彰显乡村地域特色,展现"新鱼米之乡"的时代风貌。立足新起点,迈进新征程,江苏省第十四次党代会报告指出,建设社会主义现代化,最艰巨最繁重的任务在农村,必须深入实施乡村振兴战略,推进乡村全面振兴,努力建设农业强、农村美、农民富的新时代鱼米之乡。

建设"新鱼米之乡"不仅是江苏践行习近平生态文明思想的重要举措,也是实践创新"绿水青山就是金山银山"理念的积极探索,更是江苏推进美丽中国建设和全面建成小康社会的有效载体,对于实现乡村全面振兴具有十分重要的意义,因此迫切需要开展建设途径与指标体系研究。本书聚焦"生态、业态、形态"三态融合,以实现乡村生态美、产业强、百姓富相统一为目标,分析江苏农村发展存在的问题,总结借鉴国内外先进经验,深入剖析"新鱼米之乡"内涵,提出了江苏省"新鱼米之乡"主要类型和发展方向,构建了"新鱼米之乡"建设指标体系,探讨了"新鱼米之乡"建设思路和主要内容。

由于编者水平有限,书中难免有疏漏和不足之处,敬请广大读者批评指正。本书在编写过程中得到江苏省生态环境厅、江苏省环保集团有限公司、江苏省生态环境评估中心等单位相关人员的帮助和支持,在此表示衷心的感谢。

编者
2022 年 12 月

目录

第一章 国内外研究与实践进展 001

1.1 国外研究与实践经验 003
    1.1.1 国外研究与实践进展 003
    1.1.2 国外经验启示 016

1.2 国内研究与实践经验 017
    1.2.1 国内研究与实践进展 017
    1.2.2 国内经验启示 023

第二章 江苏省实践进展与问题分析 025

2.1 江苏实践进展情况概述 027

2.2 农村环境综合整治情况 028
    2.2.1 农村环境综合整治工作开展情况 028
    2.2.2 农村环境综合整治经验与成效 029
    2.2.3 存在问题 030

2.3 人居环境整治情况 031
    2.3.1 人居环境整治工作开展情况 031
    2.3.2 人居环境整治经验与成效 032
    2.3.3 存在问题 034

2.4 特色田园乡村建设情况 035

  2.4.1　特色田园乡村建设工作开展情况 …………………… 035
  2.4.2　特色田园乡村建设经验与成效 …………………… 036
  2.4.3　存在问题 ……………………………………………… 044
 2.5　水美乡村建设情况 ……………………………………………… 045
  2.5.1　水美乡村建设工作开展情况 ……………………… 045
  2.5.2　水美乡村建设经验成效 …………………………… 046
  2.5.3　存在问题 ……………………………………………… 048
 2.6　生态文明建设示范村建设情况 ………………………………… 049
  2.6.1　生态文明建设示范村建设工作开展情况 ………… 049
  2.6.2　生态文明建设示范村建设经验与成效 …………… 050
  2.6.3　存在问题 ……………………………………………… 052
 2.7　本章小结 ………………………………………………………… 052

第三章　江苏省农村发展现状及问题分析 ……………………… 055
 3.1　江苏省农村社会经济发展总体情况 …………………………… 057
  3.1.1　乡村组织基本情况 …………………………………… 057
  3.1.2　乡村劳动力从业结构 ………………………………… 059
  3.1.3　乡村经济情况 ………………………………………… 062
 3.2　乡村产业发展状况 ……………………………………………… 066
  3.2.1　我国乡村产业发展现状 ……………………………… 066
  3.2.2　江苏省乡村产业发展现状 …………………………… 067
  3.2.3　乡村产业发展存在问题 ……………………………… 071
 3.3　生态环境保护状况 ……………………………………………… 074
  3.3.1　饮用水水源地保护现状 ……………………………… 074
  3.3.2　农村生活污染治理现状 ……………………………… 074
  3.3.3　农业源污染防治现状 ………………………………… 075
  3.3.4　农业农村环境监管能力建设现状 …………………… 076
  3.3.5　乡村生态环境保护存在问题 ………………………… 077
 3.4　生态宜居乡村建设情况 ………………………………………… 080
  3.4.1　乡村环境面貌改善状况 ……………………………… 081
  3.4.2　乡村文化建设情况 …………………………………… 082

            3.4.3 生态宜居乡村建设存在问题 ················· 083

第四章 江苏省"新鱼米之乡"内涵 ················· 085
4.1 国外相关基础理论 ······························· 087
            4.1.1 马克思、恩格斯城乡融合理论 ··············· 087
            4.1.2 舒尔茨的农业经济理论 ····················· 092
            4.1.3 埃比尼泽·霍华德的"田园城市"理论 ········· 093
            4.1.4 杜能的区位理论 ··························· 095
            4.1.5 城乡一体化理论 ··························· 096
4.2 国内相关要求与理念 ····························· 100
            4.2.1 社会主义新农村建设 ······················· 100
            4.2.2 乡村振兴战略 ····························· 101
            4.2.3 美丽乡村建设 ····························· 102
            4.2.4 美丽宜居乡村建设 ························· 103
            4.2.5 生态文明建设示范村建设 ··················· 104
            4.2.6 零碳村及近零碳村 ························· 105
4.3 "新鱼米之乡"的内涵 ··························· 107
            4.3.1 鱼米之乡的历史渊源 ······················· 107
            4.3.2 "新鱼米之乡"建设的重要意义 ·············· 109
            4.3.3 "新鱼米之乡"基本内涵 ···················· 110

第五章 江苏省"新鱼米之乡"建设思路 ··············· 113
5.1 "新鱼米之乡"建设的总体思路 ····················· 115
5.2 "新鱼米之乡"建设的基本原则 ····················· 116
5.3 "新鱼米之乡"建设的主要目标 ····················· 116
5.4 "新鱼米之乡"主要类型及发展方向 ················· 117
            5.4.1 重要农产品生产保障型 ····················· 117
            5.4.2 特色生态产品供给型 ······················· 117
            5.4.3 第二产业引领型 ··························· 118
            5.4.4 文旅融合发展型 ··························· 118
            5.4.5 生态系统服务型 ··························· 118

第六章　江苏省"新鱼米之乡"建设指标体系 ………………… 119

6.1　指标体系研究 ……………………………………………… 121
6.1.1　指标构建理论 ………………………………………… 121
6.1.2　指标构建方法 ………………………………………… 122
6.1.3　指标体系构建研究 …………………………………… 123
6.1.4　国内乡村建设指标体系研究 ………………………… 124

6.2　指标体系构建思路 ………………………………………… 143
6.2.1　生态类指标 …………………………………………… 143
6.2.2　业态类指标 …………………………………………… 148
6.2.3　形态类指标 …………………………………………… 151
6.2.4　制度类指标 …………………………………………… 155

6.3　"新鱼米之乡"建设指标体系 …………………………… 155
6.3.1　基础指标 ……………………………………………… 156
6.3.2　特色指标 ……………………………………………… 157

第七章　江苏省"新鱼米之乡"建设内容与典型模式 ………… 161

7.1　"新鱼米之乡"建设内容 ………………………………… 163
7.1.1　农村突出环境问题生态化治理 ……………………… 163
7.1.2　农村生态系统功能恢复与提升 ……………………… 167
7.1.3　农村特色优质业态优化提升 ………………………… 169
7.1.4　美丽宜居乡村环境提升 ……………………………… 172
7.1.5　制度体系建设与创新 ………………………………… 175

7.2　"新鱼米之乡"建设模式与典型案例 …………………… 179
7.2.1　重要农产品生产保障型"新鱼米之乡" …………… 179
7.2.2　特色生态产品供给型"新鱼米之乡" ……………… 188
7.2.3　第二产业引领型"新鱼米之乡" …………………… 196
7.2.4　文旅融合发展型"新鱼米之乡" …………………… 204
7.2.5　生态系统服务型"新鱼米之乡" …………………… 214

第八章　加快推进"新鱼米之乡"建设的建议 ················ 229
　8.1　建立"新鱼米之乡"建设评估体系 ······················ 231
　　　8.1.1　构建评估指标体系 ···························· 231
　　　8.1.2　建立评估考核机制 ···························· 231
　8.2　制定"新鱼米之乡"总体推进方案 ······················ 231
　　　8.2.1　突出三态合一，推进"新鱼米之乡"建设 ··········· 232
　　　8.2.2　突出因地制宜，形成"新鱼米之乡"建设特色模式 ···· 232
　8.3　健全"新鱼米之乡"建设的市场支撑体系 ················ 232
　　　8.3.1　凝聚市场专业力量 ···························· 233
　　　8.3.2　创新市场化运作模式 ·························· 233
　8.4　加大"新鱼米之乡"建设的政策支持力度 ················ 233
　　　8.4.1　强化用地政策支持 ···························· 233
　　　8.4.2　拓宽资金渠道 ································ 234
　8.5　强化"新鱼米之乡"建设的组织保障 ···················· 234
　　　8.5.1　建立省级协调推进工作机制 ···················· 234
　　　8.5.2　强化市县主体责任 ···························· 234
　8.6　加快推进"新鱼米之乡"建设试点 ······················ 235
　　　8.6.1　积极推进省级试点建设 ························ 235
　　　8.6.2　加大试点宣传推广力度 ························ 235

附件 ·· 237
　附件1　江苏省"新鱼米之乡"建设实施方案建议 ·············· 239
　附件2　江苏省"新鱼米之乡"建设指标体系建议 ·············· 243

参考文献 ·· 261

第一章 国内外研究与实践进展

第一章 国内外研究与实践进展

1.1 国外研究与实践经验

1.1.1 国外研究与实践进展

国外关于农村建设的研究开始较早,一般被称为"乡村发展"或"乡村建设",主要依托于相关学科理论进行乡村建设研究。马克思、恩格斯在其理论著作中提出"城乡融合",认为城乡融合是城乡关系发展的归宿。在生产力水平低下的蒙昧时代和野蛮时代中期,城乡关系呈现出"城乡同一"的特点。随着工业革命的推进和城市化进程的加快,资源、资金和劳动力不断向城市集聚,城乡发展不平衡显现并逐步加剧,农村的可持续发展受到影响。随后,发达国家进入调整阶段,乡村建设日益受到重视,政府通过建立完善农村保护政策体系、促进农业发展、加强农村基础设施建设和社会事业建设、健全村镇规划体系等做法,推动城乡统筹发展。

基于农业发展的乡村建设和产业发展发源于欧洲,在法国、德国、意大利等国家得到蓬勃发展,并逐渐规范化,相关研究主要集中于乡村建设的基础理论、管理体制、发展模式和建设路径等方面。

就基础理论而言,主流的有恩格斯"城乡融合"理论、舒尔茨"农业经济"理论、霍华德"田园城市"理论等。19世纪40年代,恩格斯最早在《共产主义原理》中提出"城乡融合"理论,指出城乡之间的对立是随着野蛮向文明的过渡、部落制度向国家的过渡、地域局限性向民族的过渡而开始的,它贯穿了文明的整个历史。19世纪90年代,英国的埃比尼泽·霍华德在《明日的田园城市》中提出了"田园城市"理论,他认为建设兼具城市和乡村优点的结合体是一种理想的发展状态。20世纪50年代,在众多经济学家重工轻农的时代背景下,美国经济学家舒尔茨提出了"农业经济"理论,他认为农业是经济增长的原动力,唯有现代化的农业,才能推动经济腾飞[1-2]。

就管理体制而言,美国、欧洲多国在探索村庄管理模式方面取得了较为显著的成果。美国通过建立、制定一系列制度和政策来促进农村发展,包括推行保护性收购政策,并与目标价格支持相结合,切实提高农民收入。欧洲多国在垃圾收集、道路维护、景观营造及废水治理等方面的标准把控层面采取了一定措施,包括实施垃圾分类收集政策,政府从房产税中征缴垃圾治理费,倡导低碳生活等,对于农村管理体制建设工作具有一定的借鉴意义。

就乡村建设模式而言,不同国家和地区的国情不同、社会制度不同,对乡村建设的具体实践也存在着差异。对于美国和欧洲一些发达国家而言,农村与城市的公共服务和基础设施建设差距不大,已经实现农业生产现代化,生态问题不突出,所采用的乡村建设模式各具特点,其中法国、德国、荷兰、瑞士等欧洲国家的乡村建设模式重点放在农村建设的宜居性和多功能性上,可以称为生态环境型模式;处于北美洲的美国和加拿大的乡村建设模式则属于城乡共生模式。亚洲区域日本、韩国的农村发展过程具有一定代表性,二者均以政府为主导、带动全民共建、自上而下地开展乡村建设运动,其中日本属于因地制宜型模式,韩国属于自主协同型模式。日本因地制宜型乡村发展模式重视具体问题具体分析,在农村发展长期缺乏标准化的乡村治理模式的情况下,可以充分发掘传统资源,发挥区域经济优势,创新地区品牌,提高农村社会的整体效益。韩国自主协同型乡村治理模式能推动缩小城乡差距,有利于政府树立良好形象,有效改变农村经济发展滞后、农民缺乏经济收入、生活质量低的贫困状况。

就乡村建设具体路径而言,相关研究也较为完善,多数是从实践中总结提炼出具体经验。比如,实践经验表明,乡村旅游业可以在农村经济多样化方面发挥重要作用,有助于持续推动农村地区人口增长和经济发展。部分农村生态环境较差,无法支撑乡村旅游业发展,而农村经济基础薄弱,农民对于环境治理的付费意愿也不强,造成农村经济发展陷入两难境地。因此,需要将扩大资源获取机会与加大政策支持力度相结合,保障农村生态环保资金投入,以农村生态环境保护和改善助推乡村生态振兴,让良好生态环境成为乡村振兴的支撑点。

韩国学者李仁熙等[3]总结了韩国新村运动成功的原因,主要包括村民的主动参与、村庄的积极执行、对优秀村庄的率先支援、新村领导人的培养及政府的体系化支援。韩国学者李养秀[4]分析了韩国新村运动中的政策援助及应用策略,认为韩国在新村运动成功后,实施的政策援助模式的核心是提升居民能力、增加居民收入及建立村庄之间的竞争机制等。日本学者晖峻众三[5]描述了日本从1850年到2000年150年间的农业发展和乡村建设历史,研究了政策执行后产生的农业、农民、农村和环境问题,对我国正在推进的农业现代化具有较强的参考借鉴价值。Curry Owen分析了英国村庄政策的发展历程,归纳出村庄环境、管理、规划三方面的进展,并从村镇和资源规划角度进行分析。E.S.萨瓦斯所著《民营化与公私部门的伙伴关系》明确了村庄基础设施层面的公私合作模式并诠释其内在机理[6]。Mohammed Abdulla等号召村民在规划土地上建房子,给予村民一定的贷款便利,并设置专用资金建设治理村庄,提升村庄金融体系服务[7]。

综合而言,发达国家村庄建设主要分为三个方面:完善村庄基础设施、优化村庄生态环境、整治村容村貌。以下主要介绍日本、韩国、德国、美国、意大利、荷兰、法国、瑞士等国家的具体实践情况。

1.1.1.1 日本的"造村运动"

日本乡村振兴运动大致可划分为三阶段。第一阶段为1946年至1960年,中心任务是完善相关制度,促进粮食增产。第二阶段为1961年至1975年,中心任务是提振农村经济,促进城乡均衡发展。第三阶段为1976年至今,中心任务是强化政府引导,推进农村产业融合发展。其中最为突出的亮点是"造村运动",即各个地区依托自身优势发展特色农业,形成以农业特色产品为主导的农村区域发展模式。1999年颁布的新《粮食、农业、农村基本法》,进一步明确21世纪乡村振兴发展战略及其基本的实施计划,主要包括粮食和农产品的稳定供给、农业的多功能性和可持续发展等,旨在基本消除城乡差距,实现城乡高度融合发展。

明治维新时期是日本城市化的开端,20世纪50至70年代,日本处于经济高速发展时期,城乡居民收入差距拉大,农村人口流向城市,日本传统村落社会快速崩溃,出现了农村的"过疏问题"。农村"过疏"导致了一系列社会问题的产生:农村地区社会生活基础被削弱,村落逐渐萧条;以青年为主的大规模人口从农村流向城市,乡村人口老龄化问题加剧;乡村的农业生产功能越发难以维系。为挽救濒临崩溃的农村经济,缩短城乡差距,推动乡村可持续发展,日本政府自20世纪70年代初期开始规划并实施了"村镇综合建设示范工程",即"造村运动"。

"造村运动"是兼具内生性与自发性的一场"自下而上"的民间自主性农村改良运动,政府仅起到政策帮扶和技术支持作用,不用财政包办。日本经过多年的"造村运动",在城乡一体化上取得了巨大成功,使农村发生了巨大的变化,从山谷里的童话雪乡到江户风情的古老屋邸,各具特色。

日本"造村运动"的内容逐渐扩展到整个生活层面,包括景观与环境的改善、历史建筑的保存、基础设施的建设、健康与福利事业的发展等;造村运动的地域也由农村扩大到城市,成为全民运动。

此外,日本"造村运动"的优秀做法有以下三点。

(1) 打造"一村一品"

日本的"造村运动"中最具知名度且影响力涉及全日本乃至亚洲各国和地区的开展形式就是"一村一品"运动,最初由大分县前知事平松守彦提出,并逐渐成为"亚洲乡村旅游的标杆"。所谓"一村一品"运动,就是一种在政府引导和扶持下、以行政区和地方特色产品为基础形成的区域经济发展模式。"一村一品"模式注重提高初级农产品的附加值,注重品牌宣传,严格把控农产品加工环节,扩大产品影响,不断开拓市场[8]。它要求一个地方(县、乡、村)根据自身的条件和优势,发展一种或几种有特色的且在一定的销售半径内名列前茅的拳头产品,包括特色旅游、特色文化资产和特色农产品等特色产品,同时搭建金融体系,通过低息贷款等措施推动地方特色产业和优势产业的开发、发展,具体分为五个方面:一是以开发农业特色产品为目标,培育各具优势的产业基地;二是以产业融合为重点,增加农产品的附加价值;三是以开发农产品市场为手段,促进农产品的流通;四是以培养人才为动力,开展多元化的农民教育;五是以创设合理的融资制度为途径,提供农业低息贷款。

(2) 培养并留住人才

"造村运动"的倡导者——大分县前知事平松守彦认为,培养出具有国际水平的高素质人才,是使一个地区获得新生的关键。"造村运动"的最终目标是"造人",要发掘生活在本地的年轻人的热情和积极性,培养出一大批既具有实践能力而又能扎根本地区的人才。日本开展农民职业技术教育的主体是多元化的，一是各级农业科技教育培训中心，二是高、中等农业院校，三是企业与民间的各类培训服务机构，四是各级农民协会，五是各级农业技术推广服务体系和农业改良普及系统。这种由政府、学校和民间力量共同构成的多主体参与、相互交流、相互补充的全方位供给系统，能够有计划、分层次、有重点地开展农民职业技术教育，取得了较好的教育培训效果。

（3）创设"农村金融"

创设农村金融体系，解决"钱从哪里来"的问题。农村产业振兴需要完善的金融体系来支撑，日本的农村金融体系由政策性金融与农协金融组成。农林渔业金融公库是政府依据《农林渔业金融公库法》于1953年全资设立的日本农业政策性金融机构，负责对土壤改良、造林、林间道路、渔港等生产性基础设施建设提供贷款，以及对维持和稳定农林渔业的经营、改善农林渔业的条件所需资金提供贷款。日本农村金融的另一支主力军是农协金融。农协设有信用部，以分散农户为单位，使得农户能以较低利率进行相互融资，业务范围包括会员的存款、贷款、票据贴现、债务担保和国内汇兑交易等信用业务。

1.1.1.2 韩国的"新村运动"

韩国政府于20世纪70年代发起了"新村运动"。"新村运动"与同时期日本的"造村运动"有明显不同，它是一场自上而下的、政府主导的农村建设活动，旨在缩短工农业差距，得到了当时的朴正熙政府在人力、物力和财力等方面的全力支持。"新村运动"还有着严密的组织性和指挥体系。

"新村运动"的重点内容包括改善居住环境、重视乡村人才培养、注重发展乡村特色产业、增加非农业收入、发展公益事业。韩国政府通过对乡村地区道路、桥梁、水利、住房等的修建和完善，以及开展耕地整治、河流整理，使乡村面貌焕然一新，改善农业发展的基础条件，既提升了农民生活的幸福感，也激发农民对乡村建设的热情。中央成立了研修院，地方成立了培训机构，分别对地方带头人和村里指导员进行专业培训。根据乡村实际，制定乡村产业发展规划，支持发展适宜各村落环境的特色产业，打造集约型、精品型、观光型现代农业区，吸纳农民就业，丰富农民非农业增收路径[9]。修建乡村会馆，为村民提供公用设施和活动场所。

与"造村运动"相同的是，"新村运动"以韩国中央政府主导为主，大力号召民间力量发挥积极性。"新村运动"一经提出，便调动了普遍民众建设的积极性，加上教育培训及激励机制的实施，全面提升了当时乡村人民的整体素养。运动初期的重心主要在如何改良农村建设、如何美化农村环境方面,建设项目包括改善住房条件、流通设施和扩大农村副业等,由于与国民生活紧密相关,因此得到了韩国民间的强力支持;但是政府的过度干预,比如过分强调住房和村庄设计的统一,致使村庄缺乏特色,出现了"千房一面、千村一面"的现象。

总体来说,在政府的坚定决心和人民的全力支持下,韩国"新村运动"取得了全面成功,农村公共设施建设和农业生产条件得到了明显优化,乡村环境和面貌显著改善,有效解决了城乡发展不平衡的"顽疾",工农业发展步调更加协调。韩国农村建设、农业现代化推动了乡村经济持续发展进步,得益于新村运动坚定不移地以政府支援项目来激励农民建设家园的热情,同时以勤勉、自立、协同的精神,推进人的道德建设。具体的做法包括以下几个方面。

(1) 奖勤扶勤以培养勤劳品德

"新村运动"伊始,政府扶持农村的建设项目先行启动。韩国政府向全国农村每村供应335袋水泥,用以改善村民住房、修筑饮水井台和渠道等与村民自身生活密切相关的设施。项目启动一年后,各地执行效果出现了差别,近一半村庄按照规定建房修井,居住条件有所改善;三分之一左右的村庄将领回的水泥闲置,浪费了资源,村民居住条件依然如故;五分之一左右的村庄将水泥变卖后消费。

面对村庄执行的差异,韩国政府实行奖勤、扶勤的支持政策,将三万余村庄按项目执行的效果,划分为基础村、自助村、自立村,政府无偿扶持的实物则按执行效果分配。所谓基础村是指刚开始启动"新村运动"的村庄,而自助村、自立村则按村庄道路、屋顶改造、会馆、仓库建设、水利设施完善的程度来划分。当满足屋顶改良达到80%、会馆建设达两座、水利设施完成80%等条件,即具备自助村向自立村升级的资格。共建完成效果好的自助村可升入自立村,第一年每村得到水泥500袋并附加钢材一吨,用以奖励。对于将水泥闲置的村庄,政府将减少发放量,促使其觉醒改进后再支持。政府通过有条件的无偿支持,来唤醒村民的自信、自立、自强意识,并对靠勤劳、诚信、协作精神致富的人给予重点奖励。

1971年至1978年,在政策的引导下,不爱劳动的基础村消失了,村民在奖勤罚懒的体制下培养了勤劳品德,并涌现出不少先进人物。原来划分的自立村,根据村民的收入情况提升为福利村。新村建设的重点从改善农民居住生活条件的基础阶段发展为改善提高居住环境和生活质量的更高阶段。坚持执行优先支援优秀村,引导善意竞争,以最少的政府资源,产出最高效益,营造新村运动"勤勉、自助、协同、奉献和实践"的积极氛围。

(2) 支持农协自办合作金融

农村面貌改造提升,离不开资金的支持。由于农业属于投资大、周期长、风险高的行业,城镇银行、商业银行向农民发放贷款意愿不强,因此资金不足成为韩国农业生产发展的核心问题,建立互惠合作的农村金融业成为当时韩国政府的重要决策之一。1961年,韩国政府根据《农业协同法》建立新的农协,将金融服务与农民组织结合起来,成为韩国农协发展重要的里程碑。合作金融主要根据互助原则,从协会组合成员中集聚资金,贷给组合成员,为农民提供农业生产及日常所需资金。

合作金融的出现受到了村民的极大欢迎。为鼓励这一模式,政府也出台了相关的优惠政策。首先,组合成员均享有加入金融组织借贷使用资金的权利,村民可以根据农业收益状况办理低息贷款,及时做好农业生产设计和资金投入规划。另外,如果村民有了富余的资金,可以存入合作金融账户,享受比一般银行高2%～3%的利息。

为保障账户资金安全,合作金融制定了存款人的保护制度。如若出现破产,保护制度里面的保险资金则会用于帮助村民。这些实惠的政策,使基层农协的合作金融业得以快速发展。据统计,1973年韩国有200多万农民组合成员,通过1 473个基层组合和13个省、140个市开展储蓄或贷款业务,储蓄额从1970年的40万韩元增长到1982年的11亿韩元,贷款额也从1970年的50万韩元增长到1982年的8亿韩元。

2012年,韩国农协对金融业务进行了一系列的改革,但不变的是农民的合作金融仍由农协自己来办。随着现代科技的不断发展,合作金融的业务也在不断拓展,比如发行支票、跨行汇款等,网络金融业务和电子金融业务的推出也使得合作金融更加便民高效。

(3) 各方力量协同推进新村建设

随着"新村运动"的不断深入,基础设施的建设极大提高了村民的生活水平。而在推进城镇文明建设过程中,多元化力量的共同参与发挥了重要作用。韩国学者认为,"新村运动"既不是政府独当一面,也不是村民完全自治,而是政府与村民共同促进的运动。

一是政府各部门形成合力,共同推动农村现代化。农村的电力供应、电话安装、医疗服务、道路修建等工程设施,分别需要工商部、通信部、卫生部以及建设部等部门支持,为了促进各部门对"新村运动"的配合和支持,从1970年到1979年,所有内阁成员和国会议员须全员参加经济计划部每月举行的经济月评会。在经济月评会上,推荐成功农民的案例,让成功的农民讲述他们不平凡的成功经历以及遇到的困难。将农民对农村用电、通信和农村医疗服务方面的迫切需求及时反映给各位内阁成员。所有政府部门都积极承担了实现农村现代化进程中相应的工作职责,并共同参与来解决预算不足的困难。

二是以新村中央研修院为培训中心,积极开展育人工程。1972年,韩国政府设立了中央研修院并在地方设立了相应的培训机构。"新村运动"初期,新村教育比较注重对社会各阶层的核心骨干人员和中坚农民的培训,举办了骨干农民培训班、新村指导员班、农协组合长班、农协管理干部班、妇女指导员班、土地改良组合长班、水产团体干部班、农村教育骨干人员班等24种培训班,通过集体住宿、集中讨论、生活教育等环节达到教育目的。培训的主要内容有地区开发、意识革新、经营革新、青少年教育等7个方面。到1995年,各层次的新村教育共培训了34.2多万人次,不仅培养了大批运动"指导者"和运动骨干,而且对农民进行了技术培训,提高了农民的素质,为"新村运动"的顺利开展打下了坚实基础。

三是志愿指导员队伍积极发挥专业优势,贡献力量。韩国实施了志愿指导员制度,志愿义务工作者为了区域共同体的发展,除了做好本职工作外,还自发行动起来,利用自己的知识、能力无偿为社区提供服务。义务工作者大多数来自大学教师、大学生等素质比较高的群体。据统计,仅在1970年至1978年期间,参加"新村运动"的新村指导员就达到278万人,其中包括公务员30万人,以及来自190多所大学的学生等。各大学和研究所纷纷成立了"新村运动"研究所(会),通过社会调查,有针对性地研究社会问题,再把研究成果带到实践中验证,对好的经验和技术加以推广,提高了政府科学决策和运作的效率。

(4) 充分发挥村民的主体作用

村民是"新村运动"的主体,"新村运动"之所以成功,最重要的原因在于最大限度地调动了村民的积极性,增强了村民的自信心,发扬了自主、自助、自强、合作的精神力量。

在运动初期,即使政府要推行已经认定对农民有益的事情,也事先征求农民的意愿,真正让农民成为各项农村建设事业的主体,决不强制推行。项目的计划安排和执行进度由农民自主选择。农民不分身份地共同讲述、商讨事宜,集体参加培训和劳动。农民自主选举新村指导员,基层新村运动的组织者是从农民中选出的"指导者",而不是具有准公务员性质的村长。

20 世纪 70 年代末,韩国"新村运动"达到了预期目标后,政府行政领导逐步退出,村民的自治力量开始兴起。全国各地以行政村为单位自发地组织了开发委员会主导"新村运动",吸收全体农民为会员,并成立了青年部、妇女部、乡保部、监察会,设立村庄基金,自发组织修筑乡村公路、整治村庄环境、发展文化事业和社会救助等活动。

1.1.1.3 德国的"田园综合体"

德国早在 19 世纪就开始兴起了"田园综合体"式的都市农业模式。该模式将生产、生活与生态融为一体,在经营上结合了农业产销和休闲服务等,并具有经济、社会、教育、环保、游憩、文化传承等多方面的功能,是休闲农业和乡村旅游的一个发展方向。

德国各地根据自身情况不同,也衍生出不同的特色和形态,可分为度假农场、乡村博物馆、市民农园三种类型,其中最有代表性的为市民农园模式。自 1868 年德国修建了第一个市民农园以来,这种模式开始在德国逐渐发展起来,1919 年德国制定了《市民农园法》。这些农园大多建在大中城市近郊,每个农园占地两公顷左右,一部分是镇、县政府提供的公有土地,一部分是居民提供的私有土地,大约 50 户市民组成一个集团,与政府签订为期 25 年至 30 年的使用合同,自行决定如何经营。每个市民农园如同一个"小田园",周围是低矮的篱笆、藤蔓或灌木丛。一幢幢独门独院的小木屋有序分布,院子里有辘轳井或泵水井,地上摆放着精美可爱的小风车和各种家禽模型,菜园里种植着鲜花、蔬菜。每到周末,生活在城市的人们会举家来到郊区的农园,租赁一栋小屋,进行农事体验、休闲健身或享受生态环境。由于近年来申请市民农园的家庭急剧增加,德国还发展了相当数量的协会进行民间管理、联合发展,松散的"小田园"逐步向"大田园"发展。其中,以卡尔斯农场最负盛名。卡尔斯农场以免费的儿童体验为吸引点,以草莓采摘及其他衍生项目——主题购物中心、民宿酒店等为盈利点,以草莓节、中世纪节等为创意点,打造了特色品牌形象,实现了产业兴旺的同时,完善了乡村旅游的功能,保护了当地的乡村景观和乡土文化,对我国田园综合体的打造具有重要的借鉴意义[10]。

综合而言,德国的乡村振兴战略重视统筹规划,贯彻城乡等值理念,突出在法律和法规的不同层面下对乡村公共产品和公共服务进行有效供给。为了保障乡村振兴的有效实施,德国政府还专门设立了乡村振兴补充决策体系,组织和实施乡村振兴规划,进而形成了一套完整的乡村振兴推进路径框架。具体经验做法包括以下几种。

(1) 围绕主题产业实施多业态运营

已有近百年发展历史的卡尔斯农场,随着三代人的不断改进和经营,完成了产业的结合,成为相对丰富的休闲农业体验园。现如今已经拥有5个连锁农庄、4家购物中心、2家主题咖啡店、300多个草莓屋销售点,堪称德国儿童体验农庄的成功典范。

农场除了每年固定的高品质草莓采摘、售卖活动之外,还开发了农产品衍生品制造和教育体验,成为农场的一大特色,提供多种农场衍生品,如果啤饮料、果汁、果酱、护手霜、橄榄油以及波罗的海的石头、弹珠、装饰物件、储物件、毛绒皮大衣及鞋子、床上用品、毛绒玩具、水壶、香水、香精、肥皂、书籍等。农场衍生品的各个生产环节都可以参与体验,农场专门设立了制作区,包括制作香肠、巧克力、咖啡等,以及针对儿童设置的果酱制造课和糖果制造课。农场还有一些小型的动物园,园内有适合儿童乘骑的矮种马、观赏性较高的蝴蝶花园以及免费动物表演,为以静为主的采摘农业增添活力。

在发展过程中,挖掘文化特色是必经之路,也是维系城市和乡村关系的纽带。卡尔斯农场牢牢把握自身特色,设定节日使农场保持热度,打造了草莓节和中世纪节等特色节日,既完善了休闲农业功能,又保护了乡土文化和当地景观特色。在品牌宣传上,植入草莓人偶形象,并随时出现在一些场合,如德国人喜欢的足球场等。农场合理运用自身文化特色,将受益的重点之一定位为草莓商品销售,进一步扩大了产业链。

(2) 突出发展理念对乡村发展的指导作用

根据国际经验,但凡实施过乡村振兴战略的国家,都会首先明确和构建乡村发展理念,紧密围绕这一理念开展相关工作,如德国的"乡土化"和"城乡等值化"发展理念。二战后,村庄由于现代化改造失去了原有的村貌、活力与吸引力,逐渐沦为城市的复制品。为扭转乡村与城市同质化发展的趋势,德国将乡村发展方向确定为"本土化",明确提出"乡土化"和"城乡等值化"发展理念,并在乡村振兴战略推进过程中严格贯彻落实这一理念,将乡村还原为最初的风貌。同时,政府通过提高公共产品和公共服务供给水平,使得乡村居民拥有等同于城市居民平均生活水平的条件,提供给乡村更多就业岗位,推动乡村可持续发展。然而,我国乡村已经分化成为传统村落、城中村、中心村等不同类型,发展方向差异较大,发展理念确定应体现层次性、差异性和针对性[11]。

(3)强化法律法规对乡村发展的保障能力

以发展理念为基础,构建实施乡村振兴战略的法律框架体系,依法保障乡村规划、乡村建设和乡村管理等顺利推进。根据德国经验,以《空间规划法》《农业结构预规划》《土地整理法》等法律为基础实施的乡村振兴战略,既给予了实施主体稳定的预期,又保证了实施过程的有序化。德国至今仍然延续的《土地整理法》,对农地合并提供了法律基础和土地流转保障,而农地合并的稳步推进,则使得德国的农业经营模式发生了巨大转变,逐步实现了农业现代化,产生了经济的正向反馈。

1.1.1.4 美国的"乡村改进"

18世纪末,美国开始推进工业革命,并且一直酝酿乡村革命。1909年,时任美国总统罗斯福在白宫召开"乡村生活会议",成立乡村生活改进委员会,统一负责乡村生活的各项工作,美国的乡村生活改进运动由此拉开序幕。

美国乡村改进运动是从乡村教育运动开始的。起初,发展乡村教育的议案被提出,教育部门号召要把"为农业生活做预备""使成人与儿童留在农村""使农民成为公民"作为乡村教育的目标,使乡村学校成为乡村社会的中心,其采取的主要措施为组织青年团体、设立乡村图书馆、改良乡村礼堂、设立发展农业的专门机关等。同时,美国政府认为规划应该保持稳定性,规划一经确定,就应该得到贯彻实施,除非出现重大特殊情况,否则不得随意更改。乡村整体布局受到重视,保证乡村"道路通、给水通、排水通、电力通、电讯通、煤气通、热力通和土地平整"的"七通一平"。美国的经验可总结归纳为以下几点[12]。

(1)重视完善农村基础设施建设

美国农村多以家庭农场为主,因此美国农村基础设施建设的完善在推动美国乡村经济的繁荣和发展中具有重大意义。完善交通系统不仅有利于美国农业经济的发展,也对农产品销往世界其他地区起到了决定性的作用。美国在完善农村网络教育系统的同时,注重改善学生学习的硬件设施、提供丰富的学习资源、提高教师的专业技能和素质。美国教育系统的完善对农村人口素质的提高具有重大作用,为人才培养奠定了基础。

(2) 支持农业加速发展

美国注重对农业科技的投入,对在农产品加工方面进行投资的城市私营企业给予补贴。科学技术和生物技术的发展,不仅解决了美国农村劳动力不足的情况,而且还提高了农作物的产量。美国还建立了政策性经济体系、农村合作经济体系及农业保险体系来保障农业经济快速发展,稳定农业生产、提高农民社会福利水平,为农民利益提供可靠的保障,以此提高农民工作积极性。

(3) 注重生态环境保护

美国注重生态环境保护,秉持"土地是生态环境保护的根本"这一理念,而农民作为土地的拥有者,在保护生态环境这一政策中更是起到关键性作用。美国对农业科研项目投入大量资金,从而改善农业耕作技术,注重节水灌田、农场清洁化生产、牲畜饲养标准化,对农业生产的废料进行回收利用,以此保护农村生态环境。美国各农学院在举行讲座时,还十分注重讲解环保知识,以此来提高村民的环保意识。

(4) 注重法律体系的完善

美国相继出台了一系列法律政策来保证农村农业正常有序发展。2014年《2014年农业法案》为农业产业化项目安排了预算总额,支持农业龙头企业发展,大力推动农业机械化、企业化和服务社会化。出台《自然与景观河流法》《资源保护及恢复法案》《低碳经济法案》《美国复苏与再投资法案》等政策法案,为农业发展、农业补贴、自然资源及生态环境保护提供了法律支持。在美国乡村建设规划中,注重民本思想是其特色。具体表现在以下四个方面:一是充分考虑居民的需求;二是对农村进行绿化;三是尊重村民的生活习俗;四是突出乡村固有的鲜明特色。美国在对乡村进行开发时,充分利用其资源,展现其特色。

1.1.1.5 其他发达国家

(1) 意大利的"绿色农业旅游"

意大利的"绿色农业旅游"已经成为意大利人的一种生活方式。意大利最先成立了"农业与旅游全国协会",积极宣传推广乡村旅游方式。政府对乡村旅游制定了一系列扶持政策,在融资方面开创了政府、社会、企业、个人四位一体的"意大利模式",并且构建了乡村旅游的规模化经营方式,实现了旅游资源向旅游资本的转变。目前,意大利兴起了"新农业＋新零售"的模式,现有10 000余家专门从事"绿色农业旅游"的管理企业,对意大利的农业资源进行了深度开发,农民收入大幅度提升,城乡差距缩小,城乡关系改善。此外,意大利给予农业从事者一系列补贴和优惠政策,更多具有高学历、高专业技能的年轻人进入乡村,为乡村带来了高质量的农业技术和新颖的营销模式[13]。

(2) 荷兰的"特色产业"

荷兰毗邻德国,国土面积狭小,是典型的人多地少的西欧国家,但荷兰却发展成为农业出口大国,这得益于荷兰对其农村资源的充分整合和对本地区优势的发挥。荷兰于20世纪初开展"土地整理",颁布了《土地整理法》,将分散在农户手中的土地集中,合理有效地降低农田碎片化程度,实现规模经营,显著提高了土地利用效率。1954年,荷兰再次修订《土地整理法》,提出中心任务是保护乡村传统景观,预留部分土地进行自然保护、休闲娱乐和村庄改造。20世纪70年代以后,荷兰越发重视地方优势的发挥,开展从农业发展的单一路径转向乡村的综合开发建设,包括合理规划农业用地,发展乡村旅游业;着力于生态保护,发展绿色农业、旅游业、绿色能源等特色产业,提高自然环境景观质量,以此推动农业产业与旅游业等高端服务业融合发展。

(3) 法国的"农村改革"

法国地处欧洲中部,二战前属于农产品进口国家,战后经过20余年的努力,法国才实现了农业现代化,这主要得益于法国工业化的发展、及时的农村改革以及适宜的农业政策。法国农村改革方针为"一体化农业"和"领土整治","一体化农业"是通过搭建农场主-企业合作体系,借助现代科学技术、科学管理手段整合工农商业,组成一个同步消长的利益共同体,建设一体化农业。"领土整治"是为改变二战前法国乡村的小型农场经营模式、使地区发展平衡采取的手段,其主要措施是国家下达政令,对农业地区以及经济落后地区进行干预,从而扭转发展不平衡的局面。

(4) 瑞士自然生态乡村

随着社会化和城市化的不断推进,瑞士农村居民不断减少,但是瑞士仍将乡村发展作为推动国家发展的重要组成部分,瑞士政府十分重视自然环境的美化和乡村基础设施建设,在乡村建设中,着重营造优美的乡村生态环境和独具特色的乡村风光,完善乡村交通设施建设;同时,政府通过发放农业补助资金、提供助农贷款等激励政策,推动农村经济发展,增强农村吸引力。

1.1.2 国外经验启示

研究国外乡村建设的模式及发展思路,对于江苏省开展"新鱼米之乡"建设或其他地区开展美丽乡村建设具有十分重要的借鉴意义。但由于国情、文化差异,江苏省"新鱼米之乡"的建设需结合实际,积极探索创新,找到切实可行的实现路径。国外的经验启示总结归纳为以下几点。

(1)重视统一规划及政策扶持。从以上成功的国外乡村建设发展模式中不难看出,政府机构的统一规划及政策扶持是乡村建设的前提,只有依靠政府部门从战略高度对美丽乡村建设进行合理规划和有效扶持,才能有效推动乡村建设。政府要制定切实可行的政策法规和规划计划,并定期对发展成果进行验收和评估,充分发挥指导、建设与监督作用。规划的编制可以更好地减少未来建设中的不确定因素,提高公众参与率,为乡村建设的顺利实施奠定基础。

(2)重视公共基础设施建设。农村与城市的主要差距之一就是农村地区公共基础设施的不完善,因此发达国家不惜投入大量资金建设农村公共基础设施来缩小城乡之间的差距。"新鱼米之乡"建设离不开政府改变城乡二元结构的政策导向作用,必须建立长效机制,一张蓝图绘到底,不断推进公共服务均等化,为"新鱼米之乡"建设提供财政和技术、人力和物力方面的支持。

(3)强调以人为本,保持乡村生态的原真性。充分尊重地方特色,因地制宜,依据当地的乡村自然景观及人文特点,量身打造适宜的发展路径,在推动乡村发展的同时,注意保持乡村自然人文环境的原始性和真实性。

(4)依托乡村旅游产业,实现多元化发展。国外成功的乡村建设大都是依托乡村旅游产业,通过开发自然景观、田园风光和农业资源,转变农村发展的主体——农民的思想观念和价值观念。通过开展多种形式的乡村旅游,带动种植业、农产品加工业和畜牧业等产业的发展,确保农业增效与农村经济健康可持续发展。

(5)育人留人,注重文化建设。发掘生活在本地的年轻人的热情和积极性,培养出一大批既具有实践能力而又能扎根本地的人才。强化精神文明建设,不断提高农民群众的思想、文化、道德水平,使其崇尚文明、崇尚科学。

(6)完善制度建设,提升法规保障效力。发达国家高度重视制度建设,在农村建设方面也出台了相关的法律法规,如日本先后出台了《市町村合并特例法》《过疏地域对策紧急措置法》等系列法规政策来保证乡村建设的合法性和有序性。

(7)完善金融支持体系,保障资金投入。各国政府创新出台了各项针对农业农村发展的金融扶持政策,加大财政支持力度,解决钱从哪里来的问题。例如日本的政策性金融和农协金融组合模式,便于农户以较低利率相互融资,农村协会联盟的合作金融,只要是联盟的组合成员,就可以加入金融组织借贷使用资金。

(8)强调多方合作,发挥农民主体作用。在国家扶持的同时引入竞争机制,采取"以奖代补"等多种激励扶持形式,激发农民主动参加乡村建设的积极性,破除"等靠要"思想,适时实现从政府主导到农民主导、政府和社会合力建设的转换。

1.2 国内研究与实践经验

1.2.1 国内研究与实践进展

中国对美丽乡村建设进行了积极探索。2007年10月,党的十七大提出要"统筹城乡发展,推进社会主义新农村建设",并强调"解决好农业、农村、农民问题,事关全面建设小康社会大局,必须始终作为全党工作的重中之重"。2008年,浙江省安吉县正式提出了"中国美丽乡村"建设计划,出台了《建设"中国美丽乡村"行动纲要》,为全国美丽乡村建设提供了示范样板。"十二五"期间,受安吉县"中国美丽乡村"建设的影响,浙江省制定了《浙江省美丽乡村建设行动计划》。广东省广州市增城区、花都区、从化区等2011年也启动了美丽乡村建设,2012年海南省也明确提出将以推进"美丽乡村"工程为抓手,加快推进全省农村危房改造建设和新农村建设的步伐。"美丽乡村"建设成为中国社会主义新农村建设的代名词,全国各地都掀起了美丽乡村建设的新热潮。

2013年中央一号文件提出,要推进农村生态文明建设,努力建设美丽乡村;原农业部在2013年2月印发了《农业部办公厅关于开展"美丽乡村"创建活动的意见》,11月选择了全国1 000个"美丽乡村"进行创建试点工作。2017年,党的十九大提出了实施乡村振兴战略,将乡村建设提到了战略高度,明确了产业兴旺、生态宜居、乡风文明、治理有效、生活富裕的乡村建设总体要求,乡村振兴战略为乡村建设和发展带来新的机遇。2018年2月,中共中央办公厅、国务院办公厅印发了《农村人居环境整治三年行动方案》,提出以农村垃圾、污水治理和村容村貌为主攻方向,推进农村人居环境突出问题治理。2018年9月,中共中央、国务院印发了《国家乡村振兴战略规划(2018—2022年)》,提出坚持乡村振兴和新型城镇化,统筹城乡国土空间开发格局,优化乡村生产生活生态空间,打造各具特色的现代版"富春山居图",明晰乡村融合发展之路,加快城乡基础设施互联互通,推动人才、土地、资本等要素在城乡间双向流动。

我国关于"美丽乡村"建设的研究虽然发展迅速,但仍处于初步阶段,虽然整个系统的研究框架已经基本确立,但研究的深度还不够。已有研究成果大多集中于乡村振兴战略下的美丽乡村、生态文明建设示范村、特色田园乡村、特色小镇建设的含义、模式与经验、指标体系构建等方面。一些地方针对本地实际情况,摸索出了风格各异的"美丽乡村"建设实践模式。

本节主要介绍浙江省"千村示范、万村整治"工程,结合安吉县"中国美丽乡村"模式、江山市"中国幸福乡村"模式等具体案例分析,对其主要经验进行总结。

1.2.1.1 浙江省"千万工程"

浙江省"千村示范、万村整治"工程,简称"千万工程",于2018年9月26日,被联合国授予"地球卫士奖"中的"激励与行动奖",是"绿水青山就是金山银山"理念在基层农村的成功实践。

(1) 背景介绍

2002年,时任浙江省委书记习近平在刚到任的118天里,现场调查了11个市、25个县,发现"示范村县县有,垃圾村到处有"的问题。习近平同志语重心长地说:"浙江农民富,创业的人多,房子造得好,但浙江农村的污水、蝇虫、垃圾也多。浙江农村经济社会发展不协调的问题依然存在。"浙江农村不仅环境脏乱差,城乡差距也越来越大。乡村基础设施落后,雨天一踩一脚泥;公共服务缺失,看病配药必须进城;没有文化设施,农闲就打牌;青壮年纷纷出走,乡村留不住人等问题突出。如何协调经济发展和生态环境保护、统筹城乡发展,成为浙江亟待破解的两大难题。

(2) 发展历程

2003 年 6 月 5 日,世界环境日当天,在时任浙江省委书记习近平同志的倡导和主持下,以农村生产、生活、生态的"三生"环境改善为重点,浙江在全省启动"千万工程",开启了以改善农村生态环境、提高农民生活质量为核心的村庄整治建设大行动。目标是用 5 年时间,从全省 4 万个村庄中选择 1 万个左右的行政村进行全面整治,把其中 1 000 个左右的中心村建成全面小康示范村。

2006 年 3 月 23 日习近平在浙江省委建设社会主义新农村专题学习会上提出:"新农村必须有新面貌。要坚持以人为本,推进村庄整治建设,加快传统农村社区向现代农村社区转变。"同年 8 月强调,"'千村示范、万村整治'工程是推进新农村建设的龙头工程、统筹城乡兴'三农'的有效抓手、造福千万农民的民心工程,要让更多的村庄成为充满生机活力和特色魅力的富丽乡村"。

2018 年 11 月 9 日,浙江省召开深化"千村示范、万村整治"工程(以下简称"千万工程")建设美丽浙江推进大会,提出在新起点上全力打造"千万工程"升级版。

会议还提出,在新起点上全力打造"千万工程"升级版,要坚定不移建设美丽浙江,加快把浙江全省建成大花园,开启新时代"三农"发展新征程。一是突出城乡融合,坚持规划引领、区域协调、陆海联动,形成"全域秀美"的格局。二是加快绿色发展,推动新旧动能转换,进一步打通"绿水青山就是金山银山"的转化通道,强化"生态富美"的支撑。三是下足"绣花"功夫,高起点规划、高品质建设、"高压线"管控,追求"景致精美"的卓越。四是注重内外兼修,深入推进社会主义核心价值观和生态文化建设,提升"心灵之美"的内涵。五是勇立时代潮头,加强省内、省际和国际合作,敞开"合作共美"的胸怀。六是全力跨越关口,高标准打好污染防治攻坚战,实施好乡村振兴战略,扫除"康庄健美"的障碍。

十几年来,浙江省久久为功,扎实推进"千万工程",造就了万千美丽乡村,取得了显著成效,带动浙江乡村整体人居环境领先全国。

2019年3月,中共中央办公厅、国务院办公厅转发了《中央农办、农业农村部、国家发展改革委关于深入学习浙江"千村示范、万村整治"工程经验扎实推进农村人居环境整治工作的报告》,并发出通知,要求各地区各部门结合实际认真贯彻落实。

(3) 取得成效

"千万工程"既保护了"绿水青山",又带来了"金山银山",使众多村庄成为绿色生态富民家园,也形成了经济生态化、生态经济化的良性循环。具体概括为以下三点。

一是美丽业态蓬勃发展。从"卖山林"到"卖生态",变"种种砍砍"为"走走看看",乡村旅游、养生养老、运动健康、电子商务、文化创意等各类产业在乡村不断涌现,田园变公园,农房变客房,美丽经济风生水起。

二是村庄活力得到激发。各村纷纷以土地、资产入股等形式发展乡村产业,将生态优势转化为发展优势,2019年浙江全面完成6 920个省定集体经济薄弱村"消薄"任务,所有行政村全部达到年收入10万元且经营性收入5万元以上的"消薄"标准,农村经济活力如泉水涌流。

三是农民收入持续增长。2015年底,浙江在全国率先全面消除家庭人均年收入4 600元以下的绝对贫困现象;2017年,全省农民人均纯收入达到24 956元,连续33年居全国之首;农家乐接待游客3.4亿人次、增长21.6%,营业总收入353.8亿元、增长20.5%;农产品网络零售额506.2亿元、增长27.8%;建成农村电商服务点1.64万个、建制村覆盖率达60%。

1.2.1.2 浙江安吉美丽乡村模式

浙江省安吉县是美丽乡村建设探索的成功例子。安吉县为典型山区县,在经历了工业污染之痛后,该县痛定思痛,于1998年放弃工业立县之路,并于2001年提出生态立县发展战略。2003年,结合浙江省委"千村示范、万村整治"工程,安吉县在全县范围内开展以"双十村示范、双百村整治"为内容的"两双工程",多形式、多渠道推进农村环境整治,2007年率先提出"中国美丽乡村"建设。安吉县致力于发展生态经济,并坚持生态立县、产业联动的发展思路,由此形成了"生态为本、农业为根,产业联动、三化同步,乡村美丽、农民幸福"的安吉特色发展模式。安吉县用10年时间,通过"产业提升、环境提升、素质提升、服务提升",努力把全县打造成"村村优美、家家创业、处处和谐、人人幸福"的美丽乡村。自2003年以来,安吉县通过"两双工程"和美丽乡村建设,大大改善了社会经济面貌,拥有"全国首个国家生态县""中国竹地板之都""中国椅业之乡""中国白茶之乡""中国人居环境范例奖""全国新农村与生态县建设互促共建示范区""全国林业推进社会主义新农村建设示范县""长三角地区最具投资价值县市(特别奖)"等头衔[14]。

安吉县美丽乡村建设的基本定位是:立足县域抓提升,着眼全省建试点,面向全国做示范,明确了"政府主导、农民主体、政策推动、机制创新"的工作导向,梯度推进创建工作。安吉模式的重要经验是要突出生态建设、坚持绿色发展,要坚守农业产业、推进内生发展,要经营生态资源、提高生态效益,要坚守统筹发展、强化农村建设,要注重协调发展、带动全面进步[15]。

安吉县的主要经验包括:一是以生态建设为目的,大力发展绿色产业。安吉县森林覆盖率高达71%,不仅拥有优美的自然环境,人文居住环境更是优越,安吉县抓住地方特色,大力发展绿色产业和休闲产业,并将绿色产业与旅游业有机结合,把生态文明建设摆在首位,以生态理念为指导,真正做到了生态立县。二是坚守农业产业。围绕"一产接二连三""一产跨二进三"的发展原则,主要目标是为了实现农村经济大跨越,从产业转型入手,在农业产业的主体地位不变的基础上,不断提高农产品绿色附加值,加强农产品品牌创建,真正实现了农产品品牌价值资源的高效利用,同时延伸产业链,推动农业与二、三产业的不断促进,实现了县内经济发展的良性循环。三是坚持统筹发展,带动全面进步。自实施美丽乡村建设以来,安吉县始终是围绕着"宜居宜业宜游"的建设目标,并坚持三大发展战略,即生态立县、工业强县、开放兴县,以实现城乡均衡化发展为目标,同时努力实现三大产业的统筹协调发展,做到城乡有效结合,产业结构合理分配[16]。

1.2.1.3 浙江江山"中国幸福乡村"模式

浙江省江山市提出了"五村联创、共建中国幸福乡村"的构想。通过以点连线、以线带面的方式,在全市农村大力度推进了五大提升工程,即产业增收提升、公共服务提升、农民素质提升、环境整治提升和基层基础提升,从而将江山市绝大多数行政村建设成为中国幸福乡村。

其主要经验如下:一是以点带面,推进幸福乡村建设。通过大力实施五大提升工程,深入开展"五村联创"工程。即通过实施产业增收提升工程,来建设富裕乡村;通过实施公共服务提升工程,进一步建设满意乡村;实施农民素质提升工程,从而建设文明乡村;实施环境整治提升工程,进一步建设美丽乡村;实施基层基础提升工程,从而建设和谐乡村。将新农村建设资金主要投入到基础条件好且群众积极性高的村庄,实现美丽乡村建设的目标。二是以人为本,加强多方协作。坚持政府前期引导、农民自主参与以及社会力量多方支持的发展方针和政策,推进多层次、多元化创新发展,并积极落实对农村项目和资金的支持政策,并通过部门联村、村企结对两种方式帮助扶持共建中国幸福乡村。同时,建立了一套以农民群众直接感受为核心的主观评价体系,着力提升村民的幸福感,充分体现了以人为本"理念",充分调动了农民的积极性和主观能动性[17-18]。

1.2.1.4 浙江章村油茶小镇模式

章村全镇油茶种植面积五万亩,素有"浙南油库"之称。虽然名头很响,但是由于油茶产品价格长期偏低,农民对油茶林进行粗放管理,油茶林基本上处于自生自灭状况。此外油茶林经营"小而散",油茶产品行业加工规模小、工艺简陋,油茶产业产品体系缺乏深度开发、产品品种结构单一、许多有深加工价值的原料被浪费,油茶籽油基本自产自销,市场开拓能力低,缺乏有效组织的规范化管理。近年来,章村镇借助省"森林特色小镇"创新机制,致力于探寻推进传统产业振兴的通道,实现了产业振兴与农民增收协同推进。

2016年提出"油茶小镇,乡韵章村"为主题的森林特色小镇发展战略,把生态优势转化为富民优势、产业优势,推动油茶产业转型升级。一是发挥油茶的生态文化价值。根据小镇功能定位、目标与规划,创作油茶小镇标识;书写油茶故事,创作《油茶赋》,表现重振"浙南油库"的雄伟决心;绘制油茶小镇文化组图,在入乡口墙体上集中展示油茶采摘、晾晒与传统压榨技艺;扮靓油茶街道,利用油茶元素装扮出油茶景观大道主街道。二是推动油茶产业链升级。强化品牌运营,推动标准化生产,注册商标,提升包装设计,线上线下同步销售;大力实施林权改革,对现有老油茶林进行集中流转、抚育、改造和规模化经营,提升茶林产量。三是做好油茶"农旅融合"文章。按照"一心五区"功能布局,以油茶为卖点推进全域旅游。建立以章村为核心的油茶小镇接待区,逐步打造油茶文化广场、油茶非物质文化展示馆、油茶公园、油茶大道等景观节点;在颜宅村建立青田首家油茶文化主题民宿,举办油茶采摘压榨节、颜宅小年夜等活动推广油茶文化;建立吴村水利油茶压榨体验区,以水上的运动美展现油茶韵味,推动油茶小镇发展。

截至2017年底,章村镇共开发油茶新品种基地累计超5 000亩①,入选浙江森林特色小镇第二批创建名单。到2018年,全镇旅游人次突破60万/年,实现旅游总收入2.8亿元。

1.2.1.5　浙江永嘉模式

浙江省永嘉县以"环境综合整治、产业转型升级、文化旅游开发、机制体制创新"为主要内容开展美丽乡村建设。一是以环境综合整治助推美丽乡村建设。永嘉县全力推进"四边三化"、"三改一拆"、青山白化治理、"双清"等专项行动,通过实施垃圾处理、卫生改厕、污水处理、村庄绿化、村道硬化等基础设施建设,大力开展田园风光打造、广告牌治理、立面改造、高速路口景观提升等工程,农村人居环境显著改善。二是以产业转型升级支撑美丽乡村建设。永嘉县以都市农业理念引领农业业态转型升级,大力发展生态农业、效益农业、休闲农业、观光农业、体验农业等,实现农业功能多元化和农业规模化经营。同时着力提升旅游产业品质,积极引导农户保护景区和利用旅游资源,尤其是古村落保护和利用,围绕"吃住行游购娱"需求,引导发展民宿业,大力延伸旅游产业链,强化旅游服务,丰富旅游产品,提升旅游收入。三是以文化旅游基因植入美丽乡村建设。积极申报世界双遗产,推动楠溪江文旅融合,实现跨越发展。搭建文旅产业平台,打造楠溪江文化园,建设集古村落保护、非物质文化资源传承、二代产业创意研究等为一体的"文化创意产业园"。永嘉县通过以生态旅游开发为主线扎实推进农村产业发展,精心打造美丽乡村生态旅游,加快农村产业发展。四是以体制机制创新保障美丽乡村建设。永嘉县成立了由县委书记和县长担任组长的美丽乡村建设工作领导小组,建立了"九联系"制度。创新实行了"身份证"式管理,把"四边"区域环境整治点放入目标任务库,实行动态管理和完成销号制度。创新要素保障机制,2013年,县财政投入1.6亿建设美丽乡村[19-20]。

1.2.2　国内经验启示

一是美丽乡村建设必须走城乡一体化的道路,采取一二三产业统筹发展的模式,统一规划,协同推进,统筹发展。"三农"问题的解决,并非只有依靠工业化和城市化。从"安吉模式"可以看到,安吉通过开发内源改变了农业弱

---

①　1亩＝0.0667公顷。

质本性,使农民可以不离开自己的故土,也能做到安居乐业,生活在清新的自然风光中,享受着城市的现代文明,是一种具有创新意义的"三农"解决方案。

二是美丽乡村建设虽然没有统一的模式可循,但必须坚持绿水青山就是金山银山的理念,因地制宜发挥生态资源优势,推动绿色发展。每个地方都有自己不同的区位条件、地缘优势、产业优势,应该准确定位,科学决策,选择符合自身特点的发展道路。农业资源可以转化为农业资本,山区的生态、环境和文化作为重要的资源同样可以转化为资本。着力拓展生态、文化的功能,向休闲、观光、旅游、环保等方面转移,实现农村发展的良性循环,拓展农业的多种功能。永嘉县的实践证明,山区县的资源在山水,潜力在山水,山区县的发展完全可以摒弃常规模式,走出一条通过优化生态环境带动经济发展的全新道路。

三是美丽乡村建设必须统筹经济社会和生态环境保护的全面发展,包含环境建设、节能减排、传承农耕文化、发展休闲农业等丰富内容。人民群众的幸福感并不一定与GDP的增长成正比,在解决了温饱问题,生活水平达到小康后,生产环境和生活环境是影响人民群众幸福感的直接因素。发展要以人为本,富民为先,把生态资源转化为利县富民的经济优势,创造"绿色财富"惠泽于民,不断提升绿色经济占GDP比重。

第二章 江苏省实践进展与问题分析

第二章　江苏省实践进展与问题分析

2.1　江苏实践进展情况概述

截至 2020 年底,江苏省常住人口城镇化率已超过 73％,全省城镇密度大、人口密度高。从乡村空间看,一方面乡村产业呈现现代农业带动下"接二连三"的产业特征,另一方面乡村地域也承载着城市周边重要的生态空间和郊野休闲空间的功能。"十二五"期间,江苏省委、省政府将"村庄环境整治"作为推进城乡一体化发展的有效途径,致力于全省乡村人居环境的普遍性改善,经过持续努力,乡村人居环境面貌显著改善。

江苏省相继于 2010 年、2013 年被确定为全国农村环境连片整治示范省、覆盖拉网式农村环境综合整治全国试点省,经过多年努力,农村环境综合整治取得良好成效。为贯彻落实 2013 年中央一号文件精神以及习近平总书记视察江苏重要讲话指示精神,不辜负总书记对建设"强富美高"新江苏的殷切期望,进一步推进广大农村地区生态文明建设,江苏省委、省政府高度重视,出台了一系列政策举措。2014 年,江苏率先提出要充分发挥水利在建设美丽中国、美好江苏中的重要支撑作用,在全省范围内开展"水美乡镇""水美乡村"创建。2017 年 6 月,江苏在全国率先提出了《特色田园乡村建设行动计划》,提出"十三五"期间,省级规划建设和重点培育 100 个特色田园乡村试点,以此带动全省普遍的特色田园乡村建设,力图实现"生态优、村庄美、产业特、农民富、集体强、乡风好"的江苏特色田园乡村图景。江苏省委、省政府出台了土地、资金等相关支持政策,建立了协调机制,强调省级技术支撑,以一批院士、全国勘察设计大师等领衔参与特色田园乡村建设为契机,引导众多设计下乡。2017年8月,原江苏省环保厅印发《江苏省生态文明建设示范乡镇(街道)、村管理规程(试行)》《江苏省生态文明建设示范乡镇(街道)、村指标(试行)》,从申报和审查、考核验收、公示命名、监督管理等方面提出了省级生态文明建设示范镇、村创建的工作程序和要求。2018年1月,省农业农村厅印发了《全省"一村一品一店"示范村创建方案》,通过推进电子商务与农村一二三产业深度融合,培育农村新产业、新业态和新模式,为深化农业供给侧结构性改革、加快推进农业农村现代化提供新动能。同年5月,江苏省委一号文件《中共江苏省委江苏省人民政府关于贯彻落实乡村振兴战略的实施意见》发布,提出到2020年乡村振兴取得实质性进展,制度框架和政策体系基本形成。同年7月,江苏省委办公厅又印发了《江苏省农村人居环境整治三年行动实施方案》,突出"四推进、四提升、四强化"12个方面,细化40条具体措施,提出到2020年,实现农村人居环境明显改善,村庄环境干净整洁有序,农民群众获得感、幸福感显著增强。

近年来,江苏省上下积极探索,各地各部门齐心协力、齐抓共管、共同推进全省美丽乡村建设蓬勃开展,形成特色。主要形成了三种模式:一是财政支持模式,是根据农业部有关规定提供财政资金支持,2015年全省重点支持128个"示范村庄"的项目建设。二是政府倡导模式,由省文明办联合省委农工办等10家单位联合开展"江苏最美乡村"推选活动,这个活动起步较早、内涵丰富、参与面广、影响也大,在全省农村得到积极响应。三是自发建设模式,一些经济实力强、"两委"班子积极性高的村,结合自身实际,围绕产业发展、生态保护、文化传承、环境整治、休闲旅游、高效农业等抓手建设美丽乡村。

本章着重分析江苏省农村环境综合整治、特色田园乡村建设、人居环境整治、水美乡村建设的进展、经验成效及存在问题,为"新鱼米之乡"建设指标体系及途径研究提供借鉴。

2.2 农村环境综合整治情况

2.2.1 农村环境综合整治工作开展情况

2008年以来,国家出台"以奖促治"政策,支持农村环境综合整治和生态示范建设。2010年,财政部、原环保部启动了全国农村环境连片整治示范工作,包括江苏省在内的 8 个省(自治区、直辖市)成为全国首批示范省份。

作为全国首批农村环境连片整治的示范省,2010 年 8 月江苏省确定了太湖、淮河流域、南水北调东线水源地及输水干线等地的 16 个县(市、区)为农村环境连片整治示范区,并提出了"一年集中见效、两年扩大示范、三年全面推广"的目标。

2011 年 10 月,江苏省在各示范片区完成县级自验、市级复核工作基础上,对 2010 年度 16 个示范片区逐一进行了省级考核验收,重点核查了各地示范工程建设、专项资金到位及使用、农村环境综合整治和农村环保体制机制建立情况。考核结果显示,各示范片区在环境综合整治联动建设、农村环保体制机制创新和农村环境宣传发动等方面,呈现出组织领导坚强有力、项目管理规范有效、资金管理合法合规、体制机制不断创新、示范带动效应明显这五大特点,全省农村环境连片整治示范工作取得了较为显著的工作成效。

2013 年,经国务院批准,江苏省被确定为覆盖拉网式农村环境综合整治全国试点省份之一。试点工作的核心内容为"四个建设、两个推动",即建设一批农村生活污水处理设施及配套管网,建设一批农村生活垃圾收集转运设施,建设一批非规模化畜禽粪便综合利用设施,建设一批氮磷生态拦截工程(仅限太湖地区);推动开展村庄绿化、房屋立面出新、河道清淤、道路硬化等村庄环境综合整治工作,推动建立落实农村环境基础设施长效运行管理制度。根据《财政部 环境保护部 江苏省人民政府 全省覆盖拉网式农村环境综合整治试点协议》,2013—2017 年,中央财政安排 20 亿元,支持江苏开展试点工作。经过省、市、县、乡、村等多级政府以及群众性自治组织的努力,覆盖拉网式农村环境综合整治试点工作取得良好成效,农村天更蓝、水更绿、景更美,群众获得感和幸福感也得到不断提高。

2.2.2 农村环境综合整治经验与成效

2.2.2.1 推动农村基础设施建设

财政专项资金的投入带动了地方资金的配套,加大了资本对农村基础设施的倾斜,缓解了江苏省农村环境基础设施匮乏、建设资金投入不足等问题。同时,覆盖拉网式农村环境整治项目的实施,开展村庄绿化、房屋立面出新、河道清淤、道路硬化等村庄环境综合整治工作,进一步推动了村庄的基础设施建设,改善了农村生态环境质量。2016 年的试点项目中,生活污水设施的建设增加了污水收集体系的覆盖面,有效遏制了农村污水的乱排、直排;生产生活垃圾类设施的建设确保了"户分类—村收集—镇转运—县处理"的垃圾收运模式正常运行,减少了农村的白色污染;畜禽粪便类设施的建设,开展了非规模以上养殖户和散养户的畜禽污染治理。各项整治工作的深入推进,农村"脏、乱、差"的现象得到有效治理,村容镇貌焕然一新。

2.2.2.2　建立农村环境监管长效机制

覆盖拉网式农村环境整治试点工作得到了各级政府的高度重视,各地根据实际情况制定了实施方案,建立了整治联动协调机制,乡镇(街道)成立了乡镇环境保护领导小组,行政村庄明确了兼职环保监督人员,有效加强了农村环境管理和监督。如兴化市,随着整治试点工作的推进,农村环境纳入了乡镇的年度考核,明确了监督指标,实现了量化管理。

2.2.2.3　提升农村生态文明建设水平

覆盖拉网式农村环境综合整治,是建设生态省、生态市、生态县的重要基础和细胞工程。项目实施乡镇能够结合实际,采取灵活多样的形式,开展环保宣传教育活动,逐步提高群众生态文明意识。如泰兴市通过整治试点,开展环境科学知识、环境法律法规知识和环境道德伦理知识的普及宣传活动,让农民意识到破坏环境的危害性和保护环境的重要性。试点项目的成功建设成为农村生态文明建设的有效抓手,使得生态文明建设成效逐步显现。

2.2.3　存在问题

2.2.3.1　法规政策及标准规范体系不够健全

部分地区农村环境综合整治缺乏系统性的规划,污染治理底数不清,有关畜禽养殖粪污处理、农田退水污染治理的标准体系不健全,造成农村环境综合治理针对性、科学性不足,治理目标模糊。《江苏省村庄生活污水治理工作考核办法(试行)》虽已由省住建厅颁布,但尚未上升到省政府层面或人大立法高度,《池塘养殖尾水排放标准》(DB32/4043—2021)于2021年8月实施以来,部分现有池塘养殖尾水排放未按照标准执行。

2.2.3.2　治理项目系统性规范性不足

由于各地发展情况及投入资金力度不一,农村环境综合整治水平参差不齐,有的地方已经将环境整治与当地历史文化风貌融为一体,系统布局、系统设计、系统实施,部分地区只是简单的垃圾清理,分散式或点状的河塘整治,治理项目整体性、系统性不足。治理项目存在未按标准规范设计,未按规定程序验收,项目质量不符合要求,项目实施后生态环境效益、社会经济效益未能达到预期的现象。

2.2.3.3　长效管理机制不够健全

一是管理制度未得到有效落实。部分县市虽然制定了长效管理制度,但仍存在职责分工不清楚、管理范围不明确、运行经费未落实等问题,无法有效指导和落实具体工作。二是评价管理机制尚未建立。目前,县级政府或主管部门对县域范围内的政府性投资项目基本未实施后评价机制,良性循环管理模式尚待建立。

2.2.3.4　运维管理及资金保障不到位

农村基础设施普遍存在重建设轻维护的问题,基础设施项目多为政府投资建设,缺乏有效的投资回报模式,对优质社会资本的吸引力较弱,运维资金得不到有效保障,导致农村基础设施建成后"晒太阳"现象较为普遍,基础设施运营水平整体偏低,污染治理成效与预设目标存在一定偏差。

2.3　人居环境整治情况

2.3.1　人居环境整治工作开展情况

根据中共中央办公厅、国务院办公厅印发的《农村人居环境整治三年行动方案》和《中共江苏省委江苏省人民政府关于贯彻落实乡村振兴战略的实施意见》精神,江苏于2018年制定并发布了《江苏省农村人居环境整治三年行动实施方案》,其中提出到2020年,实现农村人居环境明显改善,村庄环境干净整洁有序,农民群众获得感、幸福感显著增强。苏南地区和其他有条件地方,农村人居环境质量全面提升,实现农村生活垃圾收运处理体系、户用厕所无害化改造和厕所粪污治理、行政村生活污水处理设施三个全覆盖,农村生活垃圾减量分类工作有序开展,管护长效机制健全有效,村庄整体美丽宜居;苏中、苏北地区,农村人居环境质量持续改善,基本实现农村生活垃圾收运处理体系全覆盖,每个涉农县(市、区)至少有1个乡镇开展全域农村生活垃圾分类试点示范,基本完成农村户用厕所无害化改造,厕所粪污基本得到处理或资源化利用,60%的行政村建有生活污水处理设施,管护长效机制有效运行,村容村貌显著提升。同时,依据镇村布局规划,引导规划发展村庄拓展人居环境改善的内涵,建设"美丽宜居村庄",其中有条件的"特色村"和"重点村"建成"特色田园乡村"。到2020年,全省建成6 000个"美丽宜居村庄"、300个省级"特色田园乡村"。

2021年省委一号文件《关于全面推进乡村振兴加快农业农村现代化建设的实施意见》提出"十四五"期间,粮食等重要农副产品供应保障更加有力,农业质量效益和竞争力显著提升,现代乡村产业体系基本形成;农村生产生活方式绿色转型取得积极进展,美丽乡村建设取得更大成效,乡村面貌发生根本变化,乡村活力显著增强。2021年,江苏启动实施农村人居环境整治提升五年行动,聚焦农村厕所革命、生活污水、垃圾、黑臭水体治理、村容村貌提升、长效管护等重点任务,持续推进农村人居环境改善,确保五年行动开好局、起好步。

2.3.2 人居环境整治经验与成效

2.3.2.1 聚焦重点,精准施策

江苏立足实际,因地制宜、聚焦重点,加快补齐农村人居环境短板。一是在推进农村"厕所革命"过程中,江苏坚持分类指导,在苏南地区推广以四格式、纳管式和集中式等几种模式为主的无害化卫生户厕,在苏中、苏北地区重点推广三格式无害化卫生户厕,着力提高粪污无害化处理水平,全省农村无害化卫生户厕普及率达95%。二是全面治理农村生活垃圾,全省18.9万个自然村基本实现农村生活垃圾收运处置体系全覆盖,生活垃圾基本做到"日产日清";探索建立"户分类投放、村分拣收集、有机垃圾就地生态处理"的分类收运处理体系,全省试点乡镇260多个。三是加快治理农村生活污水,江苏专门印发了《江苏省农村生活污水治理提升行动方案》,出台省级排放标准,编制适用技术指南,创新处理工艺,强化县域一体化推进、规模化建设、专业化管护,目前全省农村生活污水处理设施行政村覆盖率达63.2%。四是着力提升村容村貌,全省深入实施村庄清洁行动,清理河塘、农业废弃物,加大乡村公共空间治理力度,持续推进乡村绿化美化,整体推进村容村貌提档升级。例如,宿迁市将公共空间治理作为人居环境整治的重要抓手,通过精准"腾空间"、精心"美空间"、精致"用空间"、精细"管空间"等举措,对公共环境重塑,

构建整洁有序的乡村生活空间。五是大力推进"四好农村路"高质量发展,实施农村公路提档升级工程,探索农村公路"＋旅游""＋产业""＋扶贫"发展模式,全省行政村双车道四级公路通达率超 95％。六是江苏遵循乡村发展规律,注重示范引领,在基础条件较好、产业特色鲜明的村庄,以"生态优、村庄美、产业特、农民富、集体强、乡风好"为总目标,创新实施特色田园乡村建设行动。印发《江苏省特色田园乡村建设行动计划》,编制建设指南,指导地方统筹兼顾农村环境整治、特色产业发展和田园风貌保护,重塑乡村魅力和吸引力,为高质量推进农村人居环境整治提供示范和样板。

2.3.2.2 创新机制,激发活力

紧扣新时代美丽乡村建设目标,江苏从投入、制度等要素保障入手,不断完善农村人居环境整治工作机制。一是以国务院大检查问题整改为契机,结合省委、省政府排查解决突出民生问题部署,江苏明确"24 个是否"作为排查整改重点,举一反三,全面深入排查农民群众最关心、最现实、最急需解决的人居环境问题,找准症结逐项解决。二是建立常态化问题排查整改机制。江苏在已建立省农村人居环境整治监管平台、设立问题线索举报电话和邮箱基础上,依托"农技耘"App 上线农村人居环境整治"问题随手拍",与省农村人居环境整治监管平台同步对接,构建高效、便捷、精准的问题线索征集处置机制,受理各类问题线索,做到即知即改、立行立改。三是鼓励先进、鞭策后进。江苏将农村人居环境整治纳入鼓励地方真抓实干配套激励措施,强化正向激励。2020 年 3 月,省政府对南京市溧水区等 11 个开展农村人居环境整治成效明显的县(市、区)予以激励,并安排专项激励资金。四是在完善以地方投入为主,省以上以奖代补的财政投入机制的基础上,江苏不断创新投入机制,吸引社会资本广泛参与农村人居环境整治,形成了财政保障、社会参与、金融支持的多元投入格局。2020 年江苏省级以上财政共安排预算内农村人居环境整治类资金超 130 亿元,同年 3 月,江苏举行 1 000 万元以上农业农村重大项目集中开工,总计 283 个项目总投资 1 227 亿元,其中农村人居环境改善类项目 30 项,总投资 233 亿元,涵盖农村生活污水治理、美丽乡村建设等多个方面,以高质量的项目建设推动农村人居环境改善。

2.3.2.3 治管并重,即治即管

农村人居环境整治,需要持续发力,江苏积极探索多元化运管模式,实现"治管并重,即治即管"。一是早在 2016 年,江苏就率先颁布了农村公共服务

运行维护地方标准,大力推广村庄河道、道路、绿化、垃圾和公共设施"五位一体"的综合管护模式,采取专业化管理、市场化运作等方式,推动管护工作规范化、制度化、长效化。二是"奖得心动、罚得心痛"。江苏省出台的《农村人居环境整治评估办法》,开展第三方明察暗访和群众满意度调查,以县为单位进行综合评估。昆山创新实施"红黑榜"制度,通过公开方式让大家"红红脸、出出汗",对全市涉及 11 个区镇 140 个行政村(涉农社区)共计 189 个自然村的农村人居环境进行检查考核,掀起了比学赶超、创先争优的新热潮。

2.3.3 存在问题

2.3.3.1 人居环境整治的主体错位

始于 2013 年的美丽乡村建设,推动方式以各部委"自上而下"为主,个别地方为了完成上级下达的任务,基层及相关部门替代农村居民成了人居环境整治的主体,而真正应该成为主体的村民因缺乏有效的参与机制而游离在外,存在"干部干、群众看"的现象,村民参与人居环境整治的主动性、积极性不高。

2.3.3.2 治理模式合理性与技术规范性不足

农村人居环境整治应基于不同社会经济发展现状而选择适宜的模式,但部分地区生搬硬套一些成功模式。以农村生活垃圾治理为例,在不考虑运营经费保障的前提下,部分地区盲目推崇"户分类、村收集、镇转运、县处理"模式,易造成社会资源的浪费,产生系列负面影响。在农村生活污水、生活垃圾处理方面的技术规范性较差,缺乏统一标准,部分地区简单地将城镇污水处理的管网方式照搬到农村,造成技术"水土不服",治理效果未达预期。

2.3.3.3 管护长效机制不够健全

在农村人居环境整治中,要做到建管并重,长效运行。对于已建成项目设施设备,应建立和完善长效造血机制,增强项目可持续运营能力。然而,目前一些地方存在治理设施重建设、轻运营的问题,长效管护机制未能与基础设施建设同步开展。在管护主体上,部分地区存在主体缺位现象,没有形成政府主导下多元参与的运行机制。

2.3.3.4 农村人居环境整治资金投入不足

农村人居环境整治工程涉及农村道路硬化、生态景观节点绿化、水电气网入户、农房风貌美化提升等公共基础服务设施建设，公益属性较强，建成后的维护和管理资金需求较大。"撒胡椒面"式的资金投入方式导致了部分农村人居环境整治设施质量低劣化，资金效益削弱，难以实现预期的整治成效；特别是造成了部分农村人居环境整治设施的管护资金缺失，因而出现"重建轻管"现象。

2.4 特色田园乡村建设情况

2.4.1 特色田园乡村建设工作开展情况

在"十二五"期间完成全省"村庄环境整治行动"任务、乡村环境面貌得到普遍改善的基础上，2017年3月，江苏省住房和城乡建设厅会同省委农工办、中国建筑学会、中国城市规划学会、江苏省乡村规划建设研究会等单位组织召开"当代田园乡村建设"实践研讨会，联合发布了《当代田园乡村建设实践·江苏倡议》，提出要在城市时代彰显乡村的多元价值，以渐进改善、多元参与的方式营造立足乡土社会、富有地域特色、承载田园乡愁、体现现代文明的当代田园乡村。倡议在《新华日报》刊出后，引起社会热烈反响，得到时任江苏省委书记李强批示肯定。同年6月，省委省政府印发《江苏省特色田园乡村建设行动计划》和《江苏省特色田园乡村建设试点方案》，确定在"十三五"期间，以自然村为单元，省级规划建设和重点培育100个特色田园乡村试点。建立省级联席会议制度，8月召开特色田园乡村建设工作推进会，明确按照试点示范阶段、试点深化阶段和面上创建阶段，分步有序推动特色田园乡村建设实施，并把推进特色田园乡村建设作为提升"三农"工作水平、促进乡村振兴的一大战略抓手，努力推动形成田园乡村与繁华都市交相辉映的城乡发展形态。围绕"特色、田园、乡村"3个关键词，致力打造特色产业、特色生态、特色文化，塑造田园风光、田园建筑、田园生活，建设美丽乡村、宜居乡村、活力乡村，旨在挖掘中国人心底的乡愁记忆和对桃源意境田园生活的向往，重塑乡村魅力，带动并吸引资源、人口等要素回流乡村，从而推动乡村综合振兴，最终呈现"城市让生活更美好，乡村让城市更向往""城乡融合、美美与共"的美好图景。

2020年12月,江苏省联席会议制定出台《江苏省特色田园乡村建设管理办法(试行)》,明确了特色田园乡村建设导向、申报创建有关要求,提出建立"能进能出"的动态管理制度,并优化了特色田园乡村评价命名标准要求。对已命名的省级特色田园乡村,要建立健全基础设施和公共服务设施长效运营和维护机制,在产业发展、乡村治理、村民参与等方面做好"后半篇文章",积极推动村民、乡贤、乡村设计师、乡村工匠、社会资本等多元主体共同参与建设运营和长效管护。

"十四五"期间,江苏农业农村发展进入加速转型期,农村民生保障进入品质提升期。2021年省委一号文件《中共江苏省委 江苏省人民政府关于全面推进乡村振兴加快农业农村现代化建设的实施意见》提出,加快改善农民住房条件。鼓励各地按照特色田园乡村建设标准,重点依托规划发展村庄,到2021年底,全面完成苏北地区3年30万户农房改善任务。深入推进特色田园乡村建设,从平原农区、丘陵山区、水网地区等自然禀赋出发,立足特色产业、特色生态、特色文化,优化乡村山水、田园、村落等空间要素,分类推进乡村建设,彰显乡村地域特色。创新特色田园乡村建设机制,全面开展面上创建,计划到"十四五"末建成1 000个特色田园乡村、1万个美丽宜居乡村。将传统村落作为特色田园乡村建设优先支持对象。构建经济薄弱村发展长效机制,注重特色产业长期培育,提升"一村一品"发展质量,深入推动一二三产业融合发展,在消费帮扶、农旅融合等方面,培育更多新模式、新业态。加大人居环境整治提升支持力度,鼓励创建特色田园乡村。

截至2021年底,"江苏省特色田园乡村"已达446个,覆盖了所有涉农县(市、区),形成了一批体现江苏特色、代表江苏水平的特色田园乡村,走出了一条田园乡村与繁华都市交相辉映、协调发展的"江苏路径"。江苏省特色田园乡村建设已从"试点深化"与"面上创建"阶段并轨转入"全面创建"的新阶段。

2.4.2 特色田园乡村建设经验与成效

2.4.2.1 完善各项政策制度

特色田园乡村建设围绕"钱、地、产、建"等多个方面协同推进,统筹谋划、形成合力,探索建立有力推动特色田园乡村建设的各项政策制度,使得各类涉农项目资源向特色田园乡村建设试点聚集。

围绕"钱从哪里来",江苏省引导各地建立多渠道投入机制,鼓励金融和社会资本规范、有序、适度参与特色田园乡村建设。采取整合资金集中支持、统筹安排切块支持、突出重点倾斜支持3种方式聚焦试点,省级财政安排专项资金予以奖补。

在用地保障方面,江苏省出台《关于支持特色田园乡村建设试点工作的意见》,围绕土地规划引领、土地综合整治、盘活存量土地资源、推进试点地区不动产登记等方面细化了一系列政策措施,探索旅游用地点状化供地、宅基地自愿有偿退出、低效用地再开发等一系列举措,深入推进破解"自己的地不能用、用不好"的困局。

在强化特色产业培育方面,围绕"产业调特、产品调高、业态调新",江苏省积极推动试点村庄产业结构调整,指导试点村庄根据区域要素禀赋和比较优势,着力培育根植于本村、比较优势明显、能实现可持续发展的农村特色产业。同时,指导试点村庄依托特色产业,积极发展新产业新业态,强化品牌创建,推进绿色食品、有机农产品、地理标志农产品开发和"一村一品一店"培育。

针对特色田园乡村的建设管理,江苏省指导各试点地区认真研究,积极探索建立符合乡村现状,既简捷高效又程序规范的立项、招投标、质量监督等项目建设管理制度。推动纪检、审计、消防等部门的审核把关工作关口前移,融入过程监管中。鼓励在乡村工程建设中引入EPC(工程总承包)管理模式,要求各试点地区建立村庄现场项目实施协调制度。

2.4.2.2 高水平组织规划设计

成立规划编制联席会议办公室,江苏省住房和城乡建设厅始终重视对试点村庄的技术指导,工作伊始便组织专业力量编印了《特色田园乡村建设工作系列指导手册》《特色田园乡村建设试点工作解读》等系列文件,指导地方开展工作。为了建成既有特色又有活力的特色田园乡村,江苏邀请熟悉乡村情况、热心乡村建设的设计大师、专家学者和优秀设计团队等,实质性、全过程参与特色田园乡村的规划、设计和建设,实行设计师负责制,推行规划设计陪伴式服务。各设计师团队与乡村干部群众密切配合,深入乡间地头,开展田野调查,走访村民农户,和村干部、村民促膝沟通,形成的乡村规划设计成果接地气,反映了农民群众的真实需求、体现了当代乡村的现实需要。在试点村庄遴选阶段,江苏省建立了规划设计方案和实施方案"双审查"机制,先后3次邀请国内外知名专家对3批试点村庄的规划设计方案逐一把关,提出修改完善意见,确保规划设计成果切合乡村建设发展实际。联合联席会议成员单位对试点村庄的工作方案、专题报告进行把关,保证了工作方案的针对性和可操作性。

此外,为激发全社会对乡村的更多关注,江苏省"紫金奖·建筑及环境设计大赛"连续两年聚焦特色田园乡村建设,分别以"田园乡村"和"宜居乡村我们的家园"为主题,真题实做,强调实用创新,两次大赛共收到来自7个国家和地区的2 382份参赛作品,参赛人员逾1万人次。江苏教育频道专门组织专题辩论赛,收效良好,特色田园乡村建设得到了社会关注和专业认同。

2.4.2.3 探索乡村振兴多元路径

江苏省级特色田园乡村建设试点村庄的选择兼顾多种类型,既有苏南苏中地区经济发达村,也有苏北地区经济薄弱村;既有产业、文化、自然环境等条件较好的村,也有资源禀赋一般的村;既有大都市周边的近郊村,也有农业大市的远郊村;地形地貌上则兼顾了平原、丘陵、水乡不同类型,产业发展上考虑了传统种植业、一产加工、乡村旅游等不同类型。各地在特色田园乡村建设实践中,注重深度挖掘不同乡村的特色资源禀赋,积极探索推动乡村振兴的多元路径。例如,沭阳县山荡村作为经济薄弱村,将脱贫攻坚与特色田园乡村建设有机结合,持续壮大花卉苗木种植产业,整合相关支持政策,实现了"美丽蜕变",村集体收入从16万元增加至近70万元,村民人均年收入从1.8万元增加至近3万元。泰兴市黄桥镇祁巷村,在特色田园乡村建设过程中积极发挥优秀党员、科技致富带头人的作用,并通过创业培训券、创业贷款贴息券等支持农民返乡创业,由负债村发展成为经济强村,目前已吸引75%的外出务工村民返乡创业就业。溧阳市牛马塘村,依托村里红薯特色资源,以"薯文化"为主题,将红薯种植、相关手工及加工延伸至相关文创及服务业,推动实现了基于传统农业的一、二、三产业融合发展。

这些不同的发展路径,揭示出乡村振兴的多种可能,不仅依靠自上而下的外部政策支持,更在于因村制宜、自下而上的内生动力发挥。新时代乡村的多元价值实现,有赖于乡村供给侧结构性改革,而推动乡村供给侧结构性改革,必须找准乡村发展的定位。有别于城市功能的"综合而强大",乡村发展立足于"特而专、小而美"。具体到不同的村庄,"十里不同风,百里不同俗",可以说每一个乡村都是独一无二的存在,其发展路径的选择应基于对其特色资源的深度挖掘,因地制宜确定差别化的路径并推动其发展。

周岚等人总结梳理出了 16 条基于乡村特色资源挖掘、通过特色田园乡村建设激活乡村多元价值实现的差别化路径,生动地展现了乡村振兴和乡村建设行动的丰富可能[21]。

(1) 自然野趣

江苏特色田园乡村建设高度重视乡村自然野趣的保护,将保护和修复乡村的自然山水环境本底作为重要内容,努力使乡村独特的自然生态成为带动乡村发展的魅力资源和比较优势。以苏州常熟市董浜镇观智村为例,它紧邻泥仓溇省级湿地公园,是太湖平原重要的鸟类栖息地,拥有珠颈斑鸠、戴胜、棕头鸦雀等数十种珍稀鸟类资源。它的特色田园乡村建设方案围绕"田园湿地、乡村归心"的发展定位,在积极保护和修复湿地资源的基础上,发展以观鸟为特色的生态旅游、生态摄影服务产业,带动生态农产品销售,实现了从传统农业村向生态旅游村的转型发展。

(2) 大地馈赠

"一方水土养一方风物",传统经典农产品是大地对乡村的慷慨馈赠。江苏自古以来就是鱼米之乡,拥有丰饶而优质的农、林、渔业特色产品资源。江苏特色田园乡村建设着力推动在保护利用经典农产品的同时,运用现代技术手段让其发挥出更大的价值,让乡村实现基于本土的发展振兴。如苏州昆山市巴城镇武神潭村、无锡惠山区阳山镇前寺舍村、连云港市连云区高公岛村的特色田园乡村建设,与阳澄湖大闸蟹、阳山水蜜桃、高公岛紫菜等农产品地理标识品牌的塑造有机联动,实现了守住"农本"基础上的时代发展和进步。

(3) 舌尖美味

江苏特色田园乡村建设注重挖掘乡村传统美食资源,联动打造健康食材、家乡风味、田园环境、乡土文化体验等。如泰州泰兴市黄桥镇祁家庄村整理打造的传统农家宴"八大碗",已成为吸引游人前来的乡村美食品牌;苏州吴江区震泽镇谢家路村将长漾湖边的旧工厂改建为品尝"太湖水八仙"的特色美食体验中心,引得四方客来,使原本衰败的村庄焕发了生机活力。

(4) 季相缤纷

四季的演变形成了千百年来农人恪守的耕作节律,也造就了变幻多姿的乡野景观。春赏百花夏赏荷,秋观红叶漫山坡,已成为深受现代都市人喜爱的休闲旅游方式。春天,苏州高新区通安镇树山村的梨花竞相开放,似漫山晴雪吸引着大江南北无数游客纷至沓来;秋日,徐州邳州市铁富镇姚庄村道路两边的银杏构成了一条金色的"时光隧道",成为热门的网红"打卡"地。特色田园乡村建设将大自然循环更迭之美,打造为乡村旅游的特色名片,并通过文旅融合、农旅联动、体旅结合等多元举措努力延展季相资源的价值,推动从单季的乡村旅游向全季性的产业模式转变。

(5) 农业链条

农业是乡村的根本,乡村振兴的关键在于乡村产业的振兴。江苏特色田园乡村建设积极推动构建从田头生产、农产品加工到体验式乡村旅游和乡村文化消费的"1+2+3"产业链条。如徐州邳州市铁富镇姚庄村围绕"一棵树"资源,深挖银杏特色,做大产业文章,依托全村 2 700 多亩的银杏林,建设融"苗、树、叶、果"一体的银杏综合生产基地和银杏科技产业园,推动银杏深加工形成生物制药、保健品、休闲食品和洗化用品等多个特色产业,先后开发生产银杏酮、银杏油、银杏保健品、银杏茶、银杏酒、银杏化妆品、银杏休闲食品、银杏饮料、银杏木制品、银杏生物原料药等几十种产品,并通过打造网红"时光隧道"发展乡村旅游,逐步形成了集育苗、种植、销售、深加工、旅游观光于一体的银杏全产业链。

(6) 科技翅膀

现代科学技术是改变农业"望天吃饭"格局的决定性力量。为农业插上科技的翅膀,可以使农业栽培更加精准,农业生产效率更高、农产品更有价值。江苏特色田园乡村建设致力推动发展高附加值农业,形成基于现代农业科技的长板优势。如盐城东台市三仓镇的兰址村、联南村、官苴村,将特色田园乡村建设与万亩菜篮子基地、西甜瓜供港基地的打造有机联动,推动农业科技创新、高标准种植生产、现代农产品加工物流、休闲农业协同发展,已于2019 年成功创建为国家农业现代产业园。

(7) 农村延展

江苏特色田园乡村建设顺应长三角一体化、区域协同和城乡融合发展的新趋势,抓住互联网时代的发展机遇,推动乡村市场向城市、区域的延伸拓展。宿迁市沭阳县庙头镇仲楼村将传统花木种植产业链接到"互联网"上,产品远销全国各地,2020 年电商年销售额达到 9 000 万元,成为"淘宝花木第一村"。再如泰州兴化市千垛镇东罗村通过建立"政府+社会资本+村集体+

村民"的特色田园乡村建设模式,依托万科城市物业网络,实现了本地农产品与城市千家万户的快速联结,走出了一条城乡融合、合作共赢、利益共享的发展之路。

(8) 乡村体验

江苏特色田园乡村建设致力于丰富乡村体验的载体和内容,满足人们渴望回归自然、回归本真、体验乡土的心理需求。如南京市江宁区江宁街道黄龙岘村致力于营造"茶文化"环境,让都市人可以深入乡村赏茶园、采茶叶、观制茶、品美茶,体味"采茶东篱下,悠然见南山"的意境;再如徐州市铜山区伊庄镇倪园村致力营造原味乡土村落,彰显苏北石山民居特色,加上地方风情、民间工艺的深入挖掘,推动农旅结合促进乡村发展,变成了当地炙手可热的"最美小山村"。

(9) 身心康养

江苏特色田园乡村建设注重引导乡村依托温泉、竹海、森林氧吧等资源,发展休闲旅游、特色养生、田园民宿、医疗养老等康养产业。如常州市金坛区薛埠镇仙姑村的特色田园乡村建设,凸显了乡村温泉的吸引力,已成为吸引城市人康养身心的好去处;再如南京市高淳区桠溪街道大山村以"国际慢城"为主题,着力营造"慢生活、慢休闲、慢运动"的乡村环境,实现了从一个偏僻落后小山村向特色魅力新乡村发展的逆袭。

(10) 山水画卷

江苏特色田园乡村建设注重推动在青山、绿水、田园、花海、竹林、茶山、古村、乡居等田园本底的基础上,设计建设满足人们诗意栖居的当代美丽乡村。如南京市江宁区横溪街道石塘人家通过宜居乡村和美好山水、美丽田园的整体塑造,推动了乡村、旅游、美食、休闲、培训、养老、互联网等资源的跨界整合,实现了由当初的"空巢村"到如今的山水茶竹魅力新乡居的华丽转身。

(11) 历史积淀

江苏特色田园乡村建设注重推动使历史的积淀成为乡村振兴的重要文化力量,推动乡村文化遗产的当代复兴。如泰州市姜堰区淤溪镇周庄村利用里下河独有的垛岸传统农耕特色景观,再现水乡传统生活风貌和魅力,开发农耕文化、乡土民俗、风光体验等旅游活动;再如南京市溧水区白马镇李巷村系统梳理村中红色革命文化资源,组织对陈毅、江渭清、钟国楚等新四军高级将领旧居的保护性修缮,布设相关展陈设施,系统讲述抗战时期"苏南小延安"的红色历史,今天的李巷村已成为南京市重要的红色教育培训基地。

(12) 乡贤效应

江苏特色田园乡村建设注重保护、保留、保存与乡贤文化相关的各类物质和非物质文化资源,深入发掘传承乡贤的精神文化,在留住乡愁记忆的同时,推动乡村发展。如扬州高邮市三垛镇秦家垛村围绕"秦观故里"打造,保护修缮秦氏老宅及宗祠等,多元再现乡贤名人秦少游的历史生活环境,生动诠释其生平事迹及代表词作等,通过乡贤名人文化影响力的当代塑造,为乡村的时代发展注入活力。

(13) 技艺魅力

江苏特色田园乡村建设注重发扬光大乡村的传统技艺,不仅丰富乡村的日常生活,更触媒带动乡村的综合发展,成为乡村重拾文化自信的力量。徐州市贾汪区潘安湖街道马庄村聚力推动传统香包手工制作技艺的传承创新,建设了香包文化大院、香包文创综合体等新型产业空间,带动村民利用手工香包创业就业,得到习近平总书记亲自"捧场"点赞;再如南通如皋市如城街道顾家庄发挥"花木盆景之乡"的传统技艺,在特色田园乡村营建和景观设计中融入了盆景制作的文化元素,在发展盆景产业的同时,营造了村庄"处处是风景,花木富村民"的独特风貌。

(14) 艺术创作

江苏特色田园乡村建设注重引导设计师、艺术家等富有创意的人才投身乡村建设与发展。崔愷院士团队在苏州昆山市锦溪镇祝家甸村设计建设的乡村砖窑博物馆,以"轻介入"的现代设计手法表达了乡村工业遗产之美,展陈再现了传统金砖制作的文化魅力,在获得全国田园建筑一等奖的同时,成为广受年轻人喜爱的"网红打卡建筑",它不仅推动了乡村历史遗存的当代创新利用,还带动了祝家甸村的文化创意产业、乡村旅游业的同步发展,激发了村民改善建设乡村家园的自主积极性。

(15) 农民创造

江苏特色田园乡村建设坚持党建引领,注重发挥农民群众的主体作用和首创精神,以乡村建设为载体和突破口,引导和激励农民群众共同探寻乡村发展之路。如苏州常熟市支塘镇蒋巷村常德胜老书记,带领全村共同努力,接续推动农业起家、工业发家、生态美家、旅游旺家、精神传家,用集体的力量逐步将当初"血吸虫横行的荒草洼"变身为今天的乡村振兴新典范;再如泰州泰兴市黄桥镇祁巷村在模范村支书丁雪其的带领下,在特色田园乡村建设过程中积极发挥优秀党员、科技致富带头人的作用,通过创业培训券、创业贷款贴息券等一系列方式支持农民返乡创业,推动实现了由"负债村"向"经济强村"的转变,全村外出务工的村民已有约四分之三回乡创业就业。

(16) 创新力量

江苏特色田园乡村鼓励采用创新思维方式、生产方式、技术手段和治理策略,积极应对解决乡村发展面临的问题。如镇江句容市茅山镇丁庄村通过"产、村、景"联动,在改造升级传统葡萄种植产业的同时,探索形成了"萄醉葡乡"的乡村可持续发展之路;宿迁市宿城区耿车镇蔡史庄村借力互联网和物流网推动转型,让曾经著名的"捡破烂污染村"变身为"多肉植物淘宝村";再如连云港市赣榆区柘汪镇西棘荡村利用废旧渔网"织出"了绿色经济的新发展之路,将曾经一穷二白的"苏北最北村",转型改造成为今日苏鲁交界的乡村振兴样板村。

2.4.2.4 促进产业发展和农民增收

特色田园乡村建设在形塑乡村的同时,将促进产业发展和农民增收作为重要目标,力求推动传统农业、现代农业、高效农业、精品农业等做到"接二连三"。盐城东台市三仓镇将兰址村、联南村、官苴村3个村庄的特色田园乡村建设与万亩菜篮子基地、西甜瓜供港基地打造结合起来,实现瓜果种植产业规模化,于2019年创建成为国家农业现代产业园。泰州兴化市东罗村探索"政府+社会资本+村集体"合作模式,由兴化市文旅公司、万科集团成立合资平台公司,村集体以村民闲置土地作价入股,共同推动东罗村特色田园乡村建设和运营。与江苏省农科院、SGS(瑞士通用公证行)、万科农产品与食品检测实验室等专业机构合作,打造"八十八仓"等农业品牌,同时充分发挥万科物业公司联结城市居住社区的优势,将优质农产品直供市民,实现了农民致富、乡村发展、企业拓展乡村市场的多赢目标。南京市江宁区佘村发挥传统村落的文化魅力,修缮潘氏宗祠、潘氏住宅等历史建筑群,保留当年开山采石的石灰窑并改造为乡村工业遗址公园,发展以"都市郊游""古村文旅"为主题的农旅文结合乡村游,2019年接待游客已超过5万人次,乡村旅游带来的直接收入超过2 000万元。

2.4.3 存在问题

2.4.3.1 建设模式难以全覆盖

特色田园乡村的建设，体现的是特色，致力打造特色产业、特色生态、特色文化，一般要求乡村要有特色的资源禀赋和特色的发展方式，各具特色才能各美其美，这在一定程度上就制约了特色田园乡村的拓展。江苏大量的乡村资源禀赋差异不大，发展方式比较相似，全部走特色田园乡村的发展道路很难实现。《关于深入推进美丽江苏建设的意见》提出，到2025年建成1 000个特色田园乡村、1万个美丽宜居乡村。相对于江苏18 000多个行政村数量，特色田园乡村的比例相对较低。再加上，乡村旅游、农业体验、设施农业等常规发展方式同质化严重，在一定程度上存在特色田园乡村发展后劲不足的风险。

2.4.3.2 社会效益与经济效益难统筹

引入社会资本是"特色田园乡村"快出成效的关键。但社会资本必然注重经济效益，而"特色田园乡村"建设更多体现的是农民富、农业强、农村美的社会效益，社会效益与经济效益的收益预期不尽相同，所以在某一时间节点上可能会出现社会效益与经济效益不平衡的问题。具体表现为建设周期短、投资收益快的项目比较受到重视，而对投入多、见效慢的农业基础设施投入不足，农业技术的支撑力度不够，使得作为农村基本盘的农业产业持续发展后劲不足。

2.4.3.3 生态环境有待进一步改善

资源禀赋比较好的村庄，往往也是特色田园乡村建设比较关注的村庄。这类村庄多数存在生态系统敏感的问题，尤其是位于生态红线保护区的村落，对生态系统保护而言非常重要，生态环境保护压力较大，处理好发展与保护的关系仍是其面临的主要难题。得益于特色田园乡村建设，虽然人居环境有了较大提升，但从长远来看，仍有一些问题有待解决，如农业环保科技推广使用不够，绿色低碳的农业生产方式有待形成；环境基础设施建设水平不高，长期运行机制不够完善，治标不治本的现象比较普遍；村落环境维护和修复缺乏长期稳定的资金保障；生态系统平衡未能得到充分恢复等。解决这些问题既是生态环境保护的必然要求，也是美丽宜居的关键，更是乡村高质量发展的必要保障。

2.4.3.4 特色彰显与文化传承融合不够深入

"特色田园乡村"重在"特色"二字,某些村落对于自身的特质挖掘不够深入,如对农耕文化、民俗文化、道情文化、水文化、渔文化、桥文化、船文化、圩文化、闸站文化等传承的力度不够,存在与周边乡村建设同质化问题,不能凸显自身特色。同时,对文化遗产的保护力度仍需加强。

2.4.3.5 基层建设组织的活力不足

乡村建设需要有乡村情怀的人去牵头实施,村两委是最基层的组织,"带头人"所发挥的作用尤为重要。然而,村级基层组织的岗位对年轻人缺乏吸引力,目前,部分村级两委班子,尤其是"带头人"的年龄偏大、文化程度不高。虽然近年来实施"大学生村官""选派优秀机关干部到村任职"等制度,优秀人才到村任职,带来了一些扶持资金和项目,但仅部分起到带出新人、培育出产业等关键作用。

2.5 水美乡村建设情况

2.5.1 水美乡村建设工作开展情况

2014年5月,江苏省水利厅印发《省水利厅关于开展全省"水美乡村"创建工作的意见》,明确了"水美乡村"建设的意义、思路、要求、管理和保障措施。为科学评定"水美乡村",2014年9月制定印发《江苏省水美乡村考核评分细则(试行)》,明确对"水美乡镇"按照组织落实、配套齐全、管护到位、环境优美4大类17项指标进行综合评价。

"水美乡村"是指达到相应考评标准,在全省农村水生态建设中发挥重要引导带动作用的镇村,包括"水美乡镇"和"水美村庄"两类。"水美乡村"创建总体思路是:针对各地不同水资源禀赋、水生态特点、水文化底蕴和水景观特色,以实现"河畅、水清、岸绿、景美"为目标,按照"积极建设、科学评价,成熟一批、命名一批"的工作思路,推进"水美乡村"创建。

"水美乡村"建设工作实行乡镇、村庄自愿申报,县级水行政主管部门初审,市级水行政主管部门审核和推荐,省水利厅评估和命名的管理程序。省级评估包括合规性初审、第三方现场评估、专家复审等程序。每年评选出的"水美乡镇""水美村庄"由省水利厅统一发文公布、命名,同时对入选"水美乡镇"和"水美村庄"建设的乡镇和村庄统一用"水美村庄"标识。

从2014年,每年度开展一次年度"水美乡村"建设申报工作,对评估通过的"水美村庄",各级财政将进行奖补,奖补资金主要用于村庄环境的正常维护。此外,江苏"水美乡村"建设实行动态管理,每年对已入围的"水美乡镇""水美村庄"开展考核,对不合格的进行淘汰,合格村庄允以新增进入。

2014年评选出了南京市江宁区谷里街道办事处等60个"水美乡镇"、南京市江宁区横溪街道石塘村等548个"水美村庄";2015年评选出南京市江宁区湖熟街道办事处等59个"水美乡镇"、南京市江宁区湖熟街道杨柳自然村等453个"水美村庄";2016年评选出了南京市江宁区汤山街道等42个"水美乡镇"、南京市江宁区湖熟街道尚桥社区陡门口自然村等238个"水美村庄";2017年评选出了海安县大公镇等17个"水美乡镇"、南京市江宁区江宁街道大庙社区大牛落自然村等198个"水美村庄";2018年评选出了南京市高淳区古柏街道等34个"水美乡镇"、南京市江宁区湖熟街道和平社区钱家渡自然村等176个"水美村庄"。截至2019年7月,全省"水美乡村"已达1 820个,其中"水美乡镇"212个,"水美村庄"1 608个。

根据《水利部 财政部关于开展水系连通及农村水系综合整治试点工作的通知》,省财政厅会同省水利厅积极开展试点县申报工作,从市县政府重视程度、河道治理迫切性、形成的规模和示范效益、建设资金落实、工程前期基础工作、建后长效管护等6个方面进行综合评价,确定南京市高淳区、苏州市吴江区、宿迁市泗阳县等3个县(区)申报第一批水系连通及农村水系综合整治试点县。在水利部、财政部的大力支持下,2020年4月,南京市高淳区、苏州市吴江区、宿迁市泗阳县确定为第一批水系连通及农村水系综合整治试点县[①]。3个试点县(区)实施方案批复总投资20.1亿元,其中2020年度已顺利完成项目投资10.7亿元。在财政部、水利部开展的年度实施情况评估核查中,江苏省3个试点县(区)均被确定为优秀等级。

2.5.2 水美乡村建设经验成效

2.5.2.1 坚持科学规划

坚持高起点规划、高标准建设,实行系统治理,重点突出"三个结合":即

---

① 区根据财政部部署,现调整更名为水系连通及水美乡村建设试点。

把农村河道疏浚整治与大江大河及湖泊、中小河流治理有机结合起来,进行统筹规划、系统治理,充分发挥河网水系互联互通、互调互济的功能作用;把农村水系连通整治与河湖长效管护、截污治污、人文景观有机结合起来,以河流水系为脉络,以村庄为节点,实行集中连片规划、水域岸线并治;把农村水系综合整治与促进地方经济社会发展有机结合起来,使水安全保障、水生态保护与人文历史相互融合,带动周边产业发展,实现工程效益、环境效益、社会效益和经济效益的多赢。

2.5.2.2 强化责任落实

切实落实省级负总责、试点县(区)政府负主体责任、相关部门推进实施的工作机制。要求试点县(区)政府把水系连通及水美乡村建设摆上突出位置,落深落细目标任务,严格考核,层层落实责任,及时协调解决前期工作、资金筹措、建设管理中的矛盾和问题,确保试点取得成功。3个试点县(区)均成立了水系连通及水美乡村建设工作领导小组,建立了以行政首长负责制为核心的工作责任体系,财政部门负责资金筹集、使用监管、绩效评价工作;水利部门负责项目规划设计和施工组织工作;自然资源、生态环境、农业农村等部门按照职责分工,各司其职,共同发力推动工程又好又快建设。

2.5.2.3 多方筹措资金

水系连通及水美乡村建设项目集中度高、投资强度大,在竞争立项时,江苏把地方建设资金能否落实以及多渠道整合资金情况作为重要的评审内容。同时,鼓励地方大胆探索、多措并举,在不增加政府债务负担的前提下,积极争取债券资金投入;充分利用各项金融支持政策,吸引金融资本、社会资本投入。3个试点县(区)总投资20.1亿元中,除中央财政奖补3.6亿元外,地方财政预算安排5.2亿元、利用专项债券5.1亿元、利用社会资本6.2亿元。苏州市吴江区按照"项目打包、连片开发"和"以丰补歉、肥瘦搭配"的思路,将水利项目与其他领域项目打包融资,充分利用试点项目间接带来的土地升值、吸引周边项目等间接收入,积极探索公益性水利项目融资难的问题。泗阳县将试点县项目纳入"城乡水环境巩固提升工程政府和社会资本合作(PPP)项目",成立由社会资本方和政府资本方(泗阳县水务投资有限公司)共同出资的江苏岭源水务有限责任公司作为项目公司,负责工程实施和管理,有效保障了项目建设资金需求。2020年资金投入3.46亿元,其中中央投资0.78亿元、利用PPP资金2.68亿元。南京市高淳区强化主体责任意识,除中央补助外,市级财政预算增加安排3 135万元,其余资金由区镇两级财政兜底安排,确保建设资金全部落实到位,保证项目顺利实施。

2.5.2.4 加强绩效管理

督促试点县(区)建立健全"以绩效为导向"的水利资金管理机制,全面全过程加强项目绩效管理。实施前,细化项目实施安排和绩效目标;实施中,严格执行项目法人制、招标投标制、建设监理制、合同管理制、竣工验收制等五项制度,对照目标、绩效逐个落实,强化对项目全过程监管和动态跟踪,确保工程建设质量。2020年省级财政在分解中央下达的水系连通及水美乡村建设试点补助资金时,与3个试点县(区)工程实施进度挂钩,对项目施工进展缓慢的适当减少资金拨付额度,推动地方加快工程建设进度,提高财政资金使用效益。省财政会同省水利部门健全日常监管机制,定期开展专项稽查、监督检查,对稽查、检查等工作中发现工程建设管理中存在的进度滞后、地方建设资金不到位等情况的试点县(区),采取约谈等方式督促整改。同时,指导试点县(区)及时总结建设经验,努力形成亮点特色,畅通基层群众参与渠道,通过新闻媒体等多种渠道宣传试点成效,营造全社会关心支持"水美乡村"建设的良好氛围。

2.5.3 存在问题

2.5.3.1 水系的系统治理和综合治理体现不足

水系连通及水美乡村建设中的系统治理是指治理与水系关联的各个方面,具体包括水系连通、河道清障、清淤疏浚、岸坡整治、水源涵养、水土保持、防污截污、景观人文等措施,还包括运行管护、资金筹措和规范使用等。综合治理是指水是山水林田湖草沙生命共同体中最基本的因素,治水就要统筹自然生态的各个因素,统筹治水与治山、治水与治林、治水与治田、治水与治污等,需要县域内各个部门和行业的齐抓共治、多措并举、积极参与、综合治理。只有水系连通及水美乡村建设的系统治理和综合治理做好了,才能真正达到项目的目标。然而部分"水美乡村"项目对水系的系统治理和综合治理的理念体现不足。

2.5.3.2 未能体现工程建设与管理维护建设并重

项目实施要围绕县域中当前水系连通和农村水系存在的突出问题,综合运用工程及非工程措施,完成切合当地具体实际情况的水利建设目标。县域内水系连通及水美乡村建设工程措施的实施可以为农村水系的河道功能恢复、河流河势稳定、河流纵向横向连通性良好、岸线岸坡稳定、河湖水体清洁、河流两岸自然人文景观良好、河湖管理范围明晰等做好工程硬件的基础。但要使这些工程能够稳定、持续地发挥作用,必须在进行水系连通及水美乡村建设工程的同时进行相应的制度建设。如结合河长制、湖长制划分水系连通管理责任范围,确定相应的制度体系;结合最严格水资源管理制度确定水资源开发利用和节约保护制度体系等。但部分"水美乡村"项目还存在"重建设轻管理"的现象,无法实现工程建设与管理制度建设并重。

2.5.3.3　未能全面统筹经济效益、生态效益、社会效益

水系连通及水美乡村建设项目的实施,必须结合当地实际全面考虑产生的经济效益、生态效益和社会效益。要将项目实施对于县域经济发展的促进、生态文明建设的推动和乡村振兴战略落实的具体效果进行客观科学的评价,要让项目实施所在地的老百姓确确实实感受到项目带来的物质和精神的好处,使他们有真实的满足感和幸福感。目前部分"水美乡村"项目重生态效益和社会效益,经济效益体现不足。

2.6　生态文明建设示范村建设情况

2.6.1　生态文明建设示范村建设工作开展情况

生态文明建设是指以资源环境承载力为基础、以自然规律为准则、以可持续发展为目标,以融入经济建设、政治建设、文化建设和社会建设为本质特征,追求人口资源环境相均衡、经济社会生态效益相统一的过程。

习近平总书记对江苏生态文明建设格外关心并寄予厚望,他在2013年参加十二届全国人大一次会议江苏代表团审议时,提出"深化产业结构调整、积极稳妥推进城镇化、扎实推进生态文明建设"三项重点任务,2014年视察江苏时,习近平总书记要求努力建设经济强、百姓富、环境美、社会文明程度高的新江苏。2017年12月,习近平总书记在党的十九大后视察江苏时强调,要坚定不移走生产发展、生活富裕、生态良好的文明发展道路。这些都为江苏的生态文明建设,特别是示范创建工作提供了根本遵循,指明了方向。

近年来,江苏省始终把开展生态文明建设示范创建作为全面贯彻落实

习近平生态文明思想的重要举措,作为建设强富美高新江苏、推动江苏高质量发展、打好污染防治攻坚战的重要载体,不断加大组织推进力度,完善顶层设计,增加资金投入,开展分类指导,进行制度创新,推动自然生态保护工作质量不断提高。截至2021年底,建成63个国家生态市、县(市、区),27个国家生态文明建设示范市、县(市、区),635个国家级生态镇,44个国家级生态村。宿迁市泗洪县、徐州市贾汪区、溧阳市、盐城市盐都区、南通市崇川区、扬州市广陵区相继被命名为全国"绿水青山就是金山银山"实践创新基地。44个县(市、区)被命名为江苏省生态文明建设示范县(市、区),722个乡镇、533个村被命名为江苏省生态文明建设示范镇村。

2.6.2 生态文明建设示范村建设经验与成效

2.6.2.1 研究制定管理规程和指标体系

2017年,江苏省发布省级层面的《江苏省生态文明建设示范市、县(市、区)管理规程(试行)》和《江苏省生态文明建设示范乡镇(街道)、村管理规程(试行)》。为配套管理规程的实施,《江苏省生态文明建设示范市、县(市、区)指标》和《江苏省生态文明建设示范乡镇(街道)、村指标(试行)》(两规程两体系)也一并印发,"两规程两体系"的印发,意味着江苏开启了生态文明创建的"2.0版本",进入了一个新的创建阶段,充分体现了中央关于生态文明建设的新任务和新要求。在指标体系上紧密结合江苏省《绿色发展指标体系》和《生态文明建设考核目标体系》,就高不就低,以示范创建推动评价考核。

《江苏省生态文明建设示范乡镇(街道)、村管理规程(试行)》从申报和审查、考核验收、公示命名、监督管理等方面提出了省级生态文明建设示范镇、村创建的工作程序和要求。在结合江苏省生态文明建设示范乡镇(街道)、村创建工作实际的基础上,江苏省环保厅下放权力事项,把原先由省环保厅委托设区市环保局组织的生态文明建设示范乡镇(街道)、村创建考核活动,改为直接由设区市环保局组织。同时,把事后由省环保厅复核,改为由省环保厅事中组织抽查,进行全程指导,确保创建工作的质量。

《江苏省生态文明建设示范乡镇(街道)、村指标(试行)》主要从生产发展、生态良好、生活富裕、乡风文明四方面设计示范乡镇(街道)建设指标共21项,示范村指标共18项。

2.6.2.2 加强创建组织领导

为全面贯彻落实习近平生态文明思想,认真落实党中央、国务院决策部署,加强对全省生态文明建设的组织领导,2013年9月,江苏下发了《中共江苏省委、江苏省人民政府关于成立江苏省生态文明建设领导小组的通知》,成立了由省委书记任第一组长、省长任组长,省委副书记任第一副组长、省政府分管省长任副组长的生态文明建设领导小组,由领导小组统筹推进全省生态文明建设和示范省的创建工作。省领导小组每年与各设区市、成员单位签订生态文明建设责任书,同时下达生态文明创建工作目标任务书。各设区市参照省里的做法,成立生态文明建设领导小组,由主要领导任组长,党委政府分管领导任副组长,层层签订责任书,下达目标任务书,为省、市、县(市、区)、镇村示范创建工作提供了强有力的组织保证。

2.6.2.3 提升生态创建成效

通过开展生态文明系列创建工作,有力提升了基层的生态文明建设水平,取得了良好的示范效应。一是提高了镇村的品位。创建过程是各地区面貌大改变的过程,各地加大投入,辖区内美化、绿化、亮化得到加强,生活污水处理率、林木覆盖率、河塘沟渠整治率、垃圾分类收集处置率大大提升。各地区变得优雅、整洁、和谐,经济、社会、环境协调并进。二是普及了生态文明理念。创建过程是提高群众生态文明意识的过程,各创建地区坚持以人为本,把"群众的需要就是我们的追求"作为根本,使创建的着眼点和着力点定位在最大限度地提高群众身边的环境质量上,把群众关心的热点、难点问题作为大事、要事、急事来抓,让群众看到变化、享受实惠,从而使更多的社会成员关心生态文明建设、参与生态文明建设、监督环境保护,实现了政府与群众两方积极性的有效结合。三是改善了群众生活质量。创建过程是群众得实惠的过程,居民人均纯收入逐年增加,农村住房安全、饮水安全、出行安全得到保障,生活服务设施得到完善,城镇布局更加合理、舒适美观,农民群众获得感不断增强。四是锻炼了基层环保队伍。创建过程是打造环保队伍的过程,乡镇(街道)环保办的力量得到加强,村环保监督员制度得到完善。创建地区普遍建立了环境长效管理机制,明确了管理经费渠道,落实了环保工作人员日常监督以及环境设施运行维护制度。

2.6.3 存在问题

2.6.3.1 缺乏有效的激励政策

农村生态文明建设是我国生态文明建设的重要组成部分,关系乡村振兴,关乎农业农村现代化,我国农业生态环境历史欠账多,实现乡村全面振兴必须加强农村生态文明建设。然而,当前一些地方的生态文明示范村镇创建仅偏重于称号命名层面,尚未制定出台切实有效的激励政策和措施,难以调动地方积极性。

2.6.3.2 农村环境基础设施薄弱

环境基础设施作为重要的服务性设施,是打赢污染防治攻坚战的基础保障,尤其是农村生活污水处理设施,急需建得起、用得上。然而,部分地区农村污水治理设施覆盖率偏低,部分区域虽建设了污水处理设施,但因资金缺乏、布局不合理、运营水平低下等,造成设施建成后收集不到污水,未能有效发挥污水收集处理作用。

2.6.3.3 多部门协同推进合力不足

农村生态文明建设包含农业农村生态治理、农业绿色发展、农村绿色生活方式构建、绿色低碳产业体系打造等方方面面,涉及生态环保、农业农村、水利、发改等多个部门,当前部分地区生态文明建设侧重于生态环境保护和清洁生产,而有关农村产业发展、生态文化体系建设、制度建设方面的工作力度有待加强。

2.7 本章小结

综合以上,江苏省美丽乡村建设已取得阶段性成效,以改善环境为基础,使得乡村更清新,农民更富裕,生活更美好。截至 2021 年底,全省累计建成 635 个国家级生态镇,44 个国家级生态村,722 个乡镇、533 个村被命名江苏省生态文明建设示范镇村。建成 446 个省级特色田园乡村,实现 76 个涉农县(市、区)全覆盖。

同时,部分地区农村保护与发展仍存在一些问题。特色田园乡村建设对乡村禀赋特色要求较高,覆盖范围小,存在业态同质化现象。而水美乡村建设以岸线美化绿化硬化为主,对基于自然的生态系统治理观体现不足,水生态改善作用不够明显。人居环境整治、覆盖拉网连片整治等主要依靠财政补贴，可持续性有待加强，农村生态环境治理内生动力不足。

因此，亟须探索一种农村地区生产发展、生活富裕、生态良好的文明发展道路，开展"新鱼米之乡"建设途径研究，提出生态环境保护与产业融合发展的途径，推进产业生态化、生态产业化，形成保护与开发良性循环模式，为全省建设"新鱼米之乡"提供借鉴指导。

第三章 江苏省农村发展现状及问题分析

第三章 江苏省农村发展现状及问题分析

3.1 江苏省农村社会经济发展总体情况[①]

3.1.1 乡村组织基本情况

2019年,江苏省乡村共有乡镇758个,乡村户数1 405.58万户,人口4 759.21万人。2015—2019年,全省乡村人口数量整体呈下降趋势,年均下降率为0.27%(见图3.1-1)。

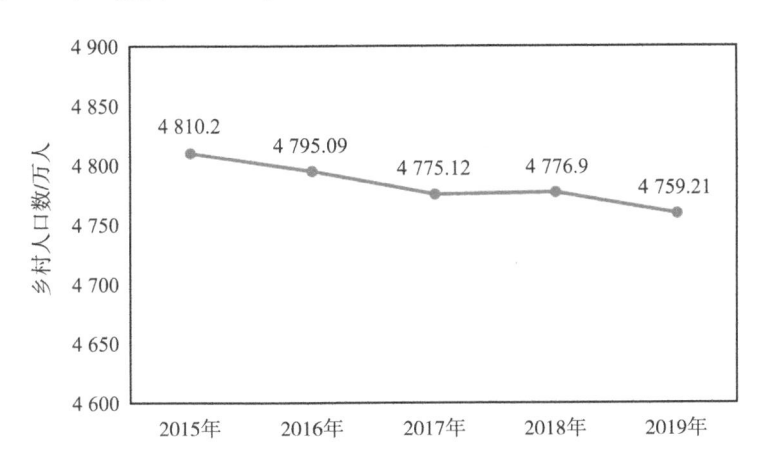

图3.1-1 2015—2019年江苏省乡村人口数变化

从13个设区市的乡村组织情况看,徐州市、宿迁市、盐城市的农村乡镇数

---

① 本节基础数据来源于《江苏省农村统计年鉴2018》《江苏省农村统计年鉴2020》。

较多,分别为 97 个、97 个、95 个;南京市的农村乡镇数最少,为 6 个。南通市乡村户数 197.05 万户,位列全省第一;镇江市的乡村户数最少,为 56.96 万户(见图 3.1-2)。徐州市拥有最多的乡村人口,约为 673.98 万人,占全省乡村人口总数的 14.16%;镇江市、无锡市、南京市乡村人口较少,均低于 200 万人(见图 3.1-3)。

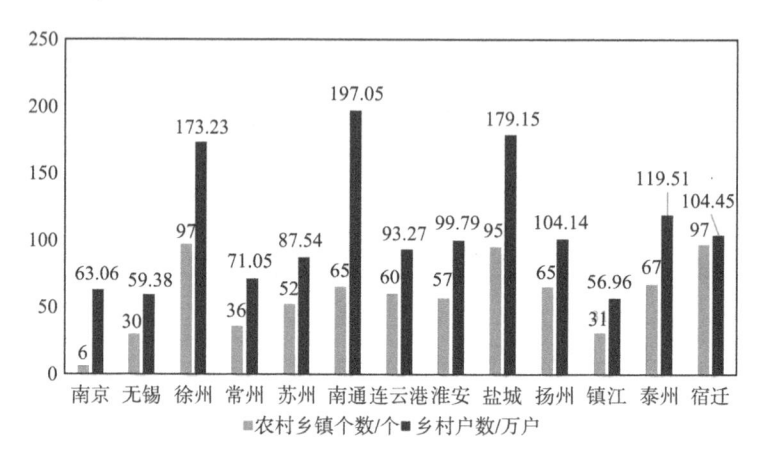

图 3.1-2　2019 年江苏省 13 个设区市农村乡镇个数及乡村户数

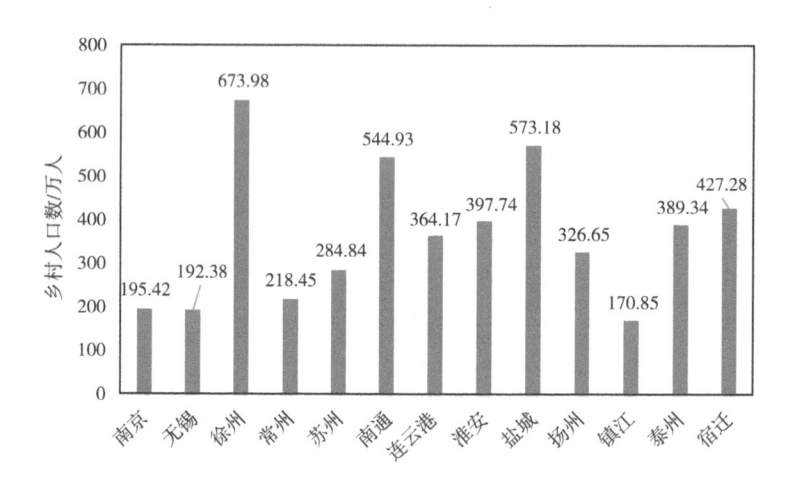

图 3.1-3　2019 年江苏省 13 个设区市乡村人口数

从不同区域看,2019 年苏南、苏中、苏北地区的乡村户数分别为 337.99 万户、417.7 万户、649.89 万户,乡村人口数分别为 1 061.94 万人、1 260.92 万人、2 436.35 万人,苏北地区的乡村户数及乡村人口数均最高(见图 3.1-4)。

第三章 江苏省农村发展现状及问题分析

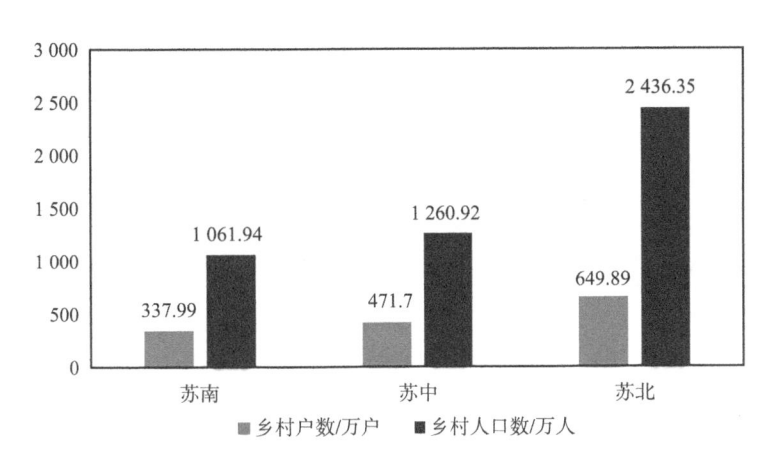

图 3.1-4 2019 年江苏省苏南、苏中、苏北地区乡村户数及人口数

3.1.2 乡村劳动力从业结构

2019 年,江苏省 4 759.21 万乡村人口中有从业人员 2 567.05 万人,占比约 53.94%(见图 3.1-5)。2015—2019 年,虽然乡村从业人员占总人数比例基本稳定在 54% 左右,但全省乡村从业人员数量逐年减少,乡村人口呈逐渐外流趋势。

从全省 13 个设区市的乡村人口从业情况看,苏州市乡村从业人员占总人数的比例超过六成,为全省最高;连云港市乡村从业人员占总人数的比例不足五成,为全省最低。南京、无锡、常州、苏州、南通、扬州、镇江、泰州 8 市的乡村从业人员占总人数比重高于全省的平均值 53.94%(见图 3.1-6)。

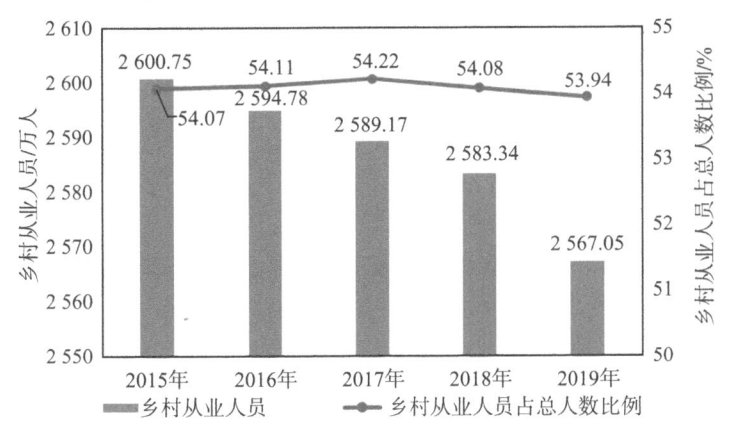

图 3.1-5 2015—2019 年江苏省乡村从业人员数变化情况

059

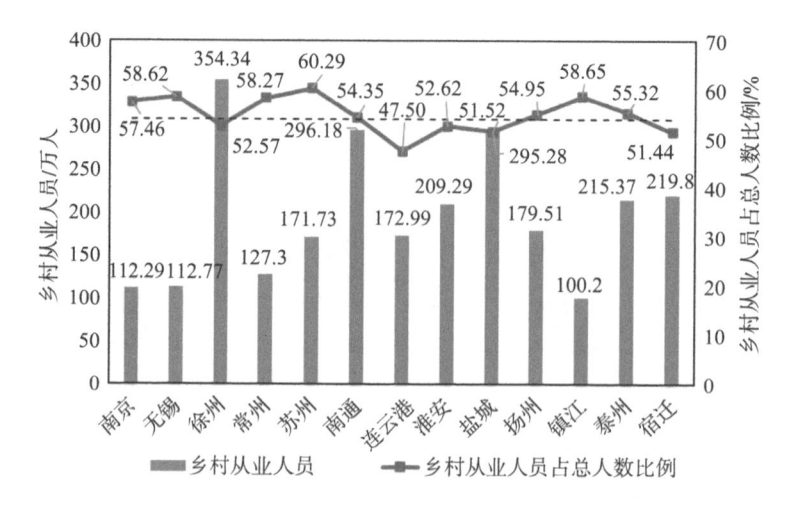

图 3.1-6　2019 年江苏省 13 地市乡村从业人员情况

从不同区域看,2019 年苏南、苏中、苏北地区的乡村劳动力数量分别为 624.29 万人、691.06 万人、1 251.7 万人,占各区域总人数的比例分别为 58.79%、54.81%、51.38%,其中苏南地区和苏中地区的比例情况高于全省平均值,说明苏北地区可能存在一定的乡村劳动力外流(见图 3.1-7)。

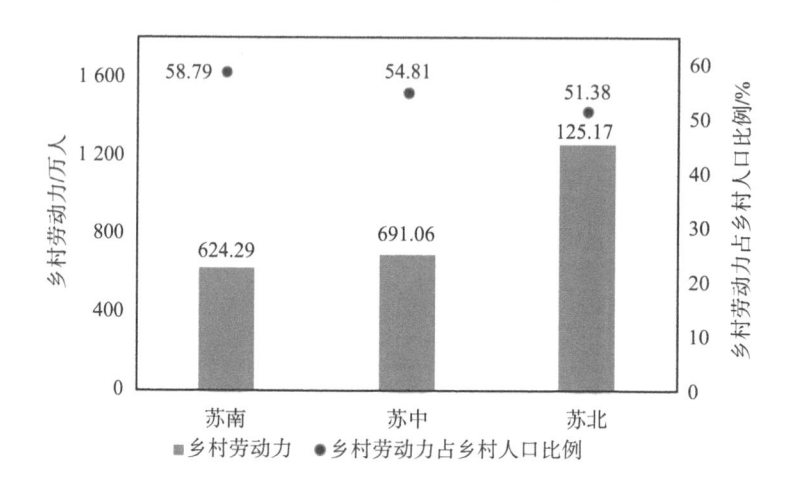

图 3.1-7　2019 年江苏省苏南、苏中、苏北地区乡村劳动力及其占比情况

从全省乡村人员从事行业情况看,从业人数排在前三位的行业分别是农村工业、农林牧渔业、建筑业,分别占乡村从业总人数的 33.01%、26.79%、14.91%(见图 3.1-8)。2015—2019 年,全省从事农林牧渔业的乡村人员数

量呈逐年递减趋势,且其占全省乡村从业人员总数的比例也呈递减趋势(见图 3.1-9)。

从不同区域的乡村人员从业结构看,苏南、苏中、苏北乡村人员从事第一、二、三产业的比例分别为 15.71∶62.33∶21.96、18.99∶51.40∶29.60、36.61∶38.79∶24.60,从业结构呈现一定的差异。苏南、苏中地区在第二产业从业的乡村人员比例最高,对于促进农民增收有一定的积极作用;乡村人员第一产业从业比例均不足 20%,由于农业劳动生产率较高,农业富余劳动力发生转移[22]。苏中地区在第三产业从业的乡村人员比例高于苏南地区。苏北地区在第一、二产业从业的乡村人员占比相当,均超过当地从业乡村人员数的 35%(见图 3.1-10)。

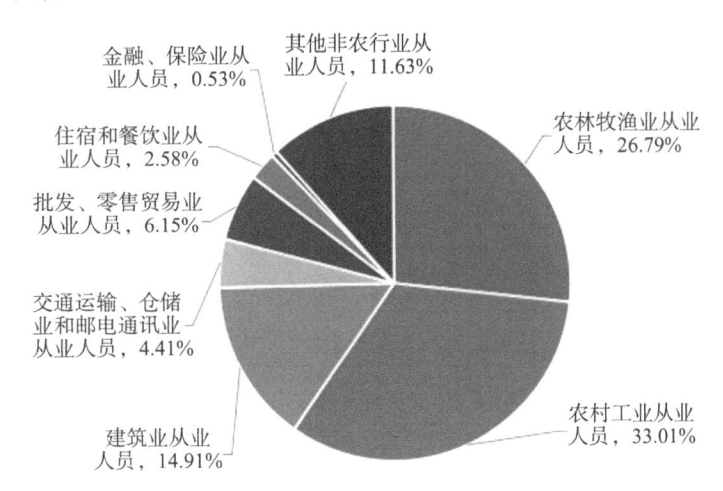

图 3.1-8　2019 年江苏省乡村人员从事行业情况

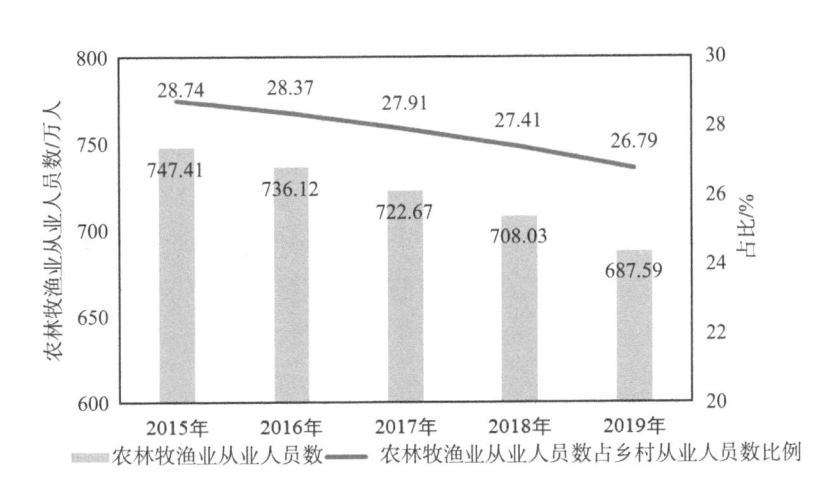

图 3.1-9　2015—2019 年江苏省从事农林牧渔业乡村人员数变化

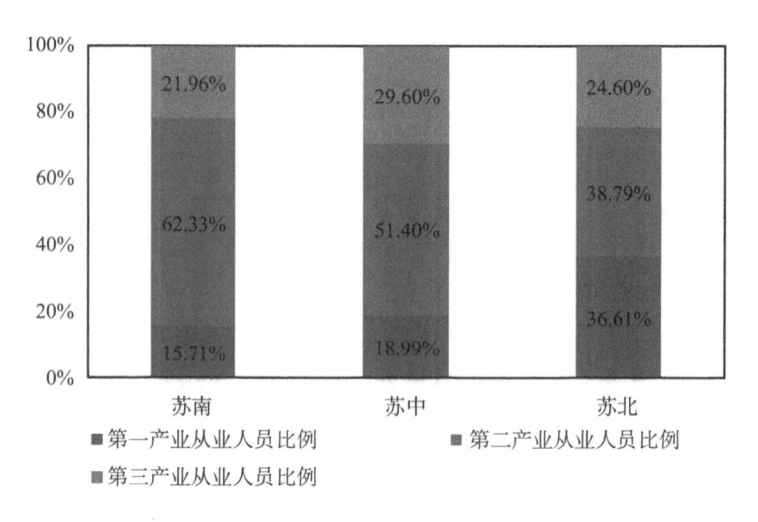

图 3.1-10　2019 年江苏省苏南、苏中、苏北乡村人员从业结构

3.1.3　乡村经济情况

2019 年,江苏省农林牧渔业产值为 7 503.15 亿元,较 2015 年增长了 7.5%;农林牧渔业增加值为 4 610.84 亿元,约占当年全省生产总值(99 631.5 亿元)的 4.63%。

从各分项产值占比来看,2019 年农业、林业、牧业、渔业、农林牧渔服务业产值占总产值的比例分别为 51.03%、2.16%、16.17%、23.20%、7.44%。从变化趋势来看,2015—2019 年,林业、渔业、农林牧渔服务业产值占比呈上升趋势,其中农林牧渔服务业产值占比增长较多,较 2015 年增长了 1.71 个百分点;农业和牧业产值较 2015 年略有下降。从全省 13 个设区市的农林牧渔业产值情况来看,2019 年产值排名前三的城市为徐州市、盐城市和南通市,其中徐州市和盐城市农林牧渔业产值均超过 1 000 亿元,分别达到 1 181.72 亿元及 1 128.11 亿元。无锡市、镇江市、常州市农林牧渔业产值均不足 300 亿元。从不同区域来看,2019 年苏北地区农林牧渔业产值达 4 178.11 亿元,约为苏中地区的 2.3 倍,约为苏南地区的 2.7 倍;此外,苏北地区的农业、牧业和渔业产值也明显高于苏中地区和苏南地区(见图 3.1-11、图 3.1-12、图 3.1-13)。

2019 年,江苏省乡村人口人均农林牧渔业产值达到 15 765.54 元,比 2015 年增长了 8.64%。各设区市中,乡村人口人均农林牧渔业产值排名前三的

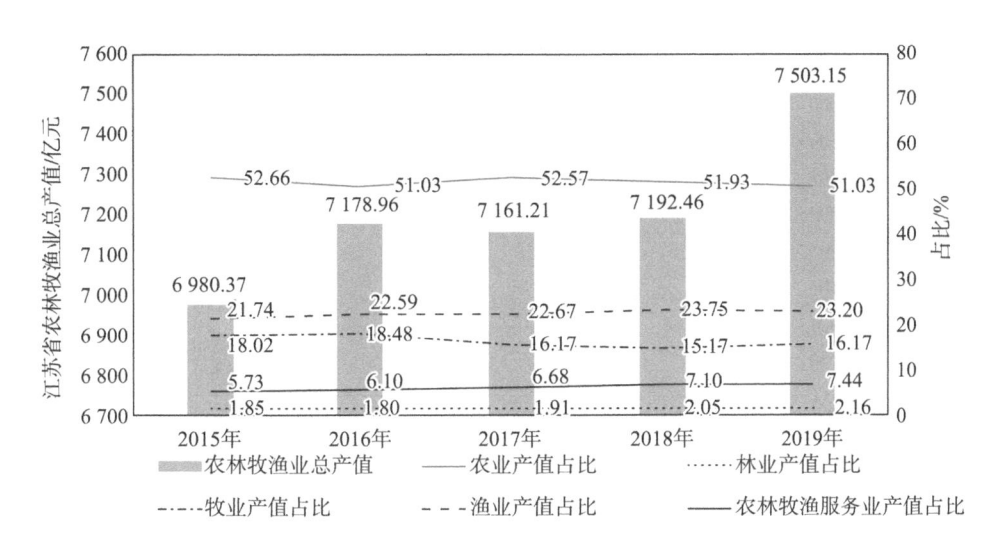

图 3.1-11　2015—2019 年江苏省农林牧渔业产值及各类占比

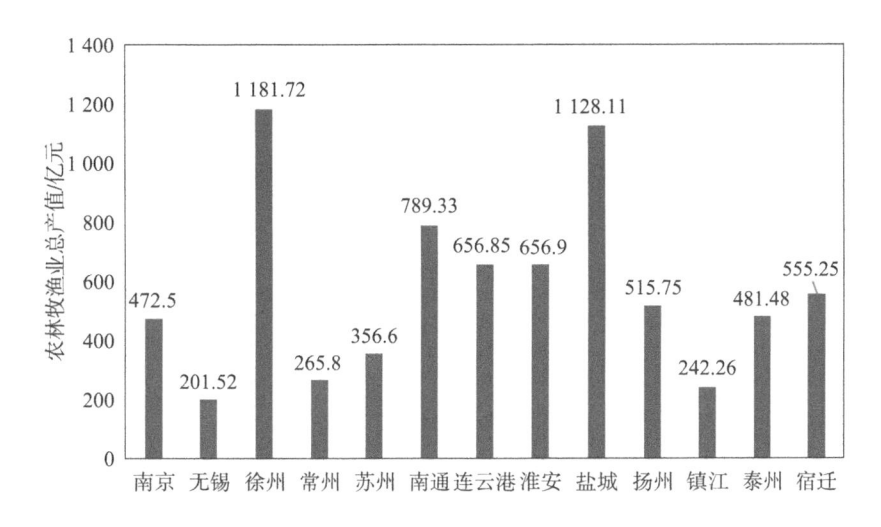

图 3.1-12　江苏省各设区市 2019 年农林牧渔业产值

城市为南京市、盐城市、连云港市，人均产值分别为 24 178.69 元、19 681.60 元、18 036.91 元。从不同区域看，苏北地区人均产值最高，约为 17 149.05 元，是苏南地区、苏中地区的 1.2 倍左右（见图 3.1-14、图 3.1-15、图 3.1-16）。

063

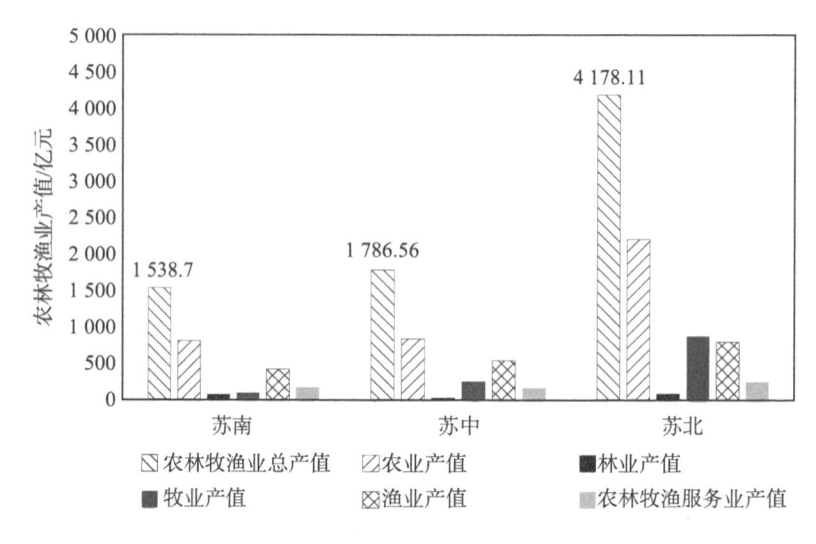

图 3.1-13　苏南、苏中、苏北 2019 年农林牧渔业产值

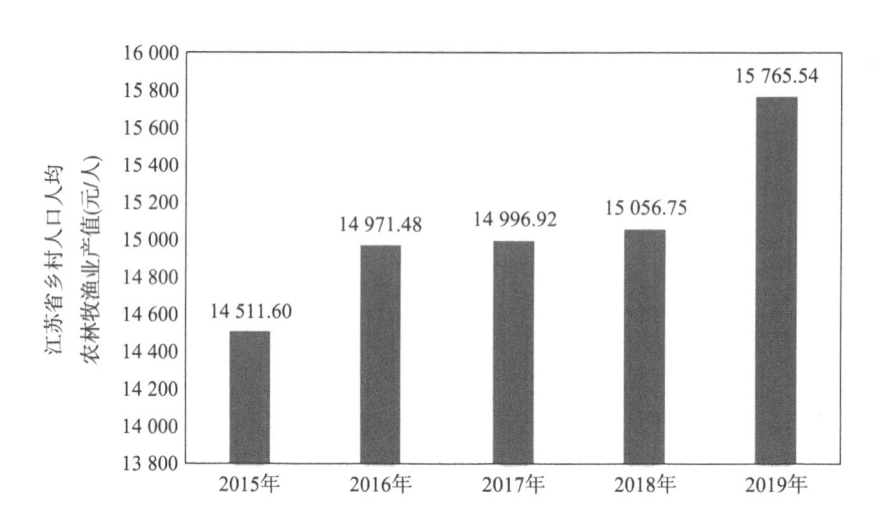

图 3.1-14　2015—2019 年江苏省乡村人口人均农林牧渔业产值

2020 年,江苏农村居民人均可支配收入达 24 198 元,最高的江阴市为 38 416 元,均低于全省人均可支配收入的 43 390 元(见表 3.1-1)。2015 年以来,全省农民人均可支配收入及农村常住居民生活消费支出逐年增长,增幅均达到 30% 以上。全省县(市、区)中,农民人均可支配收入呈现苏南高于苏中,苏北地区普遍较低的情况。排名前五的是江阴市、昆山市、常熟市、张家

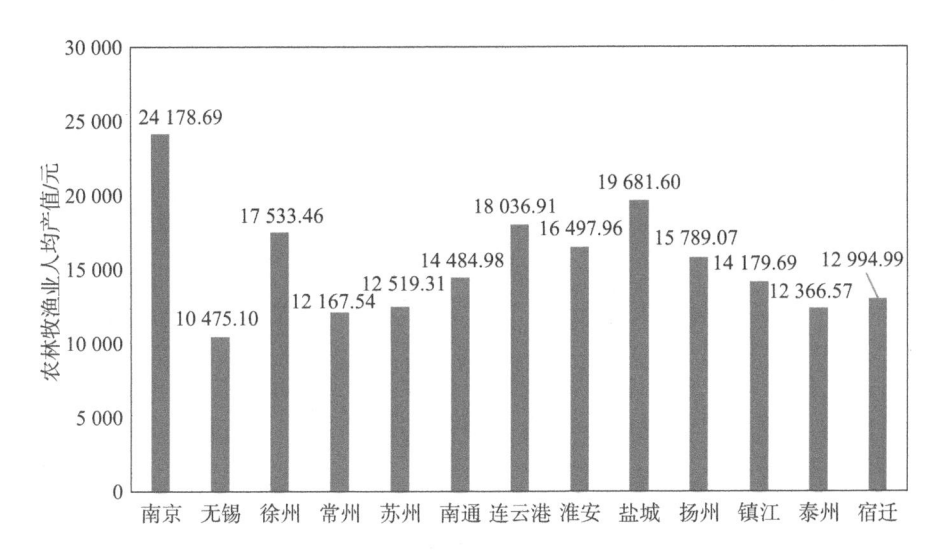

第三章 江苏省农村发展现状及问题分析

图 3.1-15 2019 年江苏省各设区市乡村人口人均农林牧渔业产值

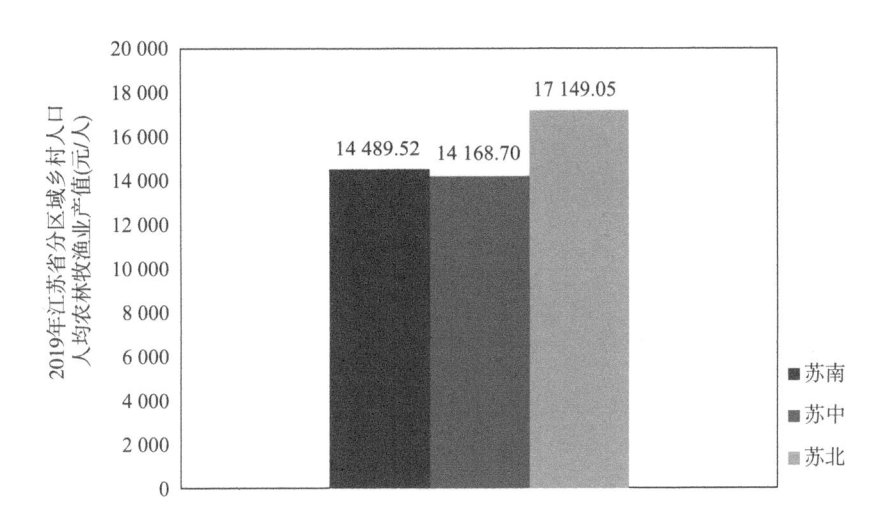

图 3.1-16 2019 年苏南、苏中、苏北地区乡村人口人均农林牧渔业产值

港市、太仓市,均位于苏南地区,超过 35 000 元;排名靠后的盱眙县、丰县、睢宁县、灌南县、灌云县、涟水县等均位于苏北地区,农民人均可支配收入不足 20 000 元(见图 3.1-17)。

065

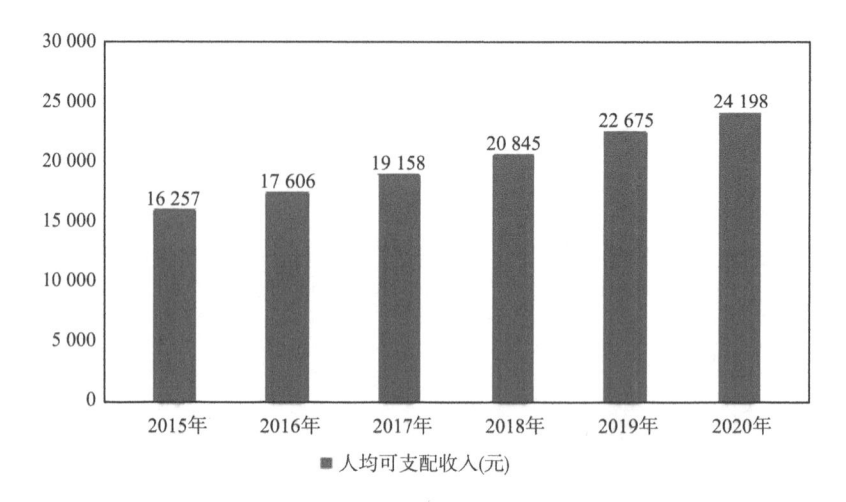

图 3.1-17　2015—2020 年江苏省农民人均可支配收入情况

表 3.1-1　2020 年江苏省县(市、区)农民人均可支配收入前 8 位

县(市、区)	农民人均可支配收入(元)	全省排名
江阴市	38 416	1
昆山市	38 320	2
常熟市	38 031	3
张家港市	37 935	4
太仓市	37 521	5
扬中市	32 474	6
宜兴市	32 430	7
溧阳市	30 083	8

3.2　乡村产业发展状况

3.2.1　我国乡村产业发展现状

改革开放四十年多来,我国乡村产业迅猛发展,城镇一体化进程不断地加快,乡村产业融合拥有了丰富的实践经验。从融合主体看,有以农户作为主导的,有农民合作社主导的,有企业主导、村集体主导以及地方政府主导的多种经营类型[23]。从融合方式看,有第一产业和第二产业融合、第一产业和

第三产业融合、三者综合等方式。从融合联结来看有合同制、合作制、股份制等多种形式。从融合的产业业态来看,产生了农业电子商务,休闲农业等新型产业业态。总体来看,乡村产业欣欣向荣,蓬勃发展,成为国民经济重要的组成部分,并且取得了一定的成效。

近年来,农业生产能力得到了大幅度的提升。2020年,第一产业增加值为78 031亿元,同比增长10.7%,农业综合生产能力稳定发展。乡村产业的融合发展有效推进了城镇一体化,推进了美丽乡村建设与和谐社会的发展。2020年,全国城镇化率达63.89%。乡村产业立足于农村,有力促进农民增收,让农民享受到发展的红利,从而减少农村贫困人口,让更多的农民能够安居乐业。根据《中国统计年鉴2020》,近五年全国农村人均可支配收入呈现逐年增长趋势,2020年农村居民人均可支配收入17 131元/人,同比增长6.9%。同时,城镇与农村的差距也在逐步缩小。

3.2.2 江苏省乡村产业发展现状

3.2.2.1 整体发展环境

(1) 经济发展水平整体较高

江苏省农业农村经济运行稳中有进,总体处于全国较高水平。2020年,全省农林牧渔业总产值为7 952.6亿元,同比增长6.0%,位居全国第四,仅次于山东、河南和四川三省。其中,农业产值为4 102.2亿元,林业为172.9亿元,牧业为1 315.8亿元,渔业为1 774亿元。粮食产量创历史新高,全省全年粮食总产745.8亿斤。全省农村居民人均可支配收入24 198元/人,同比增长6.7%,为全国平均水平(17 131元/人)的1.4倍,位列全国第五,仅次于上海、浙江、北京和天津四地;农村居民人均消费支出17 022元,同比下降3.9%,为全国平均水平(13 713.4元/人)的1.2倍。总体来说,全省农业生产态势良好,粮食丰收,消费市场稳中有升,消费升级不断加快。

(2) 现代乡村产业融合体系不断深入

随着"十四五"规划工作的推进,在推进农业农村绿色发展方面,我国农业在资源环境、生态环境和农产品安全方面的问题仍需解决,乡村村居村貌环境卫生改善和基础设施建设方面仍需加快,农业供给侧结构性改革还存在现实需求,改善村居环境仍是实现乡村振兴的一场硬仗。全面推进乡村振兴、加快特色田园乡村建设,是江苏省委省政府立足江苏实际、着眼未来发展做出的一项战略决策,是在城乡建设和"三农"工作领域谋划布局的一篇"大文章"。2017年1月,为推进江苏省农业供给侧结构性改革,加快构建江苏省农村一二三产业融合发展的现代农业产业体系,江苏省政府办公厅发布了《省政府办公厅关于推进农村一二三产业融合发展的实施意见》。2020年,省政府出台《省政府关于促进乡村产业振兴推动农村一二三产业融合发展走在前列的意见》。2021年,江苏省委、省政府出台《关于全面推进乡村振兴加快农业农村现代化建设的实施意见》。这些政策文件的颁布,为江苏省加快推进一二三产业融合示范先导区建设提供了方向,也为乡村振兴、推进农业产业的高质量发展提供了支撑。江苏省不断探索形成产业链延伸型、农业多功能拓展型等产业融合模式,农村一二三产业融合程度不断提高。截至2020年,全省建有国家级农村产业融合发展示范园10家,省级农村产业融合发展先导区40家,实施中央农村一二三产业融合发展试点项目26个。

3.2.2.2 乡村产业发展成效

(1)农业生产综合能力不断增强

近年来,江苏省农林牧渔业总产值保持稳定增长态势,农业经济水平不断提高。重要农产品供给充足,2019年江苏省粮食总产量3 706.2万吨,同比增长1.3%。农业机械化进展迅速,截至2019年底,全省共有14万台水稻插秧机、18万台联合收割机、9万台高效植保机,极大满足了农业生产需求,水稻、小麦及玉米三大粮食作物的全程机械化水平远超80%,总体水平与单项环节均位于全国领先行列;全省农业机械化水平达86%,年末农业机械总动力达5114.0万千瓦,同比上年增长1.4%,农业装备技术现代化水平显著提高(见表3.2-1)。

表3.2-1 2019年江苏省主要农产品产量情况①

产品名称	产量(万吨)	比上年增长(%)
粮食	3 706.2	1.3
棉花	1.6	−24.0
油料	94.3	9.6
蔬菜	5 643.0	0.3
蚕茧	3.8	−0.2

续表

产品名称	产量(万吨)	比上年增长(%)
茶叶	1.4	2.1
水果(含瓜果类)	977.5	4.6
猪牛羊禽肉	270.8	−15.9
水产品(不含远洋捕捞)	484.8	−1.7

资料来源:《2019年江苏省国民经济和社会发展统计公报》

(2) 农业产业链进一步延长

近年来,江苏农产品加工业发展迅猛,2020年,全省规模以上农产品加工企业5 868家,营业收入达到10 446亿元;省级农产品加工集中区59家,超百亿2家,50亿~100亿15家,入驻企业1 638家,2020年销售收入2 594亿元,带动476万户农户增收177亿元。新型农业营业主体稳健发展,推进高素质"新农人"培育行动,年均培养20万余高素质农民,培育率接近30%;实施新型经营主体培育工程,重点促进家庭农场适度规模经营。打造行业领军企业,推进龙头企业培育提升行动,全省现有77家国家级农业龙头企业,820家省级农业龙头企业,分别比2015年增加16家、183家;上市农业企业38家;省级以上龙头企业2020年销售(交易)额接近8 000亿元,相比上年增长6%以上,超百亿企业15家。

(3) 乡村产业融合度持续深化

"十三五"时期,江苏省大力推进农业多功能开发,不断打造休闲旅游农业品牌,注重发展文化型、生态型、功能型、服务型、科技型"五种模式"创意农业,全省乡村旅游逐渐从单一型"农家乐"向集体验、观光、休闲等为一体的乡村度假与旅居等多元复合形态发展;从开展"百园千村万点"精品行动,到持续开展"苏韵乡情"系列推介活动,有力促进了产业向深度发力、朝广度拓展,休闲旅游农业综合经营收入以20%以上的增幅快速发展。2020年,全省具有一定规模的休闲旅游农业园区景点超过1.2万个,全国休闲农业示范县20个、中国美丽休闲乡村50个,数量为全国第一;乡村休闲旅游农业游客接待量达到2.6亿人次,年综合经营收入超过800亿元,比2015年增长160%。江苏省着力推进信息化平台建设,使产业链价值不断提升,一批规模竞争优势明显、抗风险能力较强的特色产业集群正在加快形成。截至2020年底,全省

10亿元以上县域产业超过180个,全国"一村一品"示范村镇166个,国家级中晚熟大蒜产业集群,43个全国产业强镇建设进展良好、效果显现,特色水产产值连续多年位居全国榜首。

3.2.2.3 产业融合发展特征

(1) 经营主体多元化

为落实乡村振兴战略,江苏省加快推进农业农村现代化,培育壮大新型农业经营主体和服务主体,打造了一批农业龙头企业。在家庭农场、农业合作社、农业龙头企业等经营主体的带动下,越来越多的农民参与到了现代农业发展中,并分享了加工、分销、品牌建设等带来的附加值收益。2020年,全省经认定的县级以上农业龙头企业近6 000家,农业龙头企业创新能力显著增强,品牌影响力得到提升。农业龙头企业利用当地资源禀赋优势,增强相对优势和竞争能力,带动农民提高增收能力。家庭农场是兼具家庭经营和规模经营优势的新型农业经营主体,是现代农业经营体系的基础与核心,江苏纳入名录管理的家庭农场约17万家,家庭农场日益成为全省引领农业适度规模经营发展、实现重要农产品稳产保供的重要力量。农业合作社主要是非营利性农民组织,乡村市场通过合作社提高了营销能力,风险防范能力和品牌竞争力。

(2) 模式多样化

根据地区的资源禀赋条件、产业发展特色等条件,江苏省各地积极探索适合当地的农村产业融合的模式。具体发展类型为产业链延伸类、社会化服务类、产业聚集类、功能拓展类(见表3.2-2)。

表3.2-2 江苏省乡村产业融合模式类型[24]

模式	具体描述	案例	主要内容
产业链延伸类	实现农技服务、生产、加工和销售环节的有机整合	无锡惠山区阳山镇	已将水蜜桃产业发展成为从生产、贮运、加工到流通的产业链条。目前已研发出水蜜桃汁、水蜜桃果酒等附加产品,同时拓展农业多功能性,打造了以生态高效农业、农林乐园、园艺中心为主体,体现花园式农场运营理念的农林、旅游、度假、文化、居住综合性园区。阳山镇以水蜜桃为代表的高效农业占农业的比重达98%
社会化服务类	建设农业生产产前、产中和产后全过程服务,提升农业生产服务的专业化水平和社会化程度	东台现代农业产业园区	集种植、养殖、饲料加工、农产品期货交易市场、屠宰分割、肉制品加工、冷链物流、批发配送市场、副产品高科技转化等为一体,具有完整农业生态链的特大型农业产业化企业园区

续表

模式	具体描述	案例	主要内容
产业聚集类	建设农业产业园区,通过生产＋加工＋科技聚集现代生产要素,创新体制机制,集中打造产业链,建设高水平的现代农业发展平台	江苏东台沿海经济区	绿色食品产业园将依托东台沿海周边地区的资源优势,以当地的特色农、水产品为原料,发展绿色食品精深加工产业
功能拓展类	挖掘农业在生态休闲、旅游观光、农耕文化、科技教育等方面的价值,拓展农业发展的领域和空间	江苏黄龙岘茶文化村	以茶文化展示为主打造茶叶展销、研发、生产为一体的乡村特色茶庄

(3) 融合载体凸显

农业加工区、农业服务平台和农业园区融合载体的出现加速了江苏省乡村产业整合的深度发展。一方面,江苏省农产品初、精加工稳步发展,加工产业集约化发展,综合效率进一步提高,促进了农业与第二产业、第三产业的紧密结合;另一方面,通过农业加工区和园区的发展,改善农产品基础设施和相关配套设施,完善公共服务平台,以及通过加工示范区、加工集中区的科学规划,优化农业加工业的合理布局,推进了集约节约发展。

目前,全省已建成集规模畜禽、绿色蔬菜、优质粮油等产业为一体的500个农业产业化联合体,其中省级示范联合体251个,带动了4 000余个家庭农产、农民专业合作社抱团联合发展。截至2020年底,全省共创建国家现代农业产业园10家、省级农村产业融合发展先导区40家,实现乡村重点产业全覆盖;在全省率先开展产业融合发展先导区建设,建成省级以上产业融合先导区45个,累计建设31个全国农业产业强镇。

(4) 机制多样化

农业企业与农户的利益联结主要通过签订合同订单的方式,主要形成了"企业＋合作社＋农户""企业＋种养小区＋农户""企业＋专业村＋农户""企业＋订单＋农户"等多种联农带农模式以及"联合社(综合社)＋社会化服务组织＋专业合作社＋家庭农场＋农户"的一体多元的综合服务模式。

3.2.3 乡村产业发展存在问题

3.2.3.1 产业发展基础薄弱

近年来,全省乡村新产业新业态发展势头迅猛。但从整体来看,全省乡村产业发展基础还相对薄弱。

一是产业供应链现代化水平不高。农业产业区域特色不够鲜明,农产品产地初加工比例不高,产业规模小、布局散、组织化程度低,不少农产品深加工地远离镇村,对产业发展和劳动力就业带动不够。产业链仍然存在短板,一产向后延伸不够充分,多以供应原材料为主,二产连接两头不紧密,农产品精深加工不足,农产品加工转化率和附加值不高,乡村休闲旅游农业等新业态尚处于成长阶段。

二是经营主体整体实力不强。农业龙头企业规模总体偏小,超百亿的企业以市场流通类为主,生产加工类较少,农业类上市公司较少。农业经营主体科技研发实力欠佳,核心竞争力不强,集成现代设施、设备、科技、管理运营的不多。部分主体的品牌意识不强,特色农产品品牌优势不明显,知名的"苏"字号农产品品牌不多,整体品牌市场竞争力不强。

三是农产品质量安全保障不够健全。部分地区农业产业发展缺少统一规划指导,未能形成从生产到销售的规范体系,生产、加工脱节,且在质量监督管理方面存在一定缺陷,可能会出现生产环节化肥农药残留、加工环节滥加化学添加剂、质检环节制度标准不明确等品控问题。

3.2.3.2 结构性矛盾有待化解

近年来,龙头企业、家庭农场、农民合作社等新型农业经营组织发展迅速,但融合主体在数量、规模、组织结构上依然存在许多不足。比如农民合作社、龙头企业的带动力不强;家庭农场参与融合的能力不够;各融合主体对资源、财政的依附性强,组织结构不合理。工业化与城市化吸引了大量农村青壮年劳动力涌入城市,农村普遍出现老龄化、空心化现象,因此农业劳动力不断减少,阻碍了科技成果向生产力的转化。现代农业对高技能劳动力需求增加与农村相当一部分劳动力文化水平较低的矛盾制约了农村对剩余劳动力的吸收。此外,一些地区农村产业一体化发展水平不高,特别是在苏北某些地区,村民在产业融合发展中的参与度低,当地没有通过订单生产、合作制、股份合作制等方式与农民建立紧密利益联结机制,农民较难共享全产业链增值收益。

3.2.3.3 客观环境尚待改善

一是部分农村资源环境透支,基础设施建设滞后。化肥、农药的长期使用和农村污染处理能力不足导致农业面源污染较为严重。道路、供热等基础设施配套不足,一定程度上制约了乡村产业发展。宽带网络、物流仓储等基本公共服务供给不足直接增加了潜在融合主体进驻农村的成本与风险。产业融合政策体系不够健全,农村金融体制改革滞后,农业补贴政策对新业态的扶持不够,科技支撑体系不健全,农业生产性服务发展滞后。

二是景观环境品质不高,乡村特色空间同质性较强。江苏省一些农村规划项目的开发建设,只考虑土地的整理和集约管理,没有挖掘相关的特色资源。盲目套用已有成功案例,照搬发展模式,集中发展观光采摘、旅游民宿等第三产业,产业形式雷同,缺乏对地方产业的创新性开发,导致"同质化"的现象不断蔓延,使得真正具有吸引力的原始生态乡村自然和文化精髓悄然消失,阻碍了乡村景观的建设和旅游业的发展,产生了视觉审美疲劳、地域文化丧失、产业竞争加剧等问题。

3.2.3.4　金融体系支撑不足

金融支持农业产业化发展在经过多次改革之后取得较大发展,但是随着农业产业需求的变化,金融支持体系仍存在一些问题[25]。农村金融机构功能不够健全,支持的广度与深度普遍不够。目前一般商业银行信贷业务投向农业领域较少,农村金融机构的农业发展银行业务范围较窄,网点数量偏少,多元化金融支持体系有待完善,担保与信用体系有待强化,农业生产者金融知识不足,金融意识欠缺、技术培训和组织机构统一性不强,农户办理信贷过程中所能提供的担保物有限,致使金融机构放贷的积极性不高,影响了农业产业化融资环境。

3.2.3.5　管理保障机制不完善

江苏省传统乡村虽然大多在生产标准化和深加工方面有一定的发展基础,但是缺乏管理创新,且乡村内合作组织建设工作进程缓慢,组织人员功能职责划分不明确,对调动村民主体参与乡村建设工作的方面积极性不高,在乡村的管理上高素质的复合型和创新型管理人员缺失,管理机制需要进行完善。目前大多数农民的文化素质和技能水平只够参与简单的加工和服务工作,很难提供高附加值、差异化的产品和服务。农村土地制度还存在土地经营权流转机制不顺畅、土地经营权流转缺乏专业的价值评估体系、农村征地制度和经营性建设用地改革滞后等问题,土地改革配套实施细则未明确,存在土地粗放使用和资源浪费等现象。

3.3 生态环境保护状况

3.3.1 饮用水水源地保护现状

截至 2020 年底,江苏省 13 个设区市全面完成 19 个"千吨万人"农村饮用水水源保护区划定,1 个"千吨万人"农村饮用水水源保护区已经实施关闭,划定完成比例达到 100%。积极开展农村饮用水水源水质监测,在全省 888 个乡镇的 826 座农村集中式供水水厂开展监测,以及在全省 225 个村庄布设 82 个饮用水源地监测点,实现农村饮用水水质监测全覆盖。开展农村饮用水水源地排查整治工作,全面完成 58 个"千吨万人"乡镇集中式饮用水水源地和 265 个"千吨万人"以下乡镇农村地下水型水源地环境隐患排查。2020 年,全省开展监测的 81 个农村饮用水水源地中,水质达到或优于Ⅲ类的有 73 个,达标率为 90.1%;52 个"千吨万人"饮用水水源地中,水质达到或优于Ⅲ类的比例为 65.4%。

3.3.2 农村生活污染治理现状

3.3.2.1 农村生活垃圾治理体系持续完善

持续完善农村生活垃圾收运处置体系,全省农村生活垃圾得到治理的村庄(行政村)比例达到 99.4%,基本实现农村生活垃圾收运处置体系全覆盖。深入推进农村生活垃圾源头减量分类,在全省有条件的地区全面开展农村生活垃圾分类、其他县(市、区)至少有 1 个乡镇开展农村生活垃圾分类试点示范的目标已经实现。持续开展非正规垃圾堆放点整治工作,全省共排查出 168 处非正规垃圾(生活、建筑垃圾)堆放点,已全面完成整治任务。

3.3.2.2 农村生活污水治理持续推进

持续推进农村生活污水治理项目建设,2016—2019 年,全省先后实施了三批 46 个试点县农村生活污水治理工程,2020 年全省又新增约 1 800 个农村生活污水治理项目,全省农村生活污水治理行政村覆盖率由 2019 年的 56% 提升至 2020 年 74.6%,覆盖率明显提升。按照生态环境部《县域农村生活污水治理专项规划编制指南(试行)》技术要求,组织专项规划编制和修编工作,全省 89 个县(市、区)均已完成县域农村生活污水专项规划编制工作。2018

年11月,江苏省发布省级强制性农村生活污水处理设施水污染物排放标准,为适应农村生活污水排放新需求对地方标准进行修订,2020年5月发布《农村生活污水处理设施水污染物排放标准》(DB32/ 3462—2020),为依法监管提供科学依据。江苏省推进农村无害化卫生户厕改建工作,在苏南和其他有条件的地区将农村户厕纳入污水管网集中处理,在苏中、苏北地区推广三格式无害化卫生户厕,全省农村户用厕所无害化改造普及率超过95%。截至2021年底,江苏省1.54万个行政村已有1.28万个开展了农村生活污水治理,建设治污设施6.2万台(套),覆盖农户近400万户,农村生活污水治理率达37%,治理水平位于全国前列。

3.3.2.3 农村污染治理设施运行持续强化

建立农村污染治理长效运行机制,省政府办公厅印发《江苏省农村生活污水治理提升行动方案》,省生态环境厅等四部门联合印发《江苏省2020年农村生活污水治理专项工作方案》,要求各地建立长效运行机制,保障农村污染治理设施的长效运行;开展农村生活污水治理设施"回头看",组织编制《农村生活污水治理设施现场检查工作指南(试行)》,指导各地开展已建设施问题排查工作,并根据排查清单进行整改,保障已建成农村生活污水治理设施正常运行。

3.3.3 农业源污染防治现状

3.3.3.1 畜禽养殖业污染治理持续推进

开展畜禽养殖禁养区划定,全省13个设区市、78个涉牧县(市、区)制定了畜禽养殖布局调整方案,并完成禁养区内养殖场关闭搬迁。持续推进畜禽养殖污染治理,制定《江苏省非规模畜禽养殖污染治理和粪污资源化利用技术指南(试行)》,将非规模养殖场户污染治理纳入农村人居环境整治提升行动同步推进。到2021年底,全省畜禽粪污资源化利用率达95%,规模养殖场粪污处理设施装备配套率达100%。2018年,全省启动兽用抗菌药使用减量化试点行动,分3批筛选了123家减抗试点养殖场,其中15家参与全国减抗试点,5家被农业农村部推荐为全国减抗试点达标养殖场,23家通过省级减抗试点养殖场验收,截至2020年6月30日,此前已生产、进口的促生长类药物饲料添加剂品种全部退出市场流通。落实畜禽养殖行业环境影响评价,加强畜禽养殖行业排污许可管理,截至2019年底,全省31家设有污水排放口的规模化畜禽养殖企业全部完成排污许可证核发,按要求纳入排污许可管理。

3.3.3.2 水产养殖污染防治持续推进

全省 73 个水产养殖主产县(市、区)完成养殖水域滩涂规划编制和发布工作,依法科学划定禁止养殖区、限制养殖区和养殖区,完成率达 100%,各设区市稳妥有序推进禁养区内水产养殖行为退出;推进池塘高标准生态化改造,累计改造面积 70 万亩左右。组织制定池塘养殖尾水排放强制性标准,根据尾水受纳水体的重要性和敏感度,划分重点保护水域和一般水域,分类分级设定标准限值,开展养殖尾水达标排放或循环利用试点建设,全省建成一批国家级水产健康养殖示范场、示范县,数量位居全国前列,湖泊围网养殖面积减到 65 万亩左右。

3.3.3.3 种植业污染治理稳步开展

持续推进化肥减量增效,2019 年全省化肥使用量 286.21 万吨(折纯),较 2015 年削减 10.56%,较 2018 年削减 2.13%,连续实现负增长。2020 年主要农作物测土配方施肥技术覆盖率达 93%,化肥利用率达 40.71%。扎实开展农药零增长行动,2019 年全省农药使用量 67 396 吨,较 2015 年下降 13.7%,实现连续负增长。2020 年主要农作物绿色防控覆盖率 47.4%,主要农作物病虫害专业化统防统治覆盖率 61%。

稳步推进秸秆综合利用,2019 年全省农作物秸秆综合利用率超 95%,其中稻麦秸秆机械化还田面积 4 300 万亩。江苏省深入推进秸秆禁烧行动,加大重点区域和重点时段的巡查力度,建立以禁烧成效为导向的补贴机制,强化目标考核,严肃责任追究,严查严控秸秆焚烧。持续加强农膜废弃物资源化利用,2019 年底全省建成各级废旧农膜回收网点 716 个。加强农业节水,2020 年全省完成投资 9.26 亿元,完成 8 个大型灌区续建配套与节水改造项目及 22 个中型灌区节水配套改造项目,农田灌溉水有效利用系数达到 0.612。加强农用地土壤污染风险管控,坚持把净土保卫战作为打好污染防治攻坚战的重要内容,全省土壤污染防治取得积极进展,2021 年全省受污染耕地安全利用率达 95.25%。

3.3.4 农业农村环境监管能力建设现状

全省开展储备区划定和永久基本农田核实整改工作,完成了永久基本农田储备区初步划定任务。将农业农村污染防治纳入江苏省污染防治综合监管平台,实现了对问题线索一网打尽和全流程监管。逐步扩大农村环境质量监测范围,从2016年55个县区165个村庄增加到2020年75个县区225个村庄,实现了全省县域全覆盖。2019年起,全省"千吨万人"饮用水源地、农村日处理能力20吨及以上的生活污水处理设施出水、农田灌区灌溉用水水质按照计划有序开展监测(每半年监测1次),全省年出栏生猪达5 000头(其他畜禽种类折合猪的养殖规模)及以上的规模化畜禽养殖场按要求开展自行监测。深化生态环境保护综合行政执法改革,落实乡镇(街道)生态环境保护职责。加强化肥农药登记管理,对150家肥料生产企业进行现场检查和抽样检测。全省初审通过农药产品登记88个。

3.3.5 乡村生态环境保护存在问题

近年来,全省农村生态环境持续好转,然而农业面源污染治理、农村生态环境改善还处在治存量、遏增量的关口,乡村生态环境保护工作松一篙则退千寻。局部地区农村饮用水水源地存在安全隐患,农村生活垃圾分类减量化程度仍然较低,畜禽养殖污染物排放总量大,种养结合程度不够,农药、化肥施用强度仍然较高。农村生活污水治理工作的布局安排、运行维护及监督管理机制等方面尚有不足。农村黑臭水体问题虽取得一定的治理成效,但还未得到根本上的解决。

农村黑臭水体治理前后对比如图3.3-1所示。

图 3.3-1 农村黑臭水体治理前后对比

图源:宿迁市生态环境局官网

(1) 农村生活污水治理推进难度较大

农村房屋建设相对分散,污水集中收集难度大,污水管网敷设成本高。生活污水治理设施全覆盖难度大,进度整体偏慢。部分地区污水治理设施规划建设未能做到因地制宜,治理模式单一,缺乏符合当地农村特点的污染治理与资源化综合利用相结合、工程措施与生态措施相结合、集中与分散相结合的建设模式和处理工艺。农村生活污水治理设施建设和运维资金筹措难,部分设施建成后缺乏有效的设施管理和运维保障,"晒太阳"的现象时有发生,污染治理效能未能得到充分发挥。

(2) 农村有机废弃物资源化利用体系尚未健全

农村餐厨垃圾、农作物秸秆、畜禽粪便等是一种有价值的资源,处置得当,可产生较好的经济和生态双重效益。从江苏省农业生产现状看,一方面因缺乏农村有机废弃物产生量、分布、利用状况等量化数据及估算标准统计数据基础,难以支撑农村有机废弃物资源化运转体系建设;另一方面农业废弃物资源化利用规划不完善,产业处于起步阶段,产业化程度较低,缺乏高效的秸秆综合利用技术,农业废弃物未全部得到合理处置利用。目前农作物秸秆的变废为宝形式仍以秸秆还田为主,但还田可能成为汛期水质下降的原因之一。整体来看,有机废弃物资源化利用水平和能力有时还不能满足大规模的农业生产活动的需求,由此带来的环境污染问题时有发生。

(3) 农用化肥施用强度较大,结构不够合理

农业生态环境治理仍存在农用化肥施用的相关问题。一是化肥施用强度相对偏高,2015—2019年江苏省化肥施用量高于全国平均水平,不仅增加了农业生产成本,并且造成资源和能源浪费。此外,氮磷等物质大量进入水环境,造成地表水环境污染加重。二是农民传统施肥惯性大,对土壤特性和所种作物的生长需肥特性不了解,肥料品种选择不当,施肥结构"三重三轻",即重氮肥磷肥轻钾肥、重传统复合肥轻专用配方肥、重化肥轻有机肥,施肥结构不合理,推进精准施肥、提高配方肥覆盖率任重道远。三是有机肥养分含量较低、肥效缓慢、施肥人工成本较高,农户尤其是种粮大户施用有机肥的积极性普遍不高。

(4) 高效低毒低残留农药使用和包装物回收有待加强

目前仍存在部分农户未采用高效低毒低残留农药现象,还有许多农户未

将使用的农药包装物进行回收,农药对食品安全、土壤、水体具有富集性危害,由此造成的环境风险不容忽视。目前农药包装废弃物产生情况不够明晰,收集、转运、贮存、处理处置等信息化建设还不充分,管理机制尚不健全,难以支撑农药包装物回收体系建设。江苏省高度重视农药包装废弃物回收工作,省农业农村厅和省生态环境厅联合印发了《关于加快推进农药包装废弃物回收处理工作的意见》,提出2021年全省涉农县(市、区)全面启动农药包装废弃物回收处理工作,涉农乡镇农药包装废弃物回收全覆盖,无害化处理率达100%。省内一些地区也进行了积极的探索。宿迁市以"统一回收、分类归集、定点存放、集中处置"为原则,构建完善回收网络体系,落实"村居回收、乡镇归集、县区转运处置"的运行模式,推动有偿回收和无害化处理。高邮市供销合作社以回收点为依托,创建了农药包装废弃物回收、分类、储存、转运、处置的全过程闭环数据库,确保农药包装废弃物100%无害化处理,探索出了农药包装废弃物"云闭环"回收模式。溧阳市供销社利用分布在全市农村的农资连锁店、乡村供销社,发动农资经营户和种粮大户,建立36个农药包装废弃物回收点,按照"谁销售,谁回收;谁使用,谁回收"的办法进行统一回收。为调动农药销售单位和农民回收的积极性,溧阳市供销社规定,回收量大的单位可兑换农资或拿到现金,量少的可兑换肥皂、牙膏、卫生纸等生活用品。但仍有部分地区宣传引导不充分,政策措施不够有力,农药包装废弃物回收水平不高。

(5)农用薄膜使用量高,但回收率较低

废旧农膜回收利用是保障农业生态环境安全和农产品质量安全的重要环节。全省农膜使用量由2015年的11.32万吨增加至2018年的11.61万吨,2019年小幅下降,降至11.42万吨,农膜使用量仍然较高。由于农膜本身成本低、残留捡拾困难、劣质问题较多、农民农膜回收意识不足等,仍存在部分农膜未回收。截至2020年三季度,全省农膜回收率为82.3%,达到2020年江苏省废旧农膜回收利用率目标(80%),由于废弃农膜初次分类不规范、农膜回收综合利用政策支持不完善、过程监管落实难等问题,农膜回收再利用问题也逐步凸显。仍存在废旧农用薄膜被直接填埋或者随意丢弃的情况,由于短期内难以降解,这些"白色污染"会破坏土壤结构、影响作物根系生产和吸水吸肥,造成农作物质量下降、产量减少等问题。

(6) 农村畜禽养殖污染尚未得到根本治理

农村畜禽养殖污染防治的关键在于如何有效解决畜禽粪污、臭气溢散等环境污染问题。畜禽排放的废气中含有恶臭气体及甲烷等有害气体,影响周边居民日常生活;畜禽粪便中的污染物质会随地表径流或粪池渗漏,直接污染地表水和地下水;病死的畜禽如不及时采取净化处理,则会造成病原体的传播,影响其他畜禽甚至人体的健康。当前江苏省对规模化畜禽养殖粪污治理成效较为显著,截至 2020 年 10 月底,全省畜禽粪污综合利用率达 96.7%,规模养殖场粪污处理设施装备 100% 配套到位。但非规模化养殖场和零散养殖户还比较多,畜禽粪污的无害化处理和资源化利用水平不高,这方面的工作尚需加强。

(7) 农村水产养殖尾水污染治理率不高

水产养殖尾水中的主要污染物有氨氮、亚硝酸盐、有机物、磷及污损生物等,未经治理的尾水外排会危害水生态健康,影响地表水水质。一方面,部分农村地区存在水产养殖尾水处理配套设施不健全,养殖池塘连片标准化建设、生态化改造还未到位等情况。另一方面,水产养殖散户对于养殖管理要求落实不到位,养殖技术仍较为传统,对水产养殖投入品的使用不够规范,养殖密度过大超出环境承载能力,养殖尾水排放影响临近水域或海域水环境质量,加剧水华、赤潮的发生。因此,要全面开展高标准鱼池建设,强化渔业基础设施建设,改善渔业水域生态环境,加强养殖尾水污染治理及循环利用,推动水产养殖业向规模化、标准化、生态化方向发展。

(8) 农业面源污染治理标准法规不完善

农业生产是一个复杂的生理生化过程,在生产过程中,对环境中水土气等的影响是多方面的,目前农业面源污染相关统计数据分散,调查、评估和监测等技术规范尚不健全。针对种植业、水产养殖业导致的环境污染问题尚未出台相关的专项法律法规,农业面源污染治理工作尚处于主要依靠行政推动的状态,污染治理设施建设、验收、运维等规范管理工作有待加强。

3.4 生态宜居乡村建设情况

生态宜居是乡村振兴发展的关键,也是建设"新鱼米之乡"重要前提。"十二五"期间,江苏建成了 1 300 多个美丽宜居乡村,"十三五"以来,江苏已建成446个省级特色田园乡村,实现涉农县(市、区)全覆盖。

3.4.1 乡村环境面貌改善状况

3.4.1.1 持续提升村庄公共环境

常态化开展村庄清洁行动。江苏以"四清一治一改"(清理农村积存垃圾、河塘沟渠、农业废弃物和无保护价值的残垣断壁,加强乡村公共空间治理,加快改变农民生活习惯)为重点,打好村庄清洁季节战役,在全省范围内推广乡村公共空间治理的"邳州经验"。2019—2021年,江苏有12个县(市、区)入选全国村庄清洁先进县。

积极推进环境基础设施建设。一是全面推进农村改厕行动。江苏省将农村改厕列入省政府民生实事工程,出台农村改厕工作管理办法、技术规范、工作手册等。江苏农村无害化卫生户厕普及率比较高,整体上达到90%以上,走在全国前列。二是完善污水处理设施建设。2018年,省政府印发《江苏省农村人居环境整治三年行动实施方案》,全面推进农村生活污水治理设施建设,截至2020年底,全省1.1万个行政村建有生活污水治理设施,行政村覆盖率为74.6%。三是完善生活垃圾收运体系。全面建立"组保洁、村收集、镇转运、县(市)处理"农村生活垃圾收运处置体系,全省农村生活垃圾集中收运率超过99%,开展全域生活垃圾分类的乡镇(街道)超过300个。

持续改善农民出行条件。建立健全覆盖县、乡、村道的"路长制"组织管理体系,持续推进"四好农村路"建设,户户通加快推进,"农村公路+"发展模式大力推广,江苏省行政村双车道四级公路通达率100%。全省规划发展村庄等级公路通达率达99%,自然村实现硬化路全通达,乡镇至普通国省道、行政村至县道、自然村至等级公路平均时间分别达到20分钟、12分钟、6分钟。

3.4.1.2 持续推进村庄绿化美化

村庄绿化美化是改善农村人居环境面貌的重要内容。多年来,江苏省委、省政府高度重视、全力推进,坚持统筹各方、高位推动,将村庄绿化列入农村实事工程,多次召开现场推进会全面部署村庄绿化。省政府办公厅印发《关于切实抓好村庄绿化工作的通知》,省有关部门制定印发《关于开展"创绿色家园 建富裕新村"行动的通知》《关于开展"千村示范、万村行动"绿色村庄建设活动的通知》《江苏省绿美村庄建设工程实施方案(试行)》《江苏省绿美村庄建设工程标准》等十多项政策标准办法,扎实推进村庄绿化建设。全省村庄总体绿化量大幅增加,全省村庄林木覆盖面积586.2万亩,绿化覆盖率30%以上,美丽宜居村庄、绿美村庄的数量均超过了1万个。

3.4.1.3 持续改善农村住房条件

2018年,江苏省启动了苏北地区农房改善工作,并将其作为实施乡村振兴战略、高水平全面建成小康社会的"牛鼻子"工程。在各地、各部门努力下,苏北地区农村四类重点对象危房实现动态"清零","三年改善30万户"的目标任务如期高质量完成,苏北地区农房改善中形成的好经验、好做法,为全省更大范围、更具深度推进农村住房条件改善提供了示范、奠定了基础。2022年4月,省委办公厅、省政府办公厅印发《农村住房条件改善专项行动方案》,明确提出用5年时间完成江苏50万户以上农村住房条件改善,基本完成1980年及以前建的且农户有意愿的农房改造改善的目标任务。

3.4.2 乡村文化建设情况

近年来,江苏省扎实推进乡村文化建设,出台《关于推动公共文化服务高质量发展的意见》《江苏省公共文化服务促进条例》等一系列政策文件,从政策层面引导更多文化资源向乡村倾斜。

完善乡村文化设施建设。持续多年将基层综合性文化服务中心建设列入保障民生"十项实事"予以推进。在全国率先建成"省有四馆、市有三馆、县有两馆、乡有一站、村有一室"5级公共文化设施网络体系,设施覆盖率达95%;建立农村文化稳定增长财政投入机制,乡镇文化站财政补贴资金由2014年的6.6万元提高到2018年的10.6万元,增长了60.2%[26]。积极打造"江苏公共文化云""江苏图书馆云""苏心游"等线上平台,创新探索"互联网+公共文化服务"的乡村公共文化"线上"联动新模式。

弘扬乡村本土优秀文化。以社会主义核心价值观为引领,传承和保护乡村传统文化,推动村规民约、乡风民俗等乡村传统文化传承创新,以"倡导移风易俗、弘扬时代新风"为主题推进乡村优秀文艺作品巡演和农民画作巡展。大力推进"民间文化艺术之乡"建设,21地新上榜"中国民间文化艺术之乡",位居全国前列。支持呈现农民生产生活的"三农"题材艺术创作,鼓励有条件的乡村基于本地域的特色风俗文化,创新开展"村晚"等富有地域文化特色的乡村节庆活动,形塑具有地域影响力的乡村文化活动名片,培育新时代乡村节庆新民俗。

3.4.3 生态宜居乡村建设存在问题

(1) 规划顶层设计不足

部分地区缺乏切实可行的乡村规划。村镇规划主体责任不明;部分村镇领导对规划认识不到位,对规划管理工作不够重视,编制经费得不到落实,导致村镇规划编制和规划管理工作滞后,无法发挥乡村规划的引领作用。为了促进农村发展,有关部门加强了村庄规划的编制工作和法制化建设,但是,通过走访调研发现,部分乡村没有专门做乡村规划,部分已经制定的乡村规划缺乏适应性与实用性。部分乡村规划体系不完善、设计理念偏低、站位不够高、形式化较重,不能体现乡村的差异性和特异性。部分规划尚未与土地利用、产业发展、水利、林业及人居环境等规划统筹衔接,缺乏一定的系统性。

(2) 基础设施有待完善

农村基础设施是为农村各项事业的发展及农民生活的改善提供公共产品和服务的各种设施,涉及农村的经济、社会、文化等各个方面。当前,虽然农村基础设施建设已经取得了较大成就,但与人民日益增长的美好生活需要还存在一定差距,一定程度上制约着乡村发展。

一是公共基础设施质量有待提升。乡村路网结构需要优化完善,未能从根本上解决农民出行难、运输难的问题;建成道路管养不到位不及时,距离"畅、洁、绿、美"的目标要求还存在一定差距。农村电网设备需要优化,部分农村地区变压器存在老化、能耗高、性能差等问题,对生产生活产生影响,且容易引发安全事故。农村信息技术建设水平偏低,电子商务人才缺乏,对农村电商发展有一定的不利影响。

二是农村供水需要按照"全域覆盖、融合发展、共建共享、服务均等"的要求和江苏省农村供水新标准提升改造。老旧管网更新、环状管网建设、水源地达标建设、水质监测和监管能力建设仍需持续推进,从"水源地"到"水龙头"的城乡供水保障工程体系和规范化管理体系尚未构建完善,农村供水水质、保证率和集约化水平还不够高。

三是生态环境基础设施有待完善。农村垃圾分类设施和转运体系建设不足,部分农村生活垃圾治理思维单一,过于强调生活垃圾"治"的方面,而忽视"用"的方面;农村污水处理设施建设与管理有待完善,部分村庄污水处理设施建而未用,处于"晒太阳"的状态,缺少专业人员运营维护。

四是农村流通设施建设相对滞后。农村物流网络节点体系尚不健全,"最后一公里"还未完全打通,运作模式较为传统,组织化专业化程度不高,信息化、先进适用的装备技术普及应用不足,对农村产业发展及农村居民生活质量改善的支撑能力仍需强化。

(3) 村容村貌不够整洁

江苏河网密布,水系发达,当前,城市建成区黑臭水体整治取得了阶段性成效,然而,农村黑臭水体治理才刚起步,部分农村地区黑臭水体未得到有效治理,河塘沟渠垃圾堆存现象仍然存在。无序种养、公共资源私搭乱建、农业废弃物乱堆乱放问题依然存在,村庄公共空间环境治理任重道远。部分村庄绿化缺乏整体规划指导,部分村庄盲目学城市绿化,导致建设成本和养护成本增加,且易失去乡村原有韵味;存在重建设轻管护的现象,管护队伍整体水平不高,专业化知识和管护技能较弱。

(4) 乡村文化建设面临困境

近年来,随着政府对"三农"工作的持续推进,江苏省乡村文化建设取得了较好成效,呈现出良好的发展态势,农村居民的获得感和幸福感有所提升,但仍然面临一定的现实困境。乡村文化消费具有结构性缺陷,农村居民人均教育文化娱乐服务支出逐年增加,但也出现了教育消费过度挤压文化消费空间,娱乐消费占比过高,挤压文旅消费、艺术消费、体育消费的问题,文化消费形式相对单一、内容相对单调。公共文化服务供给存在短板,公共文化数字化基础设施建设薄弱,服务内容与居民需求存在一定脱节,职业指导、文化教育、农业科技等方面的服务供给还有缺位,农村居民参与乡村文化建设的积极性与主动性不够高。文化建设人才队伍培养有待加强,人员结构不尽合理,在较好履行服务乡村文化建设的职能方面具有一定挑战性[26]。

第四章

江苏省『新鱼米之乡』内涵

4.1 国外相关基础理论

随着中国特色社会主义进入新时代,农村问题日益成为国家发展的重要问题,为了更好地寻找问题解决的对策和途径,促进农村可持续发展,借鉴国内外的研究和实践经验是非常必要的。本书重点围绕马克思、恩格斯"城乡融合"理论,舒尔茨的农业经济理论,埃比尼泽·霍华德的"田园城市"理论,通过分析这些理论的主要内容及内涵,为江苏省"新鱼米之乡"内涵的研究提供理论借鉴。

4.1.1 马克思、恩格斯城乡融合理论

4.1.1.1 马克思、恩格斯城乡融合理论的基本观点

恩格斯有关城乡融合思想最早是在《共产主义原理》中提出来的,其中提到"城市和乡村之间对立也将消失。从事农业和工业的将是同一些人,而不再是两个不同的阶级""通过城乡的融合,使社会全体成员的才能得到全面的发展"。在《1844年经济学哲学手稿》《德意志意识形态》以及《资本论》等一系列的著作中,马克思、恩格斯的城乡融合思想也在不断丰富和完善。他们指出城乡之间的对立是随着野蛮向文明的过渡、部落制度向国家的过渡、地域局限性向民族的过渡而开始的,它贯穿着文明的全部历史直至现在[27-28]。

(1) 关于城乡关系发展的规律

马克思、恩格斯认为人类社会的城乡关系发展经历了从"城乡一体"到"城乡对立"再到"城乡融合"的历史过程。国内有学者把马克思、恩格斯关于

城乡关系发展规律的认识概括为"城乡浑然一体→城乡分离与对立→城乡融合"的过程,也有学者总结为"城乡一体→城乡分离→城乡联系→城乡融合"的过程。总之,从城乡浑然一体到城乡融合,中间经历了城乡间的矛盾过程,这是学界公认的马克思、恩格斯关于城乡发展规律的观点,也是经过人类历史实践证实的规律。

马克思、恩格斯认为,城乡关系经历了城乡一体和城乡对立的发展阶段之后,将进入城乡融合发展阶段。走向城乡融合是指社会生产力发展到一定高度之后,城市和乡村之间的对立逐渐消失,城乡关系走向融合,城乡成为"把城市和农村生活方式的优点结合起来,避免二者的片面性和缺点"的系统的社会综合体。城乡融合是城乡关系发展的最高阶段,是未来共产主义社会的重要特征之一。从他们论述的共产主义社会的基本特征,以及提出的实现城乡融合的内在动力和路径中,可以概括出城乡融合的某些基本特征:一是生产力发展到相当高的水平,社会生产不仅能满足全体成员的所有消费需求,还能为长期发展提供充足的储备;二是城市和乡村的界限消失,全部人口以及工业和农业等一切生产部门都按照自身发展的需要在世界范围内均衡地分布;三是私有制和旧的分工被消灭,劳动者可以在工业、农业等一切生产部门之间自由地转换工作,脑力和体力劳动的对立将不复存在,社会全体成员以劳动联合体的形式共同地、有计划地发展生产力,所有人都将获得自由全面发展的机会。

(2)资本是城乡关系变革的重要推动力

马克思、恩格斯认为,资本能够使各种生产要素迅速结合并产生效能,资本的积累是工业化大生产的基础。通过资本的联系,生产中的自然要素和劳动力要素得到充分结合,形成资本主义社会的生产力,使企业和产业的规模不断增大,同时促进了交换的发展,形成了现代商品市场。因此,马克思在《资本论》中指出:"产业资本是唯一的这样一种资本存在方式,在这种存在方式中,资本的职能不仅是占有剩余价值或剩余产品,而且同时是创造剩余价值或剩余产品。"资本的本质是实现增值,资本增值的过程也是对劳动的剥削过程,但是资本与前资本主义社会的超经济剥削又有所不同。马克思、恩格斯指出:"资本的文明面之一是,它榨取这种剩余劳动的方式和条件,同以前的奴隶制、农奴制等形式相比,都更有利于生产力的发展,有利于社会关系的发展,有利于更高级的新形态的各种要素的创造。"分工和专业化大生产是资本实现增值的有效路径,而分工和专业化大生产瓦解了农村传统的小农生产方式,催生了城市文明,形成了城乡分工,同时也促进了贸易和商品市场的发展,从而进一步推动了城市的发展,形成愈来愈鲜明的城乡差别,随着资本不断地追求增殖,城乡关系由浑然一体不断走向城乡分割和在更高层次上的协作融合。

(3) 城乡融合发展具有历史必然性

恩格斯批判米尔伯格空想主义思想时指出:"断定人们只有在消除城乡对立后才能从他们以往历史所铸造的枷锁中完全解放出来,这完全不是空想;当有人硬要'从现有情况出发'预先规定一种据说可用来消除现存社会中这种或其他任何一种对立的形式时,那才是空想。"由此,他得出的结论是:"消灭城乡对立并不是空想,正如消除资本家与雇佣工人间的对立不是空想一样。消灭这种对立日益成为工业生产和农业生产的实际要求。"

4.1.1.2 实现城乡融合发展的主要途径

马克思、恩格斯认为,实现城乡融合发展有三条主要途径,即大力发展生产力、逐步废除私有制和促进人的自由全面发展。

(1) 大力发展生产力,为城乡融合提供物质条件

马克思、恩格斯认为城乡布局和发展水平在很大的程度上影响城乡的发展,在资本主义生产方式的条件下,要想消除资本主义的弊端,就必须有高度发达的生产力以及丰富的物质基础为基础。这样"从事农业和工业的将是同一些人,而不再是两个不同的阶级。"只有这样城市和乡村才能实现真正的平等,才能有效地实现城市和乡村之间的良性循环与和谐发展。

首先,在政治方面要通过建立工农联盟,发挥工人阶级对农民的领导核心作用,从而全面实现城市带动农村的发展。马克思、恩格斯认为,资本主义生产方式使工人阶级和农业无产阶级成为城市和乡村的主体,他们之间的关系在很大程度上影响着城市和乡村之间的关系。在马克思、恩格斯看来,随着城市和乡村的分离,城市居民和农村居民被直接划分为两个对立的阶级,代表着不同利益和需求。长期以来,农村居民受到农业生产方式的制约和束缚,他们分散地居住在广袤而落后的农村地区,生产资料是零星分散的,劳动方式也是孤立的和分散的,几乎没有精神生产和文化活动。"这种普遍缺乏现代生活条件、缺乏现代工业生产方法的情况,自然伴随着差不多同样普遍缺乏现代思想的现象。"农村居民的固定的职业以及与世隔绝的生活和生产

状况,直接导致了他们的愚昧无知和安于现状。恩格斯在《德国农民战争》一书的序言中指出,一旦这个阶级学会理解和维护自己的切身利益,任何封建的、官僚的或资产阶级的反动政权都将被炸毁和瓦解。如果工人阶级不善于把农民的利益同城市居民的利益联系起来,就会把农民群众排斥在同盟之外,甚至还可能使农民阶级被反革命势力所利用。所以,马克思、恩格斯认为,无产阶级应该利用工人和农民独具的天然联系这一有利条件,建立起工农之间的联盟,"把农村的生产者置于他们所在地区中心城市的精神指导之下,使他们在中心城市有工人作为他们利益的天然代表者"。

其次,在经济方面要注重发挥城市商业、城市工业和城市消费对农村经济的拉动作用。"城市的繁荣也把农业从中世纪的简陋状态中解脱出来了。不仅耕地面积扩大了,而且染料植物以及其他输入的植物品种也种植起来了,这些植物需要比较细心的栽培,对整个农业起了良好的影响。"同时,城市的商业也对农村经济的发展起着重要影响。在马克思、恩格斯看来,商业推动生产要素在城乡之间有效配置,从而推动人口、工业生产和农业生产在全国范围内均衡分布,为城乡融合的实现创造条件。

最后,马克思、恩格斯认为在资本主义社会城市化的过程中,城市文明的号召力和影响力十分突出。一方面,它使流入城市的农民接受现代文明的熏陶,让他们脱离了愚昧无知的状态,并转化为思想开化的工人阶级。另一方面,它使城市文明向乡村中不断渗透,不断转变农村居民的思想和观念,从而促进农村经济和文化的发展。马克思、恩格斯指出,只有随着城市文明向农村文化的渗透和影响,"才能使农村人口从他们数千年来几乎一成不变地在其中受煎熬的那种与世隔绝的和愚昧无知的状态中挣脱出来"。

(2)促进工农业的有机结合,实现城乡之间的良性互动

物质劳动和精神劳动是最大的一次分工,就是城市和乡村的分离。正是由于旧式分工的弊端,导致农村仅仅局限于小块的土地上,生产力极其落后,相反,作为城市在进行生产的过程中采取的是大机器生产的方式,这种分工形式在很大的程度上加深了城乡二元结构的对立。实现城乡融合的宏伟目标就意味着要打破城市和农村的界限,把工业和农业有机结合起来以实现二者的和谐发展。此外,还要进一步加强城乡之间、工业和农业之间的沟通与发展,促进二者之间实现资源互补,不断提高农业的发展水平,变革农业旧式的生产经营模式,实现工农产业相互促进,互相补充,从而实现城乡融合的

目标。

在《共产党宣言》中,马克思、恩格斯指出:"把农业和工业结合起来,促使城乡对立逐步消灭。"他们所指出的工农业的结合包含两个阶段,前一阶段是相对于农业而言,工业的发展具有绝对的优势,此时工农业的结合主要体现工业对农业的带动作用;而后一阶段,随着农业生产的进步,工业和农业实现了均衡发展,才能"使工业生产和农业生产发生紧密的联系"。此时工农业的结合才是工业和农业生产、脑力和体力劳动的全面结合,"从事农业和工业的将是同一些人,而不再是两个不同的阶级,单从纯粹物质方面的原因来看,这也是共产主义联合体的必要条件"。

马克思、恩格斯立足于当时的发展现状,主要探讨了前一阶段工业和农业的结合,即利用工业发展优势带动农业生产的发展,主要措施包括两个方面。

一是将在工业生产运用的科技手段应用于农业生产。马克思、恩格斯高度强调科学技术的作用。"劳动的社会力的日益改进,引起这种改进的是:大规模的生产,资本的积聚,劳动的联合,分工,机器,改良的方法,化学力和其他自然力的应用,利用交通和运输工具而达到时间和空间的缩短,以及其他各种发明,科学就是靠这些发明来驱使自然力为劳动服务"。他们将科学技术视为消灭城乡对立和实现城乡融合的有力杠杆,"把每个人的生产力提高到能生产出够两个人、三个人、四个人、五个人或六个人消费的产品;那时,城市工业就能腾出足够的人员,给农业提供同此前完全不同的力量;科学终于也将大规模地、像在工业中一样彻底地应用于农业"。一旦科学技术取得在工业和农业中的这种大规模的、彻底的应用,工农业协调发展的局面也将形成。

二是将工业生产的大规模经营方式应用于农业生产。传统小规模的农业生产方式严重阻碍了社会分工和生产力的发展。对此,马克思、恩格斯指出:"这种生产方式是以土地和其他生产资料的分散为前提的。它既排斥生产资料的积聚,也排斥协作,排斥同一生产过程内部的分工,排斥对自然的社会统治和社会调节,排斥社会生产力的自由发展。它只同生产和社会的狭隘的自然产生的界限相容。"而这个"生产和社会的狭隘的自然产生的界限"指的就是城乡之间的界限。马克思、恩格斯认为,工业生产的大规模经营方式应为农业生产所借鉴,资本主义农业表现出了向大规模生产发展的趋势:"一方面使农业由社会最不发达部分的单凭经验的和刻板沿袭下来的经营方法，在私有制条件下一般能够做到的范围内，转化为农艺学的自觉的科学的应用。另一方面使农业合理化，从而才使农业有可能按社会化的方式经营。"

三是消灭资本主义私有制，为实现城乡融合创造基本前提。马克思、恩格斯指出："城乡之间的对立只有在私有制的范围内才能存在。"因此，资本主义私有制是实现城乡融合这一目标的主要障碍，实现城乡融合就必须废除资本主义私有制。在资本主义条件下，城乡之间的对立主要表现在，一方面是脑力和体力的对立，另一方面是农业和工业的对立。随着资本主义生产日益发展，这种差别和对立只会越来越激烈，所以，要消除这种对立现象，首先要消灭导致这种现象产生的制度条件，即资本主义私有制。

4.1.2 舒尔茨的农业经济理论

4.1.2.1 舒尔茨理论基本观点

在二十世纪五十年代，经济学家普遍重工轻农，他们把经济发展等同于工业发展，认为农业对经济增长无所裨益，甚至还拖了工业的后腿。美国经济学家、诺贝尔经济学奖获得者西奥多·舒尔茨坚决反对轻视农业的观点，认为农业绝不是消极无为的，相反，它可以成为经济增长的原动力。但舒尔茨同时也强调，对于经济增长，传统农业很难做出什么贡献，唯有现代化的农业，才能推动经济腾飞。因此，如何把传统农业改造成现代农业，也就很自然地成了要讨论的中心问题。舒尔茨认为，即使在传统农业中，农民也并不愚昧，他们精明能干，时刻盘算着怎样才能少投入，多产出，生产要素在他们手里，被配置得恰到好处，达到了最佳状态，即便是学识渊博的专家，也不可能再作哪怕是一小点改进。所以，企图通过重新配置现有生产要素，来改变传统农业，只能是一厢情愿。同时，传统农业中投资低的现象的确存在，但其根源不在于储蓄少或缺少企业家，而在于投资收益率太低，刺激不了人们投资的积极性，结果传统农业就像一潭死水，毫无生机。

人力资本是农业增长的主要源泉，这是舒尔茨反复强调的一个观点。他多次借鉴历史事实，来论证人力资本的重要性。舒尔茨还指出，西欧早期工业化中，没有文化的劳动者的确功劳不小，但这是因为当时资本极为缺乏，而且技术水平低下。在今天，此路已经不通。如果农民素质跟不上物质资本的要求，传统农业不可能旧貌换新颜。舒尔茨乐观地指出，农业可以成为经济增长的发动机,这已不容置疑。但是,政府必须向农业投资,这不仅要注意投资方向,还要对农民给予指导和鼓励。"一旦有了投资机会和有效的鼓励,农民将把黄沙变成黄金。"

4.1.2.2 促进农业发展的途径

舒尔茨认为,发展中国家要消除贫穷,必须发展农业,选择合适的现代化技术对传统农业进行改造,将经济增长的决定性因素引入到传统农业中来,使传统农业转变成为现代农业。

(1) 加强对农业的研究。这是获取新的物质生产条件,减少人们对耕地、传统农业和行将枯竭的能源的依赖,合理地开发利用各项资源,降低生产成本,大幅度提高农业产量的主要途径。农业科学研究包括先进要素的发明和研制以及对国外生产的先进要素的适用性研究。考虑到第三世界面临的国际环境,发达国家先进的科学技术和发展中国家自身特有的农业环境包括生物条件、土壤和气候等,适用性研究应该成为发展中国家农业研究的核心内容。当然,为了提高本国科技水平,不可忽视国内技术的开发。

(2) 加强人力资本投资。人力资本投资是实现农业现代化的关键所在。它包括医疗保健、在职人员培训、正规教育、成人补习班、劳动力迁移等。其中主要是教育,教育是获取知识和技能、积累人力资本的主要途径,是经济发展的重要因素之一。

(3) 充分发挥市场机制的作用。由于政府干预是农民缺乏最优经济刺激的主要原因,所以在发展中国家,除了加强农业研究和人力资本投资外,中心问题是在农业中引入市场机制,取代政府的不必要干预,这种"制度上的相应的改变是经济现代化的必要条件"。

4.1.3 埃比尼泽·霍华德的"田园城市"理论

4.1.3.1 田园城市理论的发展

田园城市的概念最早是由英国的埃比尼泽·霍华德于1898年在其著作《明日的田园城市》中提出的。1899年英国成立了一个花园城市协会,1903年和1920年分别建立了两个试验性质的花园城市:列曲沃斯花园城市和威尔温花园城市。两个城市虽然没有完全体现埃比尼泽·霍华德的设计思想,但是直到今天两个城市都仍然是健康和持续发展的社区。

埃比尼泽·霍华德的继任者弗列德瑞克·欧斯朋将这种设计延伸到区

域规划领域。花园城市的设计思想在西方产生了很大影响,此后美国、加拿大、澳大利亚、阿根廷、德国等国家建立了一批花园城市。二战之后,英国的新城镇法案拉开了大量建设花园城市的序幕。

4.1.3.2 田园城市理论的内容

霍华德在他的著作《明日,一条通向真正改革的和平道路》中认为应该建设一种兼有城市和乡村优点的理想城市,他称之为"田园城市"。田园城市实质上是城和乡的结合体。1919年,英国"田园城市和城市规划协会"经与霍华德商议后,明确提出田园城市的含义:田园城市是为健康、生活以及产业而设计的城市,它的规模足以提供丰富的社会生活,但不应超过这一程度;四周要有永久性的农业地带围绕,城市的土地归公众所有,由一专业委员会受托掌管。

霍华德设想的田园城市包括城市和乡村两个部分。城市四周为农业用地所围绕;城市居民经常就近得到新鲜农产品的供应;农产品有最近的市场,但市场不只限于当地。田园城市的居民生活于此,工作于此。所有的土地归全体居民集体所有,使用土地必须缴付租金。城市的收入全部来自租金,在土地上进行建设、聚居而获得的增值仍归集体所有。城市的规模必须加以限制,使每户居民都能极为方便地接近乡村自然空间。

霍华德认为,城市环境的恶化是由城市膨胀引起的,城市无限扩展和土地投机是引起城市灾难的根源。他建议限制城市的自发膨胀,并使城市土地属于城市的统一机构;城市人口过于集中是由于城市具有吸引人口聚集的"磁性",如果能控制和有意识地移植城市的"磁性",城市便不会盲目膨胀。他提出关于三种"磁力"的图解,列出了城市和农村生活的有利条件与不利条件,并论证了一种"城市-乡村"结合的形式,即田园城市,它兼有城、乡的有利条件而没有两者的不利条件。

霍华德还设想了田园城市的群体组合模式:由六个单体田园城市围绕中心城市,构成城市组群,他称之为"无贫民窟无烟尘的城市群"。其地理分布呈现行星体系特征。中心城市的规模略大些,建议人口为58 000人,面积也相应增大。城市之间以快速交通和即时迅捷的通讯相连。各城市经济上独立,政治上联盟,文化上密切联系。霍华德田园城市的群体组合把城市和乡村统一成一个相互渗透的区域综合思想,形成一个多中心、整体化运作的城市系统。

4.1.3.3 田园城市理论的作用

一是疏散过分拥挤的城市人口,使居民返回乡村。霍华德认为此举是一把"万能钥匙",可以解决城市的各种社会问题。二是建设新型城市,即建设一种把城市生活的优点同乡村的美好环境和谐地结合起来的田园城市。这种城市的增长要遵循有助于城市的发展、美化和方便。当城市人口增长达到一定规模时,就要建设另一座田园城市。若干个田园城市,环绕一个中心城市(人口为5万～8万人)布置,形成城市组群——社会城市。遍布全国的将是无数个城市组群。城市组群中每一座城镇在行政管理上是独立的,而各城镇的居民实际上属于社会城市的一个社区。他认为,这是一种能使现代科学技术和社会改革目标充分发挥各自作用的城市形式。三是改革土地制度,使地价的增值归开发者集体所有。

4.1.4 杜能的区位理论

4.1.4.1 区位理论的发展

十九世纪时期,杜能于1826年首先创立了农业区位论,提出关于人活动与空间的理论,构想了"孤立国"的农业区域模式,其目的是研究人类社会活动于地理要素间的相互关系以及社会经济活动在地理空间位置上的反映[29]。二十世纪初,德国经济学家韦伯于1909年发表书籍《工业区位论》,该书首次全面地阐述了工业区位理论[30]。区位理论的发展经历了新古典区位理论、行为经济理论、结构主义理论、生产方式理论和不完全竞争市场结构理论等五个发展阶段,衍生出了丰富的理论成果[31]。新古典区位理论是以新古典经济理论的假定为主的区位理论,就是完全竞争市场结构、收益递减、完全理性、利润最大化等。以行为经济学为主的区位理论是指区位主体在企业内外环境下如何形成空间形态的,行为区位理论打破新古典区位理论的局限,将内外部因素均考虑。以结构主义为主的区位理论认为区位是经济结构的产物,尤其是资本主义结构的产物,以结构主义为主的区位理论更加完善区位理论的框架。以柔性生产方式为核心的区位理论认为,生产方式的变化影响区位选择的变化。以非完全竞争市场结构为主的区位理论更加重视体系或整体分析,尤其是更加重视"非经济因素"在区位理论中的重要作用,对以往的区位理论产生极大的影响,一方面找到了新的区位因素,另一方面改变了传统区位理论的框架。例如,波特的钻石模型以及库克的区域创新体系理论等。

区位理论为乡村分类与空间优化奠定了坚实基础,能为乡村结构体系的合理建设、村庄的功能与等级划定、村庄规模与位置的确定等提供科学的指导。

4.1.4.2 区位理论的发展途径

(1) 发挥自身优势,定位区域经济

借助区位优势区域合作实现经济增长,需要对经济增长、增长模式科学的定位。理想的经济增长是以保护环境、适宜居住和可持续发展为目标的绿色增长。但是绿色增长需要更高的成本、经济增长和环境保护之间的合作,从长期合作和可持续发展来看尤为重要。落后地区需要来自发达地区的资金、技术支持,但是不能承接以牺牲环境为代价的产业转移。区域合作必须能够使所有参与合作的主体实现双赢或多赢,能够激发出参与主体的潜能,发挥出该区域资源优势(包括人力资源等)。建立起以市场为导向,以合作共赢为目标,尊重所有参与主体的合作才能达到区域合作的目的。

(2) 发挥政策优势,管理经济增长

从中外的发展经验来看,除了传统经济发展较好的区域,通常是农耕时代就已经出现聚居地区,随着经济发展逐步建立起城镇或者城市,现代大型城市的崛起,通常都是依靠国家政策或者大型产业聚集而发展起来的,区域经济合作是实现参与主体自身经济增长的手段,而不是目标。所以利用好国家政策,通过构建区域经济带,管理经济增长是十分必要的。历史经验证明,对于经济增长而言,政府管理者和企业经营者应该承担更重要的责任和科学管理的使命。只有因地制宜,坚持兼收并蓄的发展道路,坚持理论与实践相结合,才能有效利用自身的区位优势,挖掘和发挥各种资源的潜力,实现经济的发展,改善民生。中国经济成功的伟大实践正是坚持了一条管理增长的发展策略。

4.1.5 城乡一体化理论

4.1.5.1 城乡一体化模式的发展

加拿大著名学者麦基主要致力于亚洲国家的研究,在此基础上提出以区域全面发展为基础的城市化理论,实际就是城市和农村之间协调发展的一体化的模式。麦克·道格拉斯也提出了城市和乡村一体化的理论,它通过对泰国东北部地区的研究,指出应加大城市和乡村之间的联系,并形成一个互动的网络,来促进城乡的共同发展与进步。思卡里特·爱泼斯坦及戴维·杰泽福,以第三世界国家为研究的切入点,提出了农村发展的地区、农村发展的中心以及城市发展的中心三个区域的城乡一体化的模式。毕雪纳·南达·巴拉查亚,提出了以小规模的城镇为中介,来增加乡村与城镇之间的联系,最终实现乡村与城市一体化的发展模式。此外,缪尔达尔也提出了城乡统筹发展的理论,其著作是《经济理论和不发达地区》,在这本书中他阐述了在经济发展过程中形成的城乡二元结构的原因,他指出,随着经济的发展,资金、技术、人力资源等生产要素会从不发达的地区流向发达的地区,这样的结果是富的地方更富,穷的地方更穷,自然而然地形成了二元结构,此时,政府必须进行宏观调控,通过相关的政策来使要素的均衡分配,在政府的扶持下,促进贫困地区的发展[32]。

4.1.5.2 城乡一体化的发展模式

(1)"以乡镇企业带动"的苏南模式

苏南地区的城乡一体化发展模式"以乡镇企业带动",依靠乡村工业和集体经济带动农村工业化,带动农村经济的发展,促进城乡一体化的发展。苏南地区的乡村工业和集体经济发达,从而形成"以工补农、以工建农"的发展局面。通过建设高效的农业设备,让农业实现机械化生产,提高农业生产效率,稳定农业的发展,从而保证了苏南地区一二三产业的协调发展,也促进了城乡的协调、共同发展,最终打破了"城乡二元结构",实现了城乡一体化发展。苏南地区的"以乡镇企业带动"的城乡一体化模式的基础条件在于,苏南地区的周边省市经济较发达,对它的经济发展有一定的带动作用。早在1993年,苏南地区的乡镇企业就已经纷纷涌现出来,且苏南地区的很多县经济实力雄厚,正基于此优势,苏南地区抓住这个有利条件,决定走"以乡镇企业带动"的城乡一体化发展模式,而不是在没有任何基础的情况下采取这种模式,所以我国的其他城市也应该根据当地的优势条件,找到适合自己的城乡一体化发展道路,而不是盲目沿用已有的模式[33]。

(2)"工农协作,城乡结合"的北京模式

北京城乡一体化发展主要推行的是"工农协作,城乡结合"的模式,主要做法是将城乡在工业上多方面的联系起来,比如通过合资或者合股的方式开办工农联盟的企业。由于城市经济发展水平高、技术先进,因此由城市提供资金、技术、设备、人才等方面的支持,而农村经济发展水平相对落后、技术和人才缺乏,主要提供厂房和劳动力方面的资源,最终使得城乡协作、优势互补,盈利之后双方分成、分红并共同承担各种风险[34]。北京"工农协作,城乡结合"的城乡一体化发展模式具有很强的借鉴性意义,一个经济实力较强的城市,可以以与农村合作的方式帮助农村发展,最终促进农村经济进步,促进城乡一体化的发展。

(3)"城乡统筹规划"的上海模式

上海城乡一体化发展以"城乡统筹规划"即城市和农村共同发展[35]为主要模式。在这个过程中,政府统一规划,鼓励城乡合作,共同发展城乡经济,使得城乡优势互补。上海城乡合作由最初的城乡工业合作发展为后来的城乡旅游业、交通运输业、房地产开发、农业等各方面的合作。目前,上海的城乡二元结构已经渐渐打破,城乡一体化发展取得了瞩目的成就。上海"城乡统筹规划"模式的一个最基本也是最为关键的前提条件是上海整体的经济实力相当雄厚,其次的条件是上海郊区的经济发展水平也相当高,农业比重相对较低,且上海农民的收入中绝大部分都是非农收入,上海农民中绝大部分农民从事着二三产业的工作。此外,上海的郊区拥有相当完善的交通设施和农用设备。"城乡统筹规划"的上海模式是在城乡都具备雄厚的经济实力的情况下才采取的这种发展模式,并取得显著效果,然而我国目前能与上海经济实力相匹敌的城市屈指可数,因此其他地区不能盲目照搬照抄上海的城乡一体化发展模式,尤其是我国经济发展较落后的中西部地区。

(4)"以城带乡"的珠江三角洲模式

珠江三角洲地区的城乡一体化发展经历了三个阶段,分别是商品农业阶段、农村工业化阶段、完善基础设施阶段。珠江三角洲地区经过几十年的发展,如今已经发展成为具有现代化气息的城市群体,形成了城乡一体化的新局面。

(5)"以城带乡,城乡互动"的成都模式

成都城乡一体化发展模式主要特征表现在三个方面:政府发挥主导作用,"三个集中"发展,城乡协调发展、渐进式推进[36]。政府在成都城乡一体化发展的过程中发挥主导作用,政府对成都城乡一体化的发展进行了全面规划,建立了高效的城乡统筹发展管理体制以及完善的农村公共服务和基础设施,为成都城乡一体化进一步发展做了准备。在成都城乡一体化发展推行的过程中,政府也遵循了市场规律,让市场发挥决定性作用,给民营企业提供更好的发展机会。成都在城乡一体化发展的过程中推行"三个集中",分别是:

工业向园区集中、土地向规模经营集中、农民向城镇集中。成都市的很多县新建了许多农民小区，安置了很多分散的农民，还成立了绿化维护、家政服务、广告、保洁等服务性公司，为失地农民提供更多的就业岗位，转移了大量农村剩余劳动力，优化了农民的生活方式。建立了城乡均衡协调发展的教育制度，让城市优质教育资源与农村教育对接，资源共享。

4.1.5.3 城乡一体化的发展途径

（1）加快编制和完善城乡规划[37]

城乡一体化发展是一个长期的过程，同时也是一个系统工程。规划是发展的基础和顶层设计文件，为有效推进城乡一体化发展，应加快编制城乡一体化的规划，合理编制和完善土地利用、产业发展、道路交通、基础设施等专项规划，加快构建城乡协调联动发展、整体化推进的空间发展布局。进一步完善镇村布局发展规划，致力于形成城、镇、村三位一体、整体规划、同步共建的发展载体。

（2）加强城乡基础设施建设

城乡一体化发展的过程中，城乡基础设施的完善是关键。加快城乡一体化建设必须统筹推进城乡基础设施和公用设施的统一规划、统一布局、资源共享、分步分级建设实施。政府通过促进城镇基础设施向农村延伸、公共服务向农村覆盖，确保城乡要素流动渠道畅通；交通基础设施是城乡发展中最为重要的基础设施之一，应加快通乡公路改造，提高道路等级，打造城区至各乡镇干线公路交通圈，切实抓好村级道路硬化工程建设；改善农村生产生活条件，逐步推行城乡供水、供气、供电、排污、防洪减灾、通信、垃圾清理等公用设施一体化；探索实行一体化的建设标准、一体化的管理模式，实现全社会资源共享。

（3）加快城乡产业发展

产业发展是城乡一体化的根本动力。根据区域生产力布局和发展趋势，遵循产业发展的特点和趋势，进一步优化生产力布局，着力形成区域分工合理、发展特色鲜明、生产要素和自然资源禀赋优势得到充分利用的产业空间布局。加快传统农业向现代农业的跨越，发展设施农业、观光农业、创汇农业、生态农业，提高农业效益，增加农民收入。以现代农业的发展促进二三产业升级，实现农村三次产业联动协调发展。加快发展现代服务业，培育和发展第三产业，推动商贸物流、旅游文化、现代服务等行业的加快发展。

(4) 加快城乡各项社会事业发展

加快推进城乡一体化，必须着力解决农村社会事业滞后于城市的状况，加快城乡社会事业协调发展。一是建立和完善农村义务教育管理体制，加大农村基础教育投入的倾斜力度，促进城乡教育的均衡发展，共享城乡优质教育资源，实现公平教育。二是以提高医疗卫生服务能力、完善医疗制度、加强公共卫生为重点，全面推进城乡卫生一体化。三是大力提升城镇文化品位，切实夯实农村文化体育基础；积极开展文化先进乡镇、文化特色村、科技文化中心户等创建活动，广泛开展文明村镇、文明家庭创建活动，加强农村思想道德建设，积极倡导文明健康的生活方式，不断提高农民整体素质。四是大力实施科技驱动战略，全面推进科技进步，促进经济增长方式的转变。

(5) 改革农村金融体制

目前，我国金融机构大部分集中在城市，农村金融服务机构相对较少，农民可用于贷款的抵押资产不多，农民贷款比较困难，农村、农民、农业发展缺乏资金。因此，应制定支持农村金融发展的优惠政策，将更多的金融资源配置到农村重点领域和薄弱环节，能够让更多金融活水畅流乡村，切实解决农村、农民、农业发展的资金短缺问题。

4.2 国内相关要求与理念

4.2.1 社会主义新农村建设

"建设社会主义新农村"不是一个新概念，自20世纪50年代以来曾多次使用过类似提法，但在新的历史背景下，党的十六届五中全会提出的建设社会主义新农村具有更为深远的意义和更加全面的要求。新农村建设是在我国总体上进入以工促农、以城带乡的发展新阶段后面临的崭新课题，是时代发展和构建和谐社会的必然要求。当前我国全面建设社会主义现代化国家，农业农村是重点难点之一，没有农业农村的现代化，就没有国家的现代化。世界上许多国家在工业化有了一定发展基础之后都采取了工业支持农业、城市支持农村的发展战略。我国国民经济的主导产业已由农业转变为非农产业，经济增长的动力主要来自非农产业，根据国际经验，我国现在已经跨入工业反哺农业的阶段。因此，我国新农村建设重大战略性举措的实施正当其时。

2005年10月8日,中国共产党十六届五中全会通过《中共中央关于制定国民经济和社会发展第十一个五年规划的建议》,提出要按照"生产发展、生活宽裕、乡风文明、村容整洁、管理民主"的要求,扎实推进社会主义新农村建设。具体要求包括以下几条。

(1) 社会主义新农村的经济建设,主要指在全面发展农村生产的基础上,建立农民增收长效机制,千方百计增加农民收入。

(2) 社会主义新农村的政治建设,主要指在加强农民民主素质教育的基础上,切实加强农村基层民主制度建设和农村法制建设,引导农民依法行使自己的民主权利。

(3) 社会主义新农村的文化建设,主要指在加强农村公共文化建设的基础上,开展多种形式的、体现农村地方特色的群众文化活动,丰富农民群众的精神文化生活。

(4) 社会主义新农村的社会建设,主要是在加大公共财政对农村公共事业投入的基础上,进一步发展农村的义务教育和职业教育,加强农村医疗卫生体系建设,建立和完善农村社会保障制度,以期实现农村幼有所教、老有所养、病有所医的愿望。

4.2.2 乡村振兴战略

实施乡村振兴战略,是以习近平同志为核心的党中央着眼党和国家事业全局,深刻把握现代化建设规律和城乡关系变化特征作出的重大决策部署,是全面建成小康社会、实现社会主义现代化的重大历史任务,是广大农民的殷切期盼,是新时代"三农"工作的新旗帜和总抓手。

党的十九大提出实施乡村振兴战略,明确乡村振兴的总要求为"产业兴旺、生态宜居、乡风文明、治理有效、生活富裕"。振兴乡村,就是要补齐乡村在全面建成小康社会中的短板,缩小城乡差别,使乡村成为区域现代化发展的活力之源。

乡村振兴,产业兴旺是重点。农业是国民经济的基础,农村经济是现代化经济体系的重要组成部分,乡村产业发展的关键是深化农业供给侧结构性改革,构建现代农业产业体系、生产体系、经营体系,依托农业发展,实现农村一、二、三产业深度融合。

乡村振兴,生态宜居是关键。农业是生态产品的重要供给者,乡村是生态涵养的主体区,生态是乡村最大的发展优势,乡村生态保护的关键是统筹山水林田湖草沙系统治理,加快推行乡村绿色发展方式,加强农村人居环境整治,构建人与自然和谐共生的乡村发展新格局,实现生态美、产业强、百姓富相统一。

乡村振兴,乡风文明是保障。中华文明根植于农耕文化,乡村是中华文明的基本载体。乡村文化体系建设的关键是深入挖掘农耕文化蕴含的优秀思想观念、人文精神、道德规范,结合时代要求在保护传承的基础上创造性转化、创新性发展,在新时代焕发出乡风文明的新气象,进一步丰富和传承中华优秀传统文化。

乡村振兴,治理有效是基础。社会治理的基础在基层,薄弱环节在乡村。乡村治理的关键是加强农村基层基础工作,健全乡村治理体系,确保广大农民安居乐业、农村社会安定有序,打造共建共治共享的现代社会治理格局,推进国家治理体系和治理能力现代化。

乡村振兴,生活富裕是根本。农业强不强、农村美不美、农民富不富,关乎亿万农民的获得感、幸福感、安全感,关乎全面建成小康社会全局。乡村致富的关键是不断拓宽农民增收渠道,全面改善农村生产生活条件,促进社会公平正义,增进农民福祉,让亿万农民走上共同富裕的道路,汇聚起建设社会主义现代化强国的磅礴力量。

江苏作为一个农业大省,农业、农村、农民将长期存在。党的十九大报告提出要坚持农业农村优先发展,加快推进农业农村现代化。实施乡村振兴战略,就是从根本上解决目前农业不发达、农村不兴旺、农民不富裕的问题,旗帜鲜明地把产业兴旺、生态宜居、乡风文明、治理有效、生活富裕作为"三农"工作的总要求。通过制定切合的制度框架和政策体系,更加注重立足乡村的产业、生态、文化等资源,更加注重发挥农民的主观能动性,从而激发起乡村发展的活力,建立可持续的内生增长机制;更加注重城乡融合发展,实现"三农"发展思路的根本性转变,促进城乡要素资源双向流动,推进农村一、二、三产业深度融合发展,在开放共享中推动"三农"大发展,实现江苏乡村的全面振兴。

4.2.3 美丽乡村建设

2013年习近平总书记在中央农村工作会议上强调,中国要强,农业必须强;中国要美,农村必须美;中国要富,农民必须富。农业基础稳固,农村和谐稳定,农民安居乐业,整个大局就有保障,各项工作都会比较主动。因此,建设美丽中国,必须建设好美丽乡村。美丽乡村建设是一项全面、综合、系统的社会工程,至少涉及美丽政治、美丽经济、美丽社会、美丽生态和美丽文化五个方面,可以概述为治理之美、发展之美、和谐之美、生态之美和文化之美。

治理之美是指在美丽乡村建设中,要通过政治体制改革,注重推进村务公开、村级民主选举、民主管理、集中审批和便民服务等工作,切实促进政治进步,实现农村政治稳定。

发展之美是指在美丽乡村建设中,要增加政府对于"三农"的财政支出,提高农村居民人均可支配收入、人均农林牧渔业产值以及第一产业结构的效益等,从而改善农民的经济生活,促进农村的经济发展。

和谐之美是指在美丽乡村建设中,要加强农村社会建设力度,提供农村最低生活保障和新型城乡合作医疗保障,优化村级住房、交通等公共服务设施,实现农村社会的健康发展。

生态之美是指在美丽乡村建设中,通过加强农村生活污水处理及企业污染治理,增加农村安全饮用水、卫生厕所、垃圾收集处理等公共服务的供给,提升环境污染治理的绩效,进而促进农村生态文明的整体发展。

文化之美是指在美丽乡村建设中,要通过营建农村文化礼堂,提高九年义务教育入学率和学前三年毛入园率等指标,完善农村文化基础设施,丰富乡村的文化生活,实现农村文明的进步和文化的传承。

4.2.4 美丽宜居乡村建设

党的十九大报告提出要实施乡村振兴战略,要坚持农业农村优先发展,按照产业兴旺、生态宜居、乡风文明、治理有效、生活富裕的总要求,建立健全城乡融合发展体制机制和政策体系,加快推进农业农村现代化。2018年中央一号文件提出,到2020年,乡村振兴取得重要进展,现行标准下农村贫困人口实现脱贫,农村基础设施建设深入推进,农村人居环境明显改善,美丽宜居乡村建设扎实推进。习近平总书记对"千村示范、万村整治"工程作出重要指示,"建设好生态宜居的美丽乡村"。乡村振兴,生态宜居是关键。必须尊重自然、顺应自然、保护自然,推进乡村绿色发展,打造人与自然和谐共生发展新格局,实现生态美、产业强、百姓富相统一,努力改善农村人居环境,加速持续推进宜居宜业的美丽乡村建设。

一是要科学规划,因村施策。遵循生态发展的原则,按照高起点、高标准、高质量要求,因地制宜,立足乡村特色及优势,制定科学长远的美丽宜居乡村建设总体规划;进一步深挖民族文化、历史文化底蕴,保持其独特的"乡野"和"纯净"气质,让乡村成为"看得见山、望得见水、记得住乡愁"的最好载体。

二是要做实产业,强化保障。坚持以"绿水青山就是金山银山"理念为指导,立足区域产业,充分利用山水、田园、人文及原生态农产品等资源优势,积极发展现代农业、乡村旅游、农家乐、民宿、电商等产业,壮大村级经济,将生态优势转化为经济优势,做强做大"美丽经济"。

三是要彰显特色,优化环境。加强对山水文化、人居文化、农村传统文化的系统发掘、整理,有效保护具有地方特色的村落文化遗址等各类乡土资源,留存好乡风民俗,通过乡村文化创意导入,提升乡村内在品质,着力构建"一村一品"的个性化发展格局。

四是要健全机制,长效管理。坚持建管结合,村庄环境管理应逐步走上制度化、规范化、长效化轨道。制定人性化的村规民约,建立健全各项规章制度,做到有章可循,赏罚严明;引导和鼓励农村基层群众性自治组织采取约束性强的措施,持续推进乡村移风易俗工作,树立乡风文明新风尚。

4.2.5 生态文明建设示范村建设

2017年原江苏省环保厅印发了《关于印发江苏省生态文明建设示范乡镇(街道)、村管理规程和指标的通知》(苏环办〔2017〕26号),提出创建基本条件为基础扎实、生产发展、生态良好、生活富裕、村风文明。

基础扎实是指在创建生态文明建设示范村的过程中,要按要求制定生态文明建设示范村规划或方案,健全村庄环境综合整治长效管理机制。

生产发展是指村庄主导产业明晰,农业基础设施完善,基本农田得到有效保护,林地无滥砍、滥伐现象;有机农业、循环农业和生态农业发展成效显著;工业企业向园区集聚,建设项目严格执行环境管理有关规定,污染物稳定达标排放,工业固体废弃物和医疗废物得到妥当处置;农家乐等乡村旅游健康发展。

生态良好是指村域内水源清洁、田园清洁、家园清洁,水体、大气、噪声、土壤环境质量符合功能区标准并持续改善;村容村貌整洁有序,生产生活合理分区,河塘沟渠得到综合治理,庭院实现绿化美化。

生活富裕是指农民人均纯收入逐年增加;农民能住安全房、喝干净水、走平坦路,用水、用电、用气、通信等生活服务设施齐全;新型农村社会养老保险和新型农村合作医疗全覆盖。

村风文明是指节约资源和保护环境的村规民约深入人心;邻里和睦,勤俭节约,反对迷信,社会治安良好,无重大刑事案件和群体性事件;历史文化名村、古街区、古建筑、古树名木得到有效保护,优秀的传统农耕文化得到传承;村级组织健全、领导有力、村务公开、管理民主。

4.2.6 零碳村及近零碳村

4.2.6.1 "零碳村"相关基础理论

(1)"碳中和"理论

"碳中和"(Carbon Neutrality),即净零碳排放,是英国伦敦原 Future Forests 公司在 1997 年提出的概念,并于 2006 年被《新牛津美国字典》评为年度词汇。英国标准协会(BSI)将碳中和定义为:标的物产品(或服务)的生产过程并未造成全球排放到大气中的温室气体产生净增量。碳中和有碳补偿与碳抵消两大实现途径。

对于碳补偿法,直接法与间接法分别以直接与间接的能源替代方式,降低化石能源消费量,进而降低地球大气系统的碳负荷。对于碳抵消法,直接法通过植树,由自然百分百地吸纳、去除能源燃烧排放到大气中的二氧化碳;间接法本质上是碳交易,通过清洁发展机制或者联合履行机制获得一定的碳信用额(Carbon Credit),由他方减排掉付费方能源利用产生的所有碳排放。

就两类碳中和途径的本质而言,碳补偿属事前的预防措施,而碳抵消则属事后的末端措施。世界各国的经验表明,现代污染防治应从源头做起,走清洁生产之路,尽可能地降低末端治理的比例。

(2)"无废城市"

"无废城市"是以创新、协调、绿色、开放、共享的新发展理念为引领,通过推动形成绿色发展方式和生活方式,持续推进固体废物源头减量和资源化利用,最大限度减少填埋量,将固体废物环境影响降至最低的城市发展模式,是一种先进的城市管理理念。

2018年12月29日,国务院办公厅印发《"无废城市"建设试点工作方案》,2019年4月30日,中华人民共和国生态环境部公布11个"无废城市"建设试点,江苏省徐州市被列为试点城市。2021年11月,《中共中央 国务院关于深入打好污染防治攻坚战的意见》明确提出要稳步推进"无废城市"建设。为深入落实党中央、国务院决策部署,稳步推进"无废城市"建设,生态环境部会同国家发改委等17个部门和单位制定了《"十四五"时期"无废城市"建设工作方案》,明确提出"十四五"时期,将推动100个左右地级及以上城市开展"无废城市"建设,到2025年,"无废城市"固体废物产生强度较快下降,综合利用水平显著提升,无害化处置能力有效保障,减污降碳协同增效作用充分发挥,基本实现固体废物管理信息"一张网","无废"理念得到广泛认同,固体废物治理体系和治理能力得到明显提升。2022年4月24日,生态环境部公布"十四五"时期"无废城市"建设名单,江苏省南京、无锡、徐州、常州、苏州、淮安、镇江、泰州、宿迁9市被纳入建设名单。

(3)"无废社会"

2017年,杜祥琬院士等提出建设"无废雄安新区"的战略建议,向党中央、国务院提呈了《关于通过"无废城市"试点推动固体废物资源化利用,建设"无废社会"的建议》,得到国家有关领导的重要批示。杜祥琬进一步定义了"无废社会"概念,认为"无废社会"即"通过创新生产和生活模式,构建固废分类资源化利用体系等手段,动员全民参与,从源头对废物进行减量和严格分类,并将产生的废物,通过分类资源化实现充分甚至全部再生利用,使整个社会建立良好的废物循环利用体系,达到近零废物排放,实现资源、环境、经济和社会共赢"。"无废社会"是"无废城市"实施更深的一种社会状态,是一种美好的愿景,其本质是循环经济加循环社会。其内涵是形成绿色循环发展的生活方式,以及固废减量化、资源化和无害化的社会发展模式。

(4)"零排放"

所谓"零排放"是指无限地减少污染物和能源排放直至为零的活动;即利用清洁生产,3R(Reduce,Reuse,Recycle)及生态产业等技术,实现对自然资源的完全循环利用,从而不给大气、水体和土壤遗留任何废弃物。

"零排放",就其内容而言,一方面是要控制生产过程中不得已产生的废弃物排放,将其减少到零;另一方面是将不得已排放的废弃物充分利用,最终消灭不可再生资源和能源的存在。就其过程来讲,是指将一种产业生产过程中排放的废弃物变为另一种产业的原料或燃料,从而通过循环利用使相关产业形成产业生态系统。从技术角度讲,在产业生产过程中,能量、能源、资源的转化都遵循一定的自然规律,资源转化为各种能量、各种能量相互转化、原材料转化为产品,都不可能实现100%的转化。根据能量守恒定律和物质不灭定律,其损失的部分最终以水、气、声、渣、热等形式排入环境。真正的"零排放"只是一种理论的、理想的状态。

4.2.6.2 "零碳村"的概念与内涵

本书基于"碳中和"理论,结合"无废社会"相关要求,以农村地区为基本单元,提出一种接近于"零排放"状态的"零碳村"发展模式。

(1)"零碳村"概念

"零碳村"可以理解为"近零碳村"的升级版,通过同步推进增汇、减源,实现碳源与碳汇的平衡,使产业发展以生态经济为主,所在区域内自然资源得以完全循环利用,不向外环境排放"三废",生态系统服务价值不断提升并足以支撑区域生态经济发展,达到人与自然和谐共生的状态。

(2)"零碳村"内涵与特点

增加"碳汇",通过加大区域生态系统保护与修复,增加森林、湿地、草地、农田等生态系统面积,提升生态系统固碳能力,从而提升区域消纳温室气体的容量。

减少"碳源",即减少生产生活能源消费引入外环境的碳源。一是通过发展循环经济,建立废弃物资源回收利用产业链等方式,实现过程近零排放,变废为宝,带动当地经济发展,实现控制碳排放与经济发展的双赢。二是充分利用区域内水电、风能、太阳能、生物质能及地热能等可再生能源,替代化石能源,实现零碳排放。

4.3 "新鱼米之乡"的内涵

4.3.1 鱼米之乡的历史渊源

4.3.1.1 鱼米之乡释义及出处

"鱼米之乡"意指河流湖泊交错,土地肥沃,盛产鱼米的富庶之地。出自唐代王睃的文章:"诒以缯帛之利,示以麋鹿之饶,说其鱼米之乡,陈其畜牧之地。"

4.3.1.2 鱼米之乡分布区域

"鱼米之乡"起源于长江三角洲,指中国长江三峡以东的中下游沿岸带状平原——长江中下游平原,为中国三大平原之一,地跨中国皖、苏、浙、沪等4省市,素有"水乡泽国"之称。

长江三角洲是我国重要的稻米产区,稻米种植面积和总产量均为全国第一位,也是长三角地区的优势主导产业,这里大部分地区地势低平,以平原为主。河渠纵横,湖泊星布,一般海拔5～100米,但海拔大部分在50米以下。长江三角洲地势亦自西北向东南微倾,湖泊成群挤集于东南前缘。长江三角洲自古以来就是我国的"鱼米之乡"。

4.3.1.3 鱼米之乡历史渊源

"鱼米之乡"的由来要从新石器时代的两大遗址说起,也就是长江三角洲的河姆渡遗址和田螺山遗址。河姆渡人生活居住的地方温暖湿润,近乎现在的热带与亚热带之交的地带,非常适合稻米生长发育。河姆渡遗址两次考古发掘,出土了看似新鲜的大片稻谷壳堆积和散落在干栏式房屋附近的碳化稻米,可以推断出,河姆渡人耕种、生产稻米、主食为米饭,在这之后的数千年里,水稻种植、稻米的生产逐渐被先民发展成为取代传统渔猎、采集经济的最主要谋生手段。除稻米外,从出土的文物中,炊器专家也研究辨认出了很多通常用于炊煮米饭、熬制米粥的多种样式的原始饭锅——陶釜。因此,河姆渡、田螺山遗址的水稻考古遗存展现出的是中国南方史前时期有关水稻栽种、收获、加工稻米、煮食米饭的一幅完整的立体画卷。在这两处遗址的发掘中,几乎随处可见各类大大小小的鱼类骨头,这说明鱼类资源也是河姆渡文化先民食物构成中的一个重要部分,结合数量颇大的稻米遗存,以河姆渡为代表的远古江南无疑冠得上中国最早的"鱼米之乡"这一称号。

成熟发达的稻作农业是古代文明发展的社会经济基础,正是在大米的哺育下,此后中国南方地区出现了加速度的文明发展轨迹。现如今,地处江海交汇之地的长江三角洲,沿江沿海干支流港口众多,依托长江干支流发达的水运,可以联系广大的内陆水运;同时,这里又是我国南北海上航运的中枢,为长江三角洲稻米产区的发展提供了得天独厚的运输条件。

江苏素有"苏湖熟,天下足"的美誉。一个繁体的"蘇"字很形象地诠释了江苏的含义,"蘇"由"草、水、鱼、禾"四字组成,象征着江苏自古就是"鱼米之乡"。这里河湖众多,水域辽阔,天然的水域资源不仅造就了丰饶的物产,也带来了富足、安稳的日常生活。"一山二水七分田","水"是江苏最鲜明的符号。

4.3.2 "新鱼米之乡"建设的重要意义

建设"新鱼米之乡",就是在继承和传承农村传统生活方式和生产方式的基础上,依托和发挥自然生态优势,拓展农业功能,统筹产业生态化和生态产业化,畅通"绿水青山就是金山银山"转化路径,培育新的经济增长点,实现人与自然和谐相处。建设"新鱼米之乡"是江苏践行习近平生态文明思想的重要途径,是实践创新"绿水青山就是金山银山"理论的积极探索,更是江苏推进"美丽中国"建设和全面建成小康社会的有效载体,对于推动农业农村高质量发展具有十分重要的意义。

"新鱼米之乡"建设是习近平生态文明思想的江苏实践。习近平生态文明思想是习近平新时代中国特色社会主义思想的重要组成部分,是推进美丽中国建设的方向指引和根本遵循。"新鱼米之乡"建设坚持以习近平生态文明思想为指导,统筹山水林田湖草系统解决农村污染防治问题,积极探索习近平生态文明思想在农村生态环境保护中的江苏经验、江苏样板。

"新鱼米之乡"建设是美丽中国建设的江苏实践。进入新时代,生态文明建设已全面融入现代化建设的方方面面,建设美丽中国成为推进生态文明建设的战略目标。美丽江苏建设要放到建设美丽中国的大格局中审视和定位,通过生态、业态、形态高度融合的"新鱼米之乡"建设,充分展现江苏独特的风貌、气质和精神,建设别具特色的江苏之美。

"新鱼米之乡"建设是"绿水青山就是金山银山"理论的江苏实践。良好的生态环境本身蕴含着无穷的经济价值,能够源源不断地创造综合效益,实现经济社会可持续发展。"新鱼米之乡"建设通过"项目化运作、公司化经营"等体制机制创新,让土地、劳动力、集体资产、自然风光等要素活起来,让资源变资产、资金变股金、农民变股东,把绿水青山蕴含的生态价值和空间价值转化为金山银山,创造性地探索绿水青山向金山银山转化的新路径。

"新鱼米之乡"建设是全面建设社会主义现代化国家的江苏实践。中国式现代化是人与自然和谐共生的现代化。"新鱼米之乡"建设着眼于系统解决农村污染防治和生态修复,全方面提升生态环境质量,满足人民对高品质美好生活的需要,是建设人与自然和谐共生的现代化的重要支撑。

4.3.3 "新鱼米之乡"基本内涵

江苏省"新鱼米之乡"应以"自然循环、环境优美、生态宜居、生活富裕、乡风文明"为基本内涵,以"绿水青山就是金山银山"为理论基础,以改善农村生产、生活、生态环境为重点,以发展农村经济为支撑,以改善农村生态环境、提高农民生活质量为核心,构建人与自然和谐共生的乡村发展新格局,建成让城市更向往的田园乡村。

自然循环,是指生态系统通过自我调节可达到一种稳态或平衡状态,人类开发建设活动在区域生态系统承载能力以内,不对生态系统稳定造成强烈干扰或破坏。

环境优美,是指通过综合开展农村生活污染、农业污染、企业污染治理,乡村大气和水环境质量持续改善,满足人民群众对优美生态环境的新期待。

生态宜居,是指统筹山水林田湖草沙系统保护与修复,通过推进乡村绿色发展方式和人居环境整治,达到社会经济文化环境协调发展的新状态,适宜人类居住和生活。

生活富裕,是指通过拓宽农民增收渠道,全面改善农村生产生活条件,各类生活服务设施齐全,社会公平公正,能够满足人民群众对美好生活的向往和需求,居民获得感、幸福感、安全感不断提升。

乡风文明,是指通过丰富传承优秀传统文化和移风易俗,建立以生态价值观为准则的生态文化体系,既留住传统文明和乡愁,又塑造出新时代乡村人文精神风貌。

"新鱼米之乡"由"鱼米之乡"蜕变而来,随着新时代中新农人、新业态的不断涌现,传统"鱼米之乡"正走向"新鱼米之乡"。与传统"鱼米之乡"相比,"新鱼米之乡"的"新"体现在以下三个方面。

一是"新业态"。产业体系和生产方式的革新,即产业发展的方向和重点从传统的水乡农耕、自给自足的小农经济,向今天的多功能农业、多元化产业体系转变;生产方式由人力、畜力、手工工具等手工劳动为主的方式,向现代化的机械作业为主的方式转变。

二是"新生态"。生态环境和形态样貌的革新,即生态环境从原始的以水乡稻田为主的农田生态系统,向多元共生的复合生态系统转变;形态面貌由传统的乡村风貌,向传统与现代相协调、基础设施配套完善、生态宜居的乡村新风貌转变。

三是"新生活"。生活方式和乡村治理的革新,即生活方式从追求温饱、自给自足,向公共服务完善、精神文化丰富的城乡一体化的现代生活方式转变;乡村治理由主要依赖村规民约、宗法伦理、道德礼俗等治理方式,向自治、法治、德治相结合的乡村治理体系转变。

第五章 江苏省『新鱼米之乡』建设思路

第五章 江苏省"新鱼米之乡"建设思路

5.1 "新鱼米之乡"建设的总体思路

  美丽乡村是美丽江苏的鲜明底色,建设"新鱼米之乡"是美丽乡村建设的重要举措。江苏省"新鱼米之乡"建设应以习近平新时代中国特色社会主义思想为指导,全面贯彻党的二十大精神,深入贯彻习近平生态文明思想,以推动乡村生态、业态、形态的"回归＋提升"为愿景,以实现零碳为指引,以恢复乡村生态平衡和拓展发展新空间为目标,以修复生态、优化业态、提升形态为重点,统筹产业生态化和生态产业化,构建"生态环境治理＋产业/资源开发"的生态经济体系,探索乡村绿水青山向金山银山的转化路径,提升农村生态环境治理体系和治理能力现代化水平,推进农业生产和农村生活清洁化,深入实施农村人居环境整治,强化污染治理、生态修复和制度创新,建设一批自然循环、环境优美、生态宜居、生活富裕、乡风文明的"新鱼米之乡",不断满足人民群众日益增长的生态环境需求,为全面实现乡村振兴探索路径、积累经验。

  江苏省"新鱼米之乡"建设以行政村或自然村为单元,在全省率先开展试点建设,探索经验,根据地区特点,因地制宜在全省推广。在"新鱼米之乡"建设过程中,坚持政府引导、市场主导、社会共治理念,创新投融资模式和运营管理方式,建立"项目化运作、公司化经营"和入股分红两项机制,让市场在"生态经济化和经济生态化"转化中发挥主导作用,让人民群众在共建共享共治中增强获得感和主人翁意识,保障"新鱼米之乡"可持续发展。

5.2 "新鱼米之乡"建设的基本原则

统筹规划,融合发展。以农业农村污染治理、生态环境修复为重点,加强与经济社会发展规划、生态环境保护规划、各类专项规划、区域规划及空间规划等衔接,充分与美丽田园乡村建设、特色小镇建设、农村人居环境整治等工作融合,系统谋划"新鱼米之乡"建设方案,统筹推进各项建设任务。

因地制宜,差异施策。充分考虑各地在自然条件、空间形态、产业发展、地域文化等方面的差异,科学规划、因地施策,既尽力而为又量力而行,合理确定本地区目标任务,着力保护和塑造乡村特色风貌,发展乡村特色产业,推进生产系统和生活系统循环链接,真正让农村美起来、农民生活好起来。

政府引导,共建共享。充分发挥政府引导作用,建立符合市场规律的多元化投入机制,引导社会资本和广大农民参与"新鱼米之乡"建设,让良好生态环境、绿色生态产业、特色乡村风貌成为农民生活质量的增长点,推动生活品质大幅提升,让人民群众有更多获得感。

继承创新,先行先试。在继承和发扬人与自然和谐共生发展模式的基础上,结合新时代发展要求和江苏农村发展现状,积极开展"新鱼米之乡"试点建设,创新投融资模式和运营管理方式,探索农村污染防治的江苏实践,推动江苏走上产业生态化和生态产业化的高质量发展之路。

5.3 "新鱼米之乡"建设的主要目标

以乡镇行政村或自然村为行政单元,以农村污染防治为切入点,以实现乡村"生态美、产业强、百姓富相统一"为战略目标,在农村生活污水污染治理、农业面源污染治理、秸秆资源化利用等突出环境问题上取得重大突破,农村生态环境得到明显改善,生态系统功能逐步恢复,农业生产和农村生活清洁化水平明显提升,乡村风貌全面提升,让天更蓝、水更净、田更沃、形象更美、产业更融合成为乡村发展优势,让自然生态更好地哺育人民、泽被未来。到 2025 年,实现农业增效、农村增色、经济增强、生态增优、文化增智,形成经济生态化、生态经济化的良性循环,实现人与自然和谐共生、互利共赢,建成新时代"自然循环、环境优美、生态宜居、生活富裕、乡风文明"的

"新鱼米之乡",使乡村成为"绿色富民家园",为全面实现乡村振兴奠定坚实基础。

5.4 "新鱼米之乡"主要类型及发展方向

基于对江苏农村资源禀赋、发展现状及功能定位的分析,提出重要农产品生产保障型、特色生态产品供应型、第二产业引领型、文旅融合发展型、生态系统服务型等五种类型"新鱼米之乡"建设模式,并赋予明确的定义及功能。

5.4.1 重要农产品生产保障型

重要农产品保障型"新鱼米之乡"是指以粮食作物、油棉糖、水产、畜禽、蔬菜等重要农产品生产为主要功能的乡村,具有保障国家粮食安全和重要农副产品有效供给的重要作用。该类型乡村以农业高质高效发展和尽快实现农业现代化发展为目标,加强基本农田保护,确保耕地数量不减少、质量有提高,粮食播种面积及产量稳中有增。推进农业清洁生产,加快绿色农业技术创新,积极建设高质量农产品种植基地,争创农业现代化示范区、农业绿色发展先行区,全面推动农业绿色高效优质发展,全力保障粮食安全和重要农产品有效供给。加强农业面源污染防治,恢复农村生态系统功能,保障农业生态环境安全。

5.4.2 特色生态产品供给型

特色生态产品供给型"新鱼米之乡"是指能够为人类提供可在市场交换的各种优质生态产品、拥有相应产品生产加工龙头企业、具备品牌影响力的乡村,包括特色农产品、水产品、木材、药材、装饰品、花卉、纤维等物质材料供应及加工。该类型乡村鼓励以提升特色生态产品原材料供应能力为驱动,以挖掘农业多功能价值、提升生态产品供给能力为目标,因地制宜发展特色产业,加快推进特色生态产品产业化和品牌化,提升产品附加值。延长农业产业链,推进特色生态产品生产与生态旅游、体验式教育等深度融合,形成生产、生活、生态有机结合的乡村形态。

5.4.3 第二产业引领型

第二产业引领型"新鱼米之乡"是指靠近城镇建成区或工业集聚区、拥有一定数量工业企业的乡村,经济社会发展水平较高,农民生活比较富裕,区域特色产业优势明显,对周边区域乡村发展具有显著带动作用。该类型乡村以推动工业企业循环低碳发展为目标,严格生态环境准入,重点发展环境污染少、经济发展带动力强的产业项目;推动工业企业入园进区,促进企业清洁生产,加强环境基础设施建设,推进环境治理和生态修复,形成经济发展与生态环境保护的良性循环。

5.4.4 文旅融合发展型

文旅融合发展型"新鱼米之乡"是指产业以发展生态旅游、文化旅游及其他高端服务业为主的乡村,具备良好的自然生态禀赋、丰厚的历史文化底蕴和便利的交通条件,能够为发展生态旅游提供优美的生态环境和丰富的生态资产。该类型乡村以第三产业与生态环境保护协调发展为目标,全面加强生活污染治理,强化生态环境受损区域生态保护修复,为发展生态旅游营造良好生态环境,提供更多的生态资产;深入挖掘本土特色乡村文化,加强历史文化名镇名村保护利用;鼓励小散企业、低效企业退出,盘活闲置低效土地资源,重点发展生态旅游、文化旅游及高端服务业。

5.4.5 生态系统服务型

生态系统服务型"新鱼米之乡"是指各类自然保护地、生态保护红线和生态空间管控区域等重点生态保护区域占主导地位的乡村,具有显著的调节气候、涵养水源、保持水土、调蓄洪水、降解污染物、固定二氧化碳、提供氧气及保护生物多样性等调节服务功能。该类乡村生态系统调节服务价值高,改善人类生存与生活环境的作用明显,能够带动临近区域更好地发展生态旅游。该类型乡村以充分发挥生态系统服务功能为主要目标,加强生态系统原真性完整性保护,推进受损退化生态系统修复,提升生态系统质量和稳定性,为周边区域"绿水青山"向"金山银山"转化提供生态优势;探索生态产品价值实现路径,因地制宜发展生态旅游等服务业。

第六章

江苏省"新鱼米之乡"建设指标体系

6.1 指标体系研究

6.1.1 指标构建理论

6.1.1.1 系统理论

系统是由各种彼此联系和共同影响的要素所共同组成的有机整体,系统理论分析方法将研究对象视为内外互相联系的整体系统,从系统整体、系统内部和体系外三部分进行研究,并由此分析确定研究对象的发展规律[38-39]。"新鱼米之乡"建设是一项庞大而复杂的系统工程,可以运用系统论分析方法,对"新鱼米之乡"建设内部各要素以及外部环境进行分析。

6.1.1.2 可持续发展理论

"可持续发展"从字面上理解是指促进发展并保证其可持续性,包括两方面的含义,即可持续和发展。"可持续"一词来自拉丁语,其意思是"维持下去"或"保持继续提高"。发展是一个很广泛的概念,它不仅表现在经济的增长,国民生产总值的提高,人民生活水平的改善上;它还表现在文学、艺术、科学的繁荣昌盛,道德水平的提高,社会秩序的和谐,国民素质的改进,生态环境的改善等方面,发展的目的是要改善人们的生活质量。可持续发展要求的发展必须是可持续性的,而可持续性必须是人口、经济、资源、生态环境与社会进步之间的协调进步、数量与质量并重、规模与速率同步[40]。

6.1.1.3 环境承载力理论

承载力的概念首先出现在力学的概念中,是指物质系统在没有发生其他破坏下的最大负荷程度。环境承载力是将承载力理论应用于环境科学研究过程中所衍生而出的定义。人类为解决环境污染逐渐加重的现象而使用了许多关于环境方面的定义,包括:环境自净力、环境的容量、环境的容载能力以及对环境的承受能力等。环境承载力则是指在某一时期、某一阶段或某种环境状态下,某一区域环境状况所能受到人类社会、经济活动等影响的阈值[41]。

6.1.1.4 耦合研究理论

耦合是一个源于物理学的概念,是指两个或以上的体系之间通过相互作用、彼此影响,进而联合起来,或者是通过各种内在机制互为作用,形成一体化的现象[42]。根据耦合理论的研究基础,在众多学科领域都可以运用此理论来进行分析,而农村发展建设中存在很多耦合现象,对于建设"新鱼米之乡"具有重大价值。

6.1.2 指标构建方法

6.1.2.1 理论分析法

理论分析法是在对理论基础的感性认识上按照特定的理论原理研究和剖析研究过程,并利用理性思维把握事情的实质及规律性的一种科学分析方法;它是一种与经验分析法相对应的方法[38]。

6.1.2.2 德尔菲法

德尔菲法(Delphi 法)又叫作专家调查法或者专家咨询法,该方法本质上是一种反馈式匿名的主观分析方法,其过程大致上是在对需要预测的问题先征询专家学者的看法或者意见,经过整理、归纳、统计分析,然后匿名地反馈给各位专家学者,再征询看法、汇集、反映,直至得到一致的意见。德尔菲法一般用分级的打分方式,邀请专家学者们对指标的重要程度进行综合评分,得分越高,说明该项指标就越关键[43]。

6.1.2.3 层次分析法

层次分析法又称为 AHP 法,是指将与决策总是有关的元素分解成目标、准则、方案等不同层次,在此基础之上进行定性和定量分析的决策方法。该方法是在 20 世纪 70 年代中期由美国运筹学家托马斯·赛蒂正式提出。层次分析法是一个将定性和定量数据分析紧密结合、系列化、多层次的方法,其基本思路是按问题条件先构建一种描述目标体系功能或特性的内部相对独立的递阶层次结构,然后采用"两两比较"各评价指标的重要程度,再采用专家评分的方法得出两个指标的比值,最后建立上层指标层和下层有关指标层之间的比较判断矩阵,用以判断相关指标层对上层指标层之间的比较重要性序列[38]。

6.1.3 指标体系构建研究

在"新鱼米之乡"建设研究中,构建的指标会直接影响最终评价结果的准确性和可靠性,也关系着是否能真正反映当地乡村发展实际情况,因此指标体系构建是比较关键的环节。针对乡村建设评价指标体系的构建,很多学者进行了大量研究,主要涉及产业、生态、文化、治理、人才等单一或整体领域[44]。

从单一领域来看,朱彬等运用熵值法以及空间分析方法对江苏省乡村人居环境质量进行综合评价,选取基础设施、能源消费、公共服务、居住条件与环境卫生5个一级指标和61个二级指标,研究结果表明江苏省乡村人居环境质量总体呈现南高北低的不同空间格局[45]。郑兴明从乡村区位条件、资源禀赋、村庄治理、发展基础和生态环境五个维度构建了乡村振兴潜力评价指标,并运用层次分析法与德尔菲法相结合的方式确定15项指标的相对权重,再以福建省6个村庄为实例进行指标评价验证[46]。李裕瑞等基于农村人居硬环境和软环境对乡村振兴交互作用的理论,从环境卫生和设备情况的硬环境和邻里关系的软环境两个方面搭建了人居环境质量评价指标体系,研究结果表明农村人居环境整治应该"软硬兼施"[47]。朱媛媛等从生态、生活、生产三个方面,选取指标并开展了乡村人居环境质量的评价[48]。杜岩等增加了乡村社会支撑环境维度,建立乡村人居环境质量评价体系,研究结果表明乡村社会支撑环境对人居环境质量具有重要影响[49]。朱建建等围绕数据化管理效度、数字平台建设程度与政府支持力度等方面构建指标体系,对乡村治理数字化进行设计评价[50]。岑朝阳等通过分析新时代文明的价值、问题及路径研究乡村文化振兴的发展评价[51]。

从整体领域来看,前期的研究者主要以"生产发展、生活宽裕、乡风文明、村容整洁、管理民主"五个维度建立乡村综合指标[52],自乡村振兴战略提出后,近年来大多数研究基本遵循国家战略,以"产业兴旺、生态宜居、乡风文明、治理有效、生活富裕"的总要求作为一级指标,以此为基础构建的二级和三级具体指标则具有一定的差异性,这种差异性是因为需考虑国家与地方指标的衔接,并要充分结合各地自身实际情况。陈秧分等基于多功能农业与乡村理论,从功能视角尝试构建了 25 个二级指标并进行评价,研究结果表明乡村功能的鲜明定位有助于开展乡村评估[53]。郑家琪等在前人基础上又选取了更为具体的 40 个二级指标,研究发现越具体的地方指标越有助于反映当地乡村的真实现状[54]。张挺等在二级指标下设置了三级和四级指标,为乡村振兴评估指标的选取与建立提供了全面系统的参考[55]。刘慧芳利用系统分析法、层次分析法、熵权法及熵权 Topsis 的研究方法,构建韩城市乡村振兴 45 个二级指标并进行评价,结论表明产业兴旺和乡风文明是制约韩城乡村振兴的主要因素[44]。

国外学者对乡村评价研究尚未建立较为系统完整的评估指标体系。他们普遍认为农民生活质量越高,生活越富裕,乡村建设和发展越好。前期主要是通过对人均可支配收入和恩格尔系数单一指标进行评价,后期提出综合指标,例如 Krishna Mazumdar 建立了 36 项包含政治、经济等多方面的指标体系进行社会发展评价分析,发现社会发展指标能够真实反映人民需求的转变[56]。联合国粮食及农业组织从满足人民收入消费、教育保障、医疗保障、家庭生活等多角度建立评价指标体系,揭示满足人民需求是提高生活质量水平的根本。Robert J. S. Beeton 等认为经济、政治、社会因素对乡村建设具有不同程度的驱动发展作用,乡村发展理论、实践规划、监测管理的系统融合有助于乡村建设实际发展评价,最终构建了一套针对乡村长远发展的指标评价体系框架[57]。Małgorzata Durydiwka 通过研究波兰北部的波美拉尼亚省旅游型乡村发展情况,发现将地区客流量、商家数、投入产出比等可量化指标纳入指标体系能够更加有效评价乡村建设发展水平和程度[58]。Paul J. Cloke. 构建了一套包括 16 项乡村型指数的评价指标[59],H. C. Brookfield 在 Paul J. Cloke. 的研究基础上,修改完善指标体系,形成最初用来乡村发展评价的较为完善的指标体系[60]。

6.1.4 国内乡村建设指标体系研究

6.1.4.1 美丽乡村建设评价指标体系

中国对美丽乡村建设进行了积极探索,最早起源于 20 世纪 80 年代。2007 年 10 月,党的十七大提出要"统筹城乡发展,推进社会主义新农村建设",并强调"解决好农业、农村、农民问题,事关全面建设小康社会大局,必须始终作为全党工作的重中之重"。2007 年,浙江省安吉县提出了建设"美丽乡村"的概念。2008 年,浙江省安吉县正式提出了"中国美丽乡村"计划,出台了《建设"中国美丽乡村"行动纲要》,为全国美丽乡村建设提供了示范样板。"十二五"期间,受安吉县"中国美丽乡村"建设的影响,浙江省制定了《浙江省美丽乡村建设行动计划》。广东省增城、花都、从化等市县从 2011 年开始也启动了美丽乡村建设,2012 年海南省也明确提出将以推进"美丽乡村"工程为抓手,加快推进全省农村危房改造建设和新农村建设的步伐。"美丽乡村"建设成为中国社会主义新农村建设的代名词,全国各地掀起了美丽乡村建设的新热潮。2013 年中央一号文件提出,要"推进农村生态文明建设","努力建设美丽乡村";农业部在 2013 年 2 月发布了《关于开展"美丽乡村"创建活动的意见》,并于 11 月确定了全国 1 000 个"美丽乡村"创建试点乡村。2015 年 4 月,国家质检总局和国家标准委发布《美丽乡村建设指南》(GB/T 32000—2015),这是美丽乡村建设方面推荐的国家标准。2018 年,中国工程院重大咨询项目"生态文明建设若干战略问题研究(二期)"成果《农业发展方式转变与美丽乡村建设战略研究》中系统研究了美丽乡村建设思路、重点任务和路径,建立了美丽乡村建设指标体系,该指标体系从农业生产产业体系、农村生态环境体系、农民生活宜居体系、生态文化体系和支撑保障体系五个方面设立了 33 项指标(见表 6.1-1),突出产业发展、生活宜居、环境友好、文化传承、支撑保障等方面的乡村发展目标。2018 年 12 月 28 日,发布《美丽乡村建设评价》(GB/T 37072—2018),规定了美丽乡村建设的评价原则、评价内容、评价程序、计算方法,该标准适用于美丽乡村建设的综合评价。

表 6.1-1　美丽乡村建设评价指标体系

评价内容	序号	评价指标	目标值
农业生产产业体系	1	主导产业占总收入比重(%)	≥80
	2	农民收入年均增长率(%)	≥10
	3	农业机械化作业率(%)	≥90(适宜机械化操作的地区或产业)
	4	农业水资源利用率(%)	高于本县域平均水平
	5	化肥利用率(%)	高于本县域平均水平
	6	主要农产品农药残留合格率(%)	≥95

续表

评价内容	序号	评价指标	目标值
农业生产产业体系	7	农膜回收率(%)	≥80
	8	规模化畜禽养殖废弃物综合利用率(%)	≥90
	9	秸秆综合利用率(%)	≥95
	10	病死畜禽无害化处理率(%)	100
农村生态环境体系	11	主要道路绿化普及率(%)	≥95
	12	农田林网化率(%)	≥75
	13	村庄道路硬化率(%)	100
	14	生活污水集中处理率(%)	≥70
	15	生活垃圾定点存放清运率及无害化处理率(%)	≥95
	16	农田和河流污染情况	无污染
农民生活宜居体系	17	危房改造率(%)	≥95
	18	清洁能源普及率(%)	≥70
	19	生活饮用水卫生合格率(%)	≥90
	20	农村卫生户厕普及率(%)	≥80
	21	农民养老保险覆盖率(%)	≥95
	22	新型农村合作医疗参加率(%)	≥95
生态文化体系	23	学前教育及初升高综合入园和升学率(%)	≥80
	24	文体娱乐活动场次(场次/年)	≥5
	25	有线电视入户率(%)	≥95
	26	乡村旅游和休闲娱乐发展状况	健康发展
	27	文明村、生态村创建	达标
支撑保障体系	28	社会风尚和治安状况	达标
	29	标准化生产技术普及率(%)	≥70
	30	村庄规划编制及执行率(%)	≥80
	31	公共基础设施完善程度	完善
	32	村务公开及民主管理规范化建设体系	健全
	33	群众对美丽乡村建设的满意率(%)	≥80

除国家和各地区的实践探索外,近年来,围绕"美丽乡村建设评价指标体系"这一研究方向,国内学者也开展了大量的研究。贵崇朔从村庄产村融合的角度建立了对西安市美丽宜居乡村的评价指标体系,该指标体系的总目标是产村融合综合发展评价,涉及村庄建设融合、产业发展融合2个子目标,基础设施、公服配套设

施、村容村貌、经济活力、经济结构5个要素层的30个指标(见表6.1-2)[61]。刘继志则通过调研天津市乡村发展现状,在归纳总结乡村建设模式的基础上,采用层次分析法和综合加权法,依据系统性、科学性、代表性和可行性原则,从社会、经济和生态效益3个层面构建了美丽乡村建设效益评价体系,包含12个指标(见表6.1-3)[62]。孙罡以科学性、全面性、一致性、现实性、可比性为原则,建立了可以客观反映村镇宜居性、体现综合发展实力及个性特色的村镇宜居社区评价指标体系,涉及基础设施建设、可持续发展、居住成本、社区管理与服务、文化氛围5个一级指标,包含12个二级指标、37个三级指标(见表6.1-4)[63]。陈锦泉等在分析美丽乡村建设的发展机制和内涵基础上,利用广义回归神经网络模型进行神经训练和神经调整,构建一套包含生态经济发展、社会和谐、生态健康、环境友好、生态支撑保障等5个体系为一体的评价指标体系,包括55个具体指标[64]。

表6.1-2 西安市村庄产村融合发展评价体系[61]

总目标	子目标	要素层	序号	指标层
产村融合综合发展评价	村庄建设融合	基础设施	1	道路硬化达标率
			2	路灯亮化覆盖率
			3	污水处理及雨污分流覆盖率
			4	自来水普及率与水质达标率
			5	供电保证率
			6	广电、通信设施覆盖率
			7	农户生态厕所改造率
		公服配套设施	8	公服配套完善率
			9	生活垃圾无害化处理率
			10	卫生室、党建活动室、文体活动场所情况
			11	公厕拥有数量
			12	公共交通服务覆盖率
			13	农贸市场拥有数量
		村容村貌	14	危房改造率
			15	村庄绿化覆盖率
			16	河沟塘净化整治率
			17	建筑风貌改造率
			18	村域田园景观特色
			19	道路河流两侧绿化覆盖率

续表

总目标	子目标	要素层	序号	指标层
产村融合综合发展评价	产业发展融合	经济活力	20	特色产业发展情况
			21	村庄地区生产总值
			22	村民人均纯收入
			23	工业污染物处理率
			24	农业生产废弃物资源利用率
			25	产业社会化服务情况
		经济结构	26	农产品商品化率
			27	绿色和有机农产品种养率
			28	三次产业结构
			29	三产业融合情况
			30	清洁能源使用率

表 6.1-3　天津市"美丽乡村"建设效益评价指标体系[62]

目标层	准则层		指标层	
	名称	权重	名称	权重
天津市"美丽乡村"建设效益	社会效益	0.570 2	有线电视入户率(%)	0.439 3
			移动电话普及率(部/百人)	0.310 7
			饮用水安全覆盖率(%)	0.146 4
			自来水受益村数(个)	0.103 6
	经济效益	0.313 8	农村居民人均可支配收入(元)	0.427 8
			村集体稳定收入(元)	0.332 5
			农林牧渔业生产总值(亿元)	0.139 6
	生态效益	0.116 0	生活垃圾无害化处理率(%)	0.272 5
			生活污水处理率(%)	0.206 5
			户用卫生厕所普及率(%)	0.098 5
			清洁能源普及率(%)	0.062 8
			环境空气质量优良率(%)	0.359 6

第六章 江苏省"新鱼米之乡"建设指标体系

表 6.1-4　村镇宜居社区评价指标体系[63]

一级指标	二级指标	序号	三级指标名称
基础设施建设	基建规划	1	村落规划布局
		2	户均住房面积（或人均住房面积）
		3	社区规模密度
		4	供暖设施建设
	交通及配套设施	5	村内道路建设
		6	村镇对外交通条件
		7	社区幼儿园
		8	社区诊所（卫生院）
		9	社区便民商服（商店、集市等）
		10	金融设施（信用社、银行、ATM、POS等）
		11	社区快递网点、邮政网点
		12	社区公厕
		13	社区休闲娱乐设施
可持续发展	经济水平	14	居民总体生活水平
		15	家庭消费能力
		16	政府对社区建设投资
	自然环境	17	污水暗管排放集中处理
		18	社区垃圾集中收集
		19	社区垃圾分类收集
	资源利用	20	合理利用太阳能等清洁能源
		21	社区有雨水收集系统
		22	社区建设采用本地材料
		23	社区建设利用可再生材料
居住成本	购置成本	24	房价占收入的比重
	日常生活成本	25	供暖费用等新增支出
社区管理与服务	社区管理	26	社区经济账目、重大事宜等公开情况
		27	社区管理制度
		28	社区物业服务
		29	社区选举机制透明程度

续表

一级指标	二级指标	三级指标	
		序号	名称
社区管理与服务	社区服务	30	社区综合服务中心建设
		31	社区养老院建设
		32	社区提供就业务工信息
	社区安全	33	社区保安监督员巡逻情况
		34	社区紧急情况处置的流程预案
文化氛围	硬件指标	35	社区文化活动站建设
	软件指标	36	社区居民关系
		37	当地特色文化活动的传承

6.1.4.2 生态文明建设示范村指标体系

2014年,原环境保护部印发《国家生态文明建设示范村镇指标(试行)》,明确了国家生态文明建设示范村的基本条件为基础扎实、生产发展、生态良好、生活富裕、村风文明,并建立了包含18个指标的国家生态文明建设示范村指标体系,基本条件和指标详见表6.1-5和表6.1-6[65]。

表6.1-5 国家生态文明建设示范村基本条件[65]

序号	类别	指标
1	基础扎实	制定国家生态文明建设示范村规划或方案,并组织实施。村庄环境综合整治长效管理机制健全,建立制度,配备人员,落实经费。村庄配备环保与卫生保洁人员,协助开展生态环境监管工作,比例不低于常住人口的2‰
2	生产发展	主导产业明晰,无农产品质量安全事故。辖区内的资源开发符合生态文明要求。农业基础设施完善,基本农田得到有效保护,林地无滥砍、滥伐现象,草原无乱垦、乱牧和超载过牧现象。有机农业、循环农业和生态农业发展成效显著。工业企业向园区集聚,建设项目严格执行环境管理有关规定,污染物稳定达标排放,工业固体废物和医疗废物得到妥当处置。农家乐等乡村旅游健康发展
3	生态良好	村域内水源清洁、田园清洁、家园清洁,水体、大气、噪声、土壤环境质量符合功能区标准并持续改善。未划定环境质量功能区的,满足国家相关标准的要求,无黑臭水体等严重污染现象。村容村貌整洁有序,生产生活合理分区,河塘沟渠得到综合治理,庭院绿化美化。近三年无较大以上环境污染事件,无露天焚烧农作物秸秆现象,环境投诉案件得到有效处理。属国家重点生态功能区的,所在县域在国家重点生态功能区县域生态环境质量考核中生态环境质量不变差
4	生活富裕	农民人均纯收入逐年增加。住安全房、喝干净水、走平坦路,用水、用电、用气、通信等生活服务设施齐全。新型农村社会养老保险和新型农村合作医疗全覆盖
5	村风文明	节约资源和保护环境的村规民约深入人心。邻里和睦,勤俭节约,反对迷信,社会治安良好,无重大刑事案件和群体性事件。历史文化名村、古街区、古建筑、古树名木得到有效保护,优秀的传统农耕文化得到传承。村级组织健全、领导有力,村务公开、管理民主

130

表 6.1-6　国家生态文明建设示范村建设指标[65]

类别	序号	指标	单位	指标值	指标属性
生产发展	1	主要农产品中有机、绿色食品种植面积的比重	%	≥60	约束性指标
	2	农用化肥施用强度	折纯,千克/公顷	<220	约束性指标
	3	农药施用强度	折纯,千克/公顷	<2.5	约束性指标
	4	农作物秸秆综合利用率	%	≥98	约束性指标
	5	农膜回收率	%	≥90	约束性指标
	6	畜禽养殖场(小区)粪便综合利用率	%	100	约束性指标
生态良好	7	集中式饮用水水源地水质达标率	%	100	约束性指标
	8	生活污水处理率	%	≥90	约束性指标
	9	生活垃圾无害化处理率	%	100	约束性指标
	10	林草覆盖率 山区 丘陵区 平原区	%	≥80 ≥50 ≥20	约束性指标
	11	河塘沟渠整治率	%	≥90	约束性指标
	12	村民对环境状况满意率	%	≥95	参考性指标
生活富裕	13	农民人均纯收入	元/年	高于所在地市平均值	约束性指标
	14	使用清洁能源的农户比例	%	≥80	约束性指标
	15	农村卫生厕所普及率	%	100	约束性指标
村风文明	16	开展生活垃圾分类收集的农户比例	%	≥80	约束性指标
	17	遵守节约资源和保护环境村规民约的农户比例	%	≥95	参考性指标
	18	村务公开制度执行率	%	100	参考性指标

　　为充分发挥生态文明建设示范村的引领示范作用,江苏省组织开展了生态文明建设示范村的创建活动,原江苏省环境保护厅根据原环境保护部印发的《国家生态文明建设示范村镇指标(试行)》,制定了《江苏省生态文明建设示范镇(街道)、村指标(试行)》(见表 6.1-7),从生产发展、生态良好、生活富裕、乡风文明四个方面进行设计,其中,3 项指标设置均高于国家标准。

表 6.1-7　江苏省生态文明建设示范村建设指标

类别	序号	指标	单位	指标值	指标属性
生产发展	1	主要农产品有机、绿色、无公害农产品种植面积的比重	%	≥60	约束性指标
	2	农用化肥施用强度	折纯,千克/公顷	<220	约束性指标
	3	农药施用强度	折纯,千克/公顷	<2.5	约束性指标
	4	农作物秸秆综合利用率	%	≥98	约束性指标
	5	农膜回收率	%	≥90	约束性指标
	6	畜禽养殖场（小区）粪便综合利用率	%	≥98	约束性指标
生态良好	7	集中式饮用水水源地水质达标率	%	100	约束性指标
	8	生活污水处理率	%	≥90	约束性指标
	9	生活垃圾无害化处理率	%	100	约束性指标
	10	林木覆盖率	%	≥25	约束性指标
	11	河塘沟渠整治率	%	≥90	约束性指标
	12	村民对环境状况满意率	%	≥90	约束性指标
生活富裕	13	农民人均纯收入	元/年	高于所在县（市、区）平均值	约束性指标
	14	使用清洁能源的农户比例	%	≥80	约束性指标
	15	农村卫生厕所普及率	%	100	约束性指标
乡风文明	16	开展生活垃圾分类收集的农户比例	%	≥80	约束性指标
	17	遵守节约资源和保护环境村规民约的农户比例	%	≥95	参考性指标
	18	村务公开制度执行率	%	100	参考性指标

6.1.4.3　特色小镇评价指标体系

特色小镇发源于浙江省,2014 年在杭州云栖小镇首次被提及。2016 年,住房和城乡建设部、国家发展改革委、财政部力推特色小镇模式,印发《关于开展特色小镇培育工作的通知》,开展特色小镇培育工作。2016 年,江苏省政府印发了《关于培育创建江苏特色小镇的指导意见》,确定了江苏特色小镇发展的总体要求、发展目标、创建路径和工作机制。2022 年 4 月 15 日,国家标准化管理委员会面向全国公布实施《特色小镇发展水平评价指标体系》(GB/T 41410—2022),规定了特色小镇发展水平评价的基本原则、指标体系、指标内涵与计算方法、数据分析和结果应用,围绕产业、功能、形态、业态四个方面提出了39项特色小镇发展质效指标,这是我国特色小镇建设领域的首个国家标准(见表6.1-8)。

表 6.1-8 特色小镇发展水平评价指标体系

一级指标	二级指标	序号	三级指标	类型
产业	规模结构	1	规模以上企业数(个)	辅助指标
		2	主导产业产值(万元)	核心指标
		3	主导产业产值占比(%)	核心指标
		4	绿色产业产值占比(%)	辅助指标
	要素集聚	5	主导产业投资额占比(%)	核心指标
		6	主导产业产值国内(或省内)同行业占比(%)	核心指标
		7	中高级专业技术人员数(人)	辅助指标
		8	创新创业平台数量(个)	辅助指标
	创新能力	9	已入驻企业知识产权拥有量(项)	核心指标
		10	创新创业团队数量(个)	辅助指标
		11	高新技术企业数占比(%)	辅助指标
		12	研发经费投入强度(%)	核心指标
	产出效益	13	建设用地亩均缴纳税收额(万元/年)	核心指标
		14	全员劳动生产率(万元/人)	核心指标
		15	已吸纳就业人数(万人)	辅助指标
		16	特定产业产值增长率(%)	辅助指标
		17	"三新"经济增加值占生产总值比重(%)	核心指标
功能	社区营造	18	一刻钟社区生活圈覆盖率(%)	核心指标
		19	职住平衡率(%)	辅助指标
	公共服务	20	公共文化服务设施建筑面积占比(%)	核心指标
		21	公共卫生机构(站、点)数量(个)	辅助指标
		22	公共区域 WiFi 覆盖率(%)	辅助指标
	休闲旅游	23	公共体育休闲用地面积占比(%)	辅助指标
		24	特色景点数量(个)	辅助指标
		25	景区质量等级(级)	辅助指标
		26	年接待客商或游客人数(人)	核心指标
形态	人居环境	27	绿化覆盖率(%)	核心指标
		28	环境噪声达标区覆盖率(%)	辅助指标
		29	环境空气质量优良率(%)	辅助指标

续表

一级指标	二级指标	序号	三级指标	类型
形态	街区风貌	30	特色风貌建筑面积占比(%)	核心指标
		31	街区尺度(米)	辅助指标
		32	绿色建筑覆盖率(%)	核心指标
		33	慢行系统覆盖率(%)	辅助指标
机制	市场运作	34	社会资本投资额占比(%)	核心指标
		35	外商直接投资额占比(%)	辅助指标
		36	公共服务运营市场化率(%)	辅助指标
	政务效能	37	企业开办审批时间(天)	核心指标
		38	数字化管理覆盖面积比例(%)	辅助指标
	企业主体	39	入驻企业政务服务满意度(%)	核心指标
		40	入驻企业公共事务管理参与度(%)	辅助指标

郑梦真等建立了对于福建省历史文化型特色小镇发展的评价体系(见表6.1-9),涉及生态宜居、经济生产、主导产业、体制服务、历史文化等5个一级指标,包含12个二级指标和22个评价因子[66]。王思敬以典型性、全面性、统一性、动态性为原则,从产业发展、角色功能、形态特色、制度建设等4个层级建立了河南省特色小镇发展绩效评价指标体系(见表6.1-10),共包括28个评价项目,并根据河南产业发展特点,从信息产业、旅游产业、健康产业、时尚产业、文化产业5个层级建立了河南省特色小镇特色水平评价指标体系(见表6.1-11),共包括18个评价项目[67]。

表6.1-9 福建省历史文化型特色小镇发展建设评价指标体系

一级指标	二级指标	序号	评价因子
生态宜居	生态环境	1	森林覆盖率
		2	建成区绿化覆盖率
	宜居建设	3	生活垃圾无害化转化率
		4	自来水卫生达标率
经济生产	经济水平	5	城镇GDP
		6	居民人均年可支配收入
		7	公共财政收入
	生产投资	8	全社会固定资产投资

续表

一级指标	二级指标	序号	评价因子
主导产业	主导影响力	9	主导产业年产值在省市同行镇中排名
	主导产业发展潜力	10	主导产业年投资额
		11	主导产业年产值
	主导产业带动力	12	主导产业吸纳就业人员数量占比
		13	主导产业直接或间接带动农民就业数量占比
体制服务	体制活力	14	体制创新项目数量
	公共服务	15	银行、大型商超数量
		16	宽带入户率
历史文化	文化底蕴	17	建镇年代
		18	文化保护单位数量与级别
	文化传承	19	非物质文化遗产数量与级别
		20	文化活动中心场所数量
	文化保护	21	传统文化建筑保存完整度
		22	本土特色文化保留程度

表 6.1-10　河南特色小镇发展绩效评价指标体系

层级	序号	评价项目	单位
产业发展	1	特色产业经济收益占产业总收入的百分比	%
	2	特色产业从业人数规模	万人
	3	高新技术产业占比	%
	4	产业发展投入占总预算经费的百分比	%
	5	高级技工人才数量	人
	6	企业专利申报及获准情况	个
	7	GDP 能耗情况	吨标准煤/万元
	8	GDP 水耗情况	立方米/万元
角色功能	9	GDP 用地均值	万元/公顷
	10	产业链发展能力	分
	11	特色产业投资比例	%
	12	小镇人口分布情况	人/公顷
	13	废水处理达标率	%
	14	固定资产投资规模	万元
	15	固定资产投资在年度固投预算中的比例	%
	16	人均 GDP	万元/人

续表

层级	序号	评价项目	单位
形态特色	17	特色小镇整体印象	分
	18	小镇绿地面积比例	%
	19	建设空间开放情况	分
	20	小镇建设水平满意度	分
	21	空气质量、噪声抑制、水质保持等全区域内排名	名
	22	公共文化设施建筑情况	平方米
制度建设	23	特色产业企业准入评价	分
	24	特色小镇相关政策配套情况	分
	25	行政管理部门管理效率	分
	26	特色小镇建设项目引起的信访量	人次
	27	招商投资总规模	亿元
	28	公共资源建设及共享情况	分

表 6.1-11 河南特色小镇特色水平评价指标体系

层级	序号	评价项目	单位
信息产业	1	信息产业创造经济收益情况	万元
	2	技术专利创造经济收益情况	万元
旅游产业	3	特色小镇旅游区建设数量	个
	4	年度旅游接待规模	万人次
	5	旅游产生经济收益	万元
	6	四星级以上宾馆情况	个
	7	旅游整体满意度评价	分
健康产业	8	健康产业企业数量	个
	9	健康产业产值占比	%
	10	健康专业从业人员数量	个
时尚产业	11	时尚品牌数量	个
	12	时尚产业经济收益情况	万元
	13	国家级及以上品牌产品数量	个
	14	设计师等专业人才数量	个
文化产业	15	文化产品数量	个
	16	文化类展馆建设面积	平方米
	17	国家级非遗文化项目规模	个
	18	文化产业从业人员数量	个

张月兰等对目前江苏省农业特色小镇存在的农业特色定位不明确、发展主体权责不清晰、缺乏创新驱动力等问题,建立了评价指标体系(见表6.1-12),涉及农业强、农民富、农村美三个目标层次,从产业、民生、文化、"双创"、环境5个准则维度、11个指标层次确立了25个指标,有利于客观评价农业特色小镇的发展质态,优化特色小镇的发展路径,对江苏省特色小镇的知名度、美誉度及长远发展具有重要意义[68]。何育静等以系统全面性、代表性、可操作性为原则,结合特色小镇的可持续发展情况,设立了包括5个一级指标、19个二级指标以及45个三级指标的特色小镇可持续发展指标评价体系,详见表6.1-13[69]。

表6.1-12 农业特色小镇发展建设评价指标体系[68]

目标层次	准则层次	指标层次	序号	三级指标
农业强	产业维度	产业规模	1	生产规模
			2	经营规模
		产业竞争力	3	全产业链发展
			4	品牌营销推介
		生产水平	5	科技水平
			6	生产服务水平
农民富	民生维度	居民发展	7	居民收入
			8	居民就业
		思想发展	9	思想观念转变
			10	公众参与度
			11	社会安定
	文化维度	文化挖掘	12	文化创意产品
			13	文化传承
		传统文化	14	现有农耕文化
			15	文化保护措施
	"双创"维度	创业指标	16	农民创业
			17	人才引进
		创新指标	18	品牌建设
			19	新产品开发
			20	电商销售

续表

目标层次	准则层次	指标层次	序号	三级指标
农村美	环境维度	休闲观光	21	观光服务
			22	观光产品
			23	观光市场开发
		设施保障	24	基础设施
			25	服务设施

表 6.1-13　特色小镇可持续发展指标评价体系[69]

一级指标	二级指标	序号	三级指标
产业发展	经济规模	1	地区生产总值
		2	工业总产值
		3	地区财政收入
	产业结构	4	第一产业比重
		5	第二产业比重
		6	第三产业比重
	经济效益	7	特色产业总产值占小镇总营收比例
		8	人均GDP
		9	职工年平均工资
		10	年就业增长率
	金融资本	11	固定资产投资额
		12	特色产业投资额增速
		13	PPP项目总投资额
城镇建设	公共设施	14	公路网密度
		15	铁路货运量
		16	固定宽带接入用户
	城镇风貌	17	人均公园绿地面积
		18	断面水质达标率
		19	空气质量达标率
		20	城镇视觉风貌评分
		21	生态环境状况指数
	制度建设	22	政策优惠落实情况
		23	企业准入门槛评分
	污染治理	24	污水处理率

续表

一级指标	二级指标	序号	三级指标
城镇建设	服务效率	25	民众级社会组织参与度
		26	管理部门行政效率
以人为本	生活质量	27	人口密度
		28	城乡一体化下居民年人均可支配收入
	精神文明	29	城镇居民幸福指数
	社会保障	30	参加基本养老保险职工人数
		31	参加基本医疗保险人数
		32	医院病床数
		33	拥有医师人员数
文化发展	保存状态	34	每万人拥有文化遗产数量
	文化传承	35	居民对小镇文化的认可程度
	稀有程度	36	省级及以上非物质文化遗产项目数
	文化创新	37	文化艺术科研机构数目
创新驱动	市场活力	38	市场知名度
		39	市场占有率
	企业创新	40	高新技术产业产值占规模以上工业总产值比例
		41	规模以上企业拥有有效发明专利数
	技术资本	42	专业技术人员
		43	高新技术企业数量
		44	R&D经费占GDP比重
		45	投入产出比

6.1.4.4 乡村振兴指标体系

2018年9月,中共中央、国务院印发了《乡村振兴战略规划(2018—2022年)》(见表6.1-14),规划中明确了22项主要指标,涉及产业、生态、文明、治理、生活五大方面,包括粮食综合生产能力、畜禽粪污综合利用率、综合性服务中心覆盖率、村庄规划管理覆盖率、农村居民恩格尔系数等。2018年,江苏省委、省政府印发《江苏省乡村振兴战略实施规划(2018—2022年)》(见表6.1-15),全面落实中央关于乡村振兴战略的"产业兴旺、生态宜居、乡风文明、治理有效、生活富裕"的总要求,构建了由26个指标构成的乡村振兴指标体系,与国家指标相比,增设了对生活污水进行处理的村占比、村民委员会依法自治达标率、农村和谐社区建设达标率、农村居民人均可支配收入、农村基层基本公共服务标准化实现度等指标,并根据江苏特色完善区域供水入户率、行政村双车道四级公路覆盖率等部分指标。

表 6.1-14　国家乡村振兴战略规划主要指标

分类	序号	主要指标	单位	2020年目标值	2022年目标值
产业兴旺	1	粮食综合生产能力	亿吨	>6	>6
	2	农业科技进步贡献率	%	60	61.5
	3	农业劳动生产率	万元/人	4.7	5.5
	4	农产品加工产值与农业总产值比	—	2.4	2.5
	5	休闲农业和乡村旅游接待人次	亿人次	28	32
生态宜居	6	畜禽粪污综合利用率	%	75	78
	7	村庄绿化覆盖率	%	30	32
	8	对生活垃圾进行处理的村占比	%	90	>90
	9	农村卫生厕所普及率	%	85	>85
乡风文明	10	村综合性文化服务中心覆盖率	%	95	98
	11	县级及以上文明村和乡镇占比	%	50	>50
	12	农村义务教育学校专任教师本科以上学历比例	%	65	68
	13	农村居民教育文化娱乐支出占比	%	12.6	13.6
治理有效	14	村庄规划管理覆盖率	%	80	90
	15	建有综合服务站的村占比	%	50	53
	16	村党组织书记兼任村委会主任的村占比	%	35	50
	17	有村规民约的村占比	%	100	100
	18	集体经济强村比重	%	8	9
生活富裕	19	农村居民恩格尔系数	%	30.2	29.2
	20	城乡居民收入比	—	2.69	2.67
	21	农村自来水普及率	%	83	85
	22	具备条件的建制村通硬化路比例	%	100	100

在乡村振兴战略实施背景下,国内学者针对乡村振兴指标体系进行了大量的研究,形成了较多的成果。马振国结合寿光地区实际工作系统地设计了适合乡村振兴战略实施效果的评价指标体系,共 5 个方面 43 个指标,并针对寿光的实际情况对指标的权重赋值[70]。信慧娟等采用理论分析法、频度统计

表 6.1-15 江苏乡村振兴战略实施规划主要指标

分类	序号	主要指标	单位	2020年目标值
产业兴旺	1	粮食综合生产能力	万吨	>3 000
	2	农业科技进步贡献率	%	70
	3	农业劳动生产率	万元/人	6.40
	4	农产品加工产值与农业总产值比	—	3.2
	5	休闲农业和乡村旅游接待人次	万人次	60 000
生态宜居	6	村庄绿化覆盖率	%	29
	7	对生活垃圾进行处理的村占比	%	100
	8	对生活污水进行处理的村占比	%	70
	9	畜禽粪污综合利用率	%	78
	10	农村无害化卫生厕所普及率	%	95
乡风文明	11	村综合性文化服务中心覆盖率	%	98
	12	县级及以上文明村和乡镇占比	%	60
	13	农村义务教育学校专任教师本科以上学历比例	%	80
	14	农村居民文化娱乐支出占比	%	≥9.3
治理有效	15	村庄规划管理覆盖率	%	100
	16	建有综合服务站的村占比	%	质量提升
	17	村民委员会依法自治达标率	%	98
	18	村党组织书记兼任村委会主任的村占比	%	>35
	19	农村和谐社区建设达标率	%	95
	20	集体经济强村占比	%	35
生活富裕	21	农村居民恩格尔系数	%	29.5
	22	农村居民人均可支配收入	万元	2.44
	23	城乡居民收入比	—	2.27∶1
	24	区域供水入户率	%	98
	25	行政村双车道四级公路覆盖率	%	≥90
	26	农村基层基本公共服务标准化实现度	%	95

法及专家咨询法等构建由 10 个一级指标和 29 个二级指标组成的乡村旅游发展与乡村振兴耦合评价指标体系[39]。易小燕等根据《德庆县乡村振兴战略规划(2018—2022 年)》和县域经济、资源、生态特征,构建了 5 个二级指标与 34 个三级指标的乡村振兴评价指标体系,指出产业兴旺和生态宜居是影响德庆

县发展的最主要因素,其次是生活富裕、治理有效和乡风文明[71]。

6.1.4.5 "两山指数"评估指标体系

2019年,生态环境部印发《"绿水青山就是金山银山"实践创新基地建设管理规程(试行)》(见表6.1-16),制定了"两山指数"评估指标体系。"两山指数"是量化反映"两山"建设水平,表征区域生态环境资产状况、"绿水青山"向"金山银山"转化程度、保障程度,服务"两山"基地管理的综合性指数,主要包括构筑绿水青山、推动"两山"转化、建立长效机制三方面。

表6.1-16 "两山指数"评估指标

目标	任务	序号	指标	目标参考值
构筑绿水青山	环境质量	1	环境空气质量优良天数比例	>90%
		2	集中式饮用水水源地水质达标率	100%
		3	地表水水质达到或优于Ⅲ类水的比例	>90%
		4	地下水水质达到或优于Ⅲ类水的比例	稳定提高
		5	受污染耕地安全利用率	>95%
		6	污染地块安全利用率	>95%
	生态状况	7	林草覆盖率	山区>60% 丘陵区>40% 平原区>18%
		8	物种丰富度	稳定提高
		9	生态保护红线面积	不减少
		10	单位国土面积生态系统生产总值	稳定提高
推动"两山"转化	民生福祉	11	居民人均生态产品产值占比	稳定提高
	生态经济	12	绿色、有机农产品产值占农业总产值比重	稳定提高
		13	生态加工业产值占工业总产值比重	稳定提高
		14	生态旅游收入占服务业总产值比重	稳定提高
	生态补偿	15	生态补偿类收入占财政总收入比重	稳定提高
	社会效益	16	国际国内生态文化品牌	获得
		17	"两山"建设成效公众满意度	>95%
建立长效机制	制度创新	18	"两山"基地制度建设	建立实施
		19	生态产品市场化机制	建立实施
	资金保障	20	生态环保投入占GDP比重	>3%

6.2 指标体系构建思路

指标体系的建立是开展预测和评价的前提和基础,本书紧扣"新鱼米之乡"基本内涵和目标,综合考虑生态、业态、形态和制度四个方面,构建符合江苏实际的"新鱼米之乡"建设评估指标体系,为"新鱼米之乡"建设制定一张"体检表"、刻画一张"全景图",更加科学精准有效地引导"新鱼米之乡"建设工作推进。

指标体系构建遵循传承与创新相结合、简洁务实与精准施策相结合、补足短板与强化优势相结合的原则,立足新的发展起点,充分对接美丽中国和美丽江苏、乡村振兴、"绿水青山就是金山银山"实践创新基地、生态文明示范村建设相关新要求,力求准确反映乡村生态状况、生产发展状况、村容村貌情况、乡风文明建设情况和基础工作开展情况等,同时体现出各类社会经济发展形态下的乡村特色。

6.2.1 生态类指标

生态类指标主要关注区域生态环境质量状况及生态系统完整性与稳定性,因此分为环境质量指标和生态状况指标两大类。

6.2.1.1 环境质量指标

环境质量指标重点考察区域水环境质量、耕地保护状况和碳减排三个方面,主要参考美丽中国建设评估指标体系和"两山指数"评估指标,在进行研究的基础上提出"新鱼米之乡"建设指标中的环境质量指标。

(1) 美丽中国建设评估指标体系

为贯彻落实习近平新时代中国特色社会主义思想,推动实现党的十九大提出的美丽中国建设目标,2020年2月,国家发展改革委员会发布了美丽中国建设评估指标体系,从空气清新、水体洁净、土壤安全、生态良好、人居整洁五个方面细化了22项具体指标。其中涉及环境质量指标的有三个方面11项指标(见表6.2-1)。

(2) "两山指数"评估指标

"两山指数"是量化反映"绿水青山就是金山银山"建设水平,表征区域生态环境资产状况、绿水青山向金山银山转化程度、保障程度,服务"绿水青山

表 6.2-1　美丽中国建设评估指标体系(环境质量指标)

评估指标	序号	具体指标(单位)	指标来源
空气清新	1	地级及以上城市细颗粒物($PM_{2.5}$)浓度(微克/立方米)	生态环境部
	2	地级及以上城市可吸入颗粒物(PM_{10})浓度(微克/立方米)	
	3	地级及以上城市空气质量优良天数比例(%)	
水体洁净	4	地表水水质优良(达到或好于Ⅲ类)比例(%)	生态环境部
	5	地表水劣Ⅴ类水体比例(%)	
	6	地级及以上城市集中式饮用水水源地水质达标率(%)	
土壤安全	7	受污染耕地安全利用率(%)	农业农村部、生态环境部
	8	污染地块安全利用率(%)	生态环境部、自然资源部
	9	农膜回收率(%)	农业农村部
	10	化肥利用率(%)	
	11	农药利用率(%)	

就是金山银山"创新实践基地管理的综合性指数。"两山指数"作为"绿水青山就是金山银山"创新实践基地评估和动态管理的重要参考依据,主要包括构筑绿水青山、推动两山转化、建立长效机制三个方面,共包含20项具体指标,其中涉及环境质量的指标有5项(见表6.2-2)。

表 6.2-2　"两山指数"评估指标

目标	任务	序号	指标	目标参考值
构筑绿水青山	环境质量	1	环境空气质量优良天数比例	>90%
		2	集中式饮用水水源地水质达标率	100%
		3	地表水水质达到或优于Ⅲ类水的比例	>90%
		4	地下水水质达到或优于Ⅲ类水的比例	稳定提高
		5	受污染耕地安全利用率	>95%

以上两个指标体系中对于环境质量指标的构建均是从水、大气、土壤三个方面开展。水环境质量主要考察地表水水质优良率、集中式饮用水水源地水质达标率;大气环境质量主要考察环境空气质量优良天数比例;土壤环境质量主要考察受污染耕地安全利用率。

由于江苏省大部分农村地区已实施区域供水,大多数农村区域范围内没有集中式饮用水水源地。近年来,随着江苏水环境治理工作的大力推进,大河大湖断面水质有了明显改善,但面广量大的农村地区,尤其是小的沟塘河渠,水质较差的现象仍较为普遍,甚至存在一定的黑臭水体。这些水体很多距离农民的生产生活区较近,对农民生产生活有直接的影响,且在汛期对区域水环境质量也有较大的影响,应该予以关注。大气环境受区域的影响比较大,小区域的环境空气质量并不能代表该区域的大气污染贡献,设置空气质量考核指标,代表性和说服力不够。

因此,结合江苏实际,江苏省"新鱼米之乡"指标体系纳入了地表水水质达到或优于Ⅳ类的比例、农村黑臭水体消除比例、受污染耕地安全利用率3项指标。此外,考虑"十四五"时期减污降碳协同增效新要求,指标体系纳入了二氧化碳净排放量,作为文旅融合发展型和生态系统服务型的特色指标,致力打造零碳村。因此,江苏省"新鱼米之乡"指标体系中环境质量指标如表6.2-3所示。

表6.2-3 江苏省"新鱼米之乡"建设指标(环境质量指标)

领域	类别	序号	指标	单位	指标值	指标属性	指标分类
生态	环境质量	1	地表水水质达到或优于Ⅳ类的比例	%	≥90	约束性	基础指标
		2	农村黑臭水体消除比例	%	100	约束性	基础指标
		3	受污染耕地安全利用率	%	100	约束性	基础指标
		4	二氧化碳净排放量	吨	0	参考性	特色指标

6.2.1.2 生态状况指标

生态状况指标重点考察区域生物多样性保护水平、水生态系统健康状况、生态红线划定保护状况、生态保护修复水平、生态系统为人类提供福祉的水平等方面,主要参考美丽中国建设评估指标体系、美丽乡村建设评价指标体系、生态文明建设示范村建设指标体系和"两山指数"评估指标、生态保护红线和生态空间管控区域管理要求,在进行分析的基础上提出"新鱼米之乡"建设指标中的生态状况指标。

(1)美丽中国建设评估指标体系

美丽中国建设评估指标体系中涉及生态状况的指标有以下5项(见表6.2-4)。

表 6.2-4 美丽中国建设评估指标体系(生态状况)

评估指标	序号	具体指标(单位)	指标来源
生态良好	1	森林覆盖率(%)	国家林草局、自然资源部
	2	湿地保护率(%)	国家林草局、自然资源部
	3	水土保持率(%)	水利部
	4	自然保护地面积占陆域国土面积比例(%)	国家林草局、自然资源部
	5	重点生物物种种数保护率(%)	生态环境部

(2) 美丽乡村建设评价指标体系

近年来,我国着力推进美丽乡村建设。2015 年,国家发布了《美丽乡村建设指南》(GB/T 32000-2015),规定了美丽乡村的村庄规划和建设、生态环境、经济发展、公共服务、乡风文明、基层组织、长效管理等建设要求。2018 年,中国工程院重大咨询项目"生态文明建设若干战略问题研究(二期)"成果《农业发展方式转变与美丽乡村建设战略研究》中系统研究了美丽乡村建设思路、重点任务和路径,建立了美丽乡村建设指标体系。该指标体系从农业生产产业体系、农村生态环境体系、农民生活宜居体系、生态文化体系和支撑保障体系五个方面设立了 33 项指标。其中,涉及生态环境的指标有 6 项(见表 6.2-5)。

表 6.2-5 美丽乡村建设评价指标体系(生态状况)

评价内容	序号	评价指标	目标值
(二)农村生态环境体系	1	主要道路绿化普及率(%)	≥95
	2	农田林网化率(%)	≥75
	3	村庄道路硬化率(%)	100
	4	生活污水集中处理率(%)	≥70
	5	生活垃圾定点存放清运率及无害化处理率(%)	≥95
	6	农田和河流污染情况	无污染

(3) 江苏省生态文明建设示范村建设指标

原环境保护部 2014 年印发了《国家生态文明建设示范村镇指标(试行)》,原江苏省环境保护厅结合江苏特色,于 2017 年制定了《江苏省生态文明建设示范乡镇(街道)、村指标(试行)》,明确了契合江苏实际的省级生态文明建设示范村建设要求和指标体系,包含生产发展、生态良好、生活富裕、乡风文明四个类型的 18 个指标。其中,涉及生态状况的指标有 6 项(见表 6.2-6)。

表 6.2-6　江苏省生态文明建设示范村建设指标

类别	序号	指标	单位	指标值	指标属性
生态良好	1	集中式饮用水水源地水质达标率	%	100	约束性指标
	2	生活污水处理率	%	≥90	约束性指标
	3	生活垃圾无害化处理率	%	100	约束性指标
	4	林木覆盖率	%	≥25	约束性指标
	5	河塘沟渠整治率	%	≥90	约束性指标
	6	村民对环境状况满意率	%	≥90	参考性指标

（4）"两山指数"评估指标

"两山指数"评估指标中涉及生态状况的指标有 4 项，包含多个方面的生态状况，基本涵盖山水林田湖草全系统全要素，重点考察区域植被覆盖状况、生物多样性保护水平、生态保护红线划定保护状况和生态系统为人类提供福祉的水平（见表 6.2-7）。

表 6.2-7　"两山指数"评估指标

目标	任务	序号	指标	目标参考值
构筑绿水青山	生态状况	1	林草覆盖率	山区＞60% 丘陵区＞40% 平原区＞18%
		2	物种丰富度	稳定提高
		3	生态保护红线面积	不减少
		4	单位国土面积生态系统生产总值	稳定提高

在江苏省"新鱼米之乡"指标体系的构建中，生态状况指标也要统筹考虑山水林田湖草一体化协同治理，在各要素建立评价指标。

根据江苏省委、省政府发布的《关于深入推进美丽江苏建设的意见》要求，"新鱼米之乡"建设要注重提升乡村特色形态，持续开展农村人居环境整治行动，打造美丽乡村，为老百姓留住鸟语花香田园风光；以村旁、宅旁、路旁、水旁为重点，优先选用乡土树种，推进村庄绿化建设，提升绿化质量。因此，设置"乡土树种绿化比例"指标能较好地反映美丽江苏对于村庄绿化美化的要求。根据《江苏省国家级生态保护红线规划》和《江苏省生态空间管控区域规划》及相关监督管理文件要求，生态空间管控区域（含生态保护红线）按最严格的要求落实监管措施，确保生态空间管控区域"功能不降低、面积不减少、性质不改变";因此,设置"自然生态空间保护"指标。江苏省农村河沟密布、农民傍水而居,"水"是江苏省农村生态环境中最为重要和典型的要素之一,然而在江苏农村地区经济社会发展的同时,部分河沟渠塘水域生态空间遭受挤占,河湖岸线自然形态遭到破坏,部分地区出现断头河和断头浜的现象,影响河湖水系连通,降低河湖自净能力,基于以上考虑提出设置"水域面积占比""水系连通性""河湖自然生态岸坡比例"三项指标。生态系统生产总值(GEP)是指生态系统为人类福祉和经济社会可持续发展提供的各种最终物质产品与服务价值的总和。生态系统生产总值核算的根本目的在于实现生物多样性保护与人类可持续发展的目标,是一项重要的生态文明指标。因此,提出"单位国土面积生态系统生产总值"作为特色指标。

江苏省"新鱼米之乡"建设指标体系中生态状况的评价指标包含以下9项:乡土树种绿化比例、基本农田保护区面积、单位国土面积生态系统生产总值、水域面积占比、水系连通性、河湖自然生态岸坡比例、外来物种入侵、农田和河流污染情况、自然生态空间保护。其中,单位国土面积生态系统生产总值、基本农田保护区面积为特色指标(见表6.2-8)。

表6.2-8 江苏省"新鱼米之乡"建设指标(生态状况指标)

领域	类别	序号	指标	单位	指标值	指标属性	指标分类
生态	生态状况	1	乡土树种绿化比例	%	≥90	约束性	基础指标
		2	基本农田保护区面积	—	不减少	约束性	特色指标
		3	单位国土面积生态系统生产总值	万元/平方公里	稳步提高	参考性	特色指标
		4	水域面积占比	%	不下降	约束性	基础指标
		5	水系连通性	—	稳步提高	约束性	基础指标
		6	河湖自然生态岸坡比例	%	≥90	约束性	基础指标
		7	外来物种入侵	—	没有入侵	约束性	基础指标
		8	农田和河流污染情况	—	几乎无污染	参考性	特色指标
		9	自然生态空间保护 生态保护红线 生态空间管控区 自然保护地	—	面积不减少,性质不改变,功能不降低	约束性	特色指标

6.2.2 业态类指标

业态类指标主要关注区域生态产业、绿色产业及清洁生产情况,因此又可分为生态产业和清洁生产两大类。

6.2.2.1 生态产业指标

生态产业指标重点考察区域农业生产水平、特色产业发展状况、自然生态价值实现情况、居民生活水平等方面,主要参考"两山指数"评估指标和江苏乡村振兴战略实施规划主要指标,在进行分析的基础上提出"新鱼米之乡"建设指标中的生态产业指标。

(1)"两山指数"评估指标

"两山指数"评估指标中涉及生态产业的指标共有4项,主要评价农业生产绿色化发展水平、自然生态价值向经济价值转化状况和居民生活水平(见表6.2-9)。

表6.2-9 "两山"指数评估指标(生态产业)

目标	任务	序号	指标	目标参考值
推动"两山"转化	生态经济	1	绿色、有机农产品产值占农业总产值比重	稳定提高
		2	生态加工业产值占工业总产值比重	稳定提高
		3	生态旅游收入占服务业总产值比重	稳定提高
		4	居民人均生态产品产值占比	稳定提高

(2)江苏乡村振兴战略实施规划主要指标

党的十九大报告指出,农业农村农民问题是关系国计民生的根本性问题,必须始终把解决好"三农"问题作为全党工作的重中之重,实施乡村振兴战略。2018年,江苏省委办公厅、省政府办公厅印发了《江苏省乡村振兴十项重点工程实施方案(2018—2022年)》,建立了江苏乡村振兴战略实施规划主要指标,涉及产业兴旺、生态宜居、乡风文明、治理有效、生活富裕五个方面,共设置了26项考核指标。其中,涉及生态产业的指标有5项(见表6.2-10)。

表6.2-10 江苏乡村振兴战略实施规划主要指标

分类	序号	主要指标	单位	2020年目标值
产业兴旺	1	粮食综合生产能力	万吨	>3 000
	2	农业科技进步贡献率	%	70
	3	农业劳动生产率	万元/人	5.40
	4	农产品加工产值与农业总产值比	—	3.2
	5	休闲农业和乡村旅游接待人次	万人次	60 000

以上两个指标体系中对于生态产业指标的构建主要从绿色农产品、农业加工、生态旅游等角度提出,为江苏省"新鱼米之乡"产业生态化提供了方向指导。结合江苏实际情况,江苏省"新鱼米之乡"的产业应主要以农业、服务业为主,辅以适当的工业发展。因此,生态产业的指标包含以下8项:农村居民人均可支配收入增幅、绿色优质农产品比重、生态加工业产值占工业总产值比重、生态旅游收入占服务业总产值比重、粮食综合生产能力、高标准农田比重、单位GDP建设用地使用面积下降率、居民人均生态产品产值占比。其中农村居民人均可支配收入、绿色优质农产品比重为基础指标(见表6.2-11)。

表6.2-11 江苏省"新鱼米之乡"建设指标(生态产业指标)

领域	类别	序号	指标	单位	指标值	指标属性	指标分类
业态	生态产业	1	农村居民人均可支配收入年均增幅	%	≥10	约束性	基础指标
		2	绿色优质农产品比重	%	≥85	约束性	基础指标
		3	生态加工业产值占工业总产值比重	—	稳步提高	参考性	特色指标
		4	生态旅游收入占服务业总产值比重	—	稳步提高	参考性	特色指标
		5	粮食综合生产能力	万吨	不降低	约束性	特色指标
		6	高标准农田比重	%	≥80	约束性	特色指标
		7	单位GDP建设用地使用面积下降率	%	≥4.5	参考性	特色指标
		8	居民人均生态产品产值占比	—	稳步提高	参考性	特色指标

6.2.2.2 清洁生产指标

清洁生产是对生产过程与产品采取整体预防的环境策略,减少或消除对人类及环境的可能危害,同时充分满足人类需要,使社会经济效益最大化的一种生产模式。推行清洁生产是贯彻落实节约资源和保护环境基本国策的重要举措,是实现减污降碳协同增效的重要手段,是加快形成绿色生产方式、促进经济社会发展全面绿色转型的有效途径。

清洁生产指标重点考察农业生产绿色化、生态化、循环化发展水平以及区域资源能源利用效率,主要参考生态文明建设示范村建设指标,结合现状基础和新时期发展要求,提出"新鱼米之乡"建设指标中的清洁生产指标。

(1)江苏省生态文明建设示范村建设指标

江苏省生态文明建设示范村建设指标中涉及清洁生产的指标共有6项(见表6.2-12)。

表 6.2-12　江苏省生态文明建设示范村建设指标表

类别	序号	指标	单位	指标值	指标属性
生产发展	1	主要农产品中有机、绿色、无公害农产品种植面积的比重	%	≥60	约束性
	2	农用化肥施用强度	折纯,千克/公顷	<220	约束性
	3	农药施用强度	折纯,千克/公顷	<2.5	约束性
	4	农作物秸秆综合利用率	%	≥98	约束性
	5	农膜回收率	%	≥90	约束性
	6	畜禽养殖场（小区）粪便综合利用率	%	≥98	约束性

结合江苏省农村产业发展实际和生态文明建设示范村建设要求，在江苏省"新鱼米之乡"指标中纳入农业废弃物综合处置利用率、化肥施用强度指标，增加水产养殖尾水达标排放率、农田退水综合处利率、农作物病虫害绿色防控覆盖率、机插秧播种面积占比等指标。此外，针对第二产业引领型，设置重点企业清洁生产审核实施率、单位工业增加值综合能耗、单位工业增加值新鲜水耗 3 项指标。共计 9 项指标（见表 6.2-13）。

表 6.2-13　江苏省"新鱼米之乡"建设指标（清洁产业指标）

领域	类别	序号	指标	单位	指标值	指标属性	指标分类
业态	清洁生产	1	农业废弃物综合处置利用率 畜禽粪污综合利用率 农作物秸秆综合利用率 农膜回收利用率 农药包装废弃物回收处理率	%	≥99 ≥98 ≥98 ≥90	约束性	基础指标
		2	农田退水综合处理率	%	≥90	约束性	特色指标
		3	水产养殖尾水达标排放率	%	≥95	约束性	基础指标
		4	农作物病虫害绿色防控覆盖率	%	≥95	参考性	基础指标
		5	化肥施用强度（折纯）	千克/公顷	<220	参考性	基础指标
		6	机插秧播种面积占比	%	≥95	参考性	特色指标
		7	重点企业清洁生产审核实施率	%	100	约束性	特色指标
		8	单位工业增加值综合能耗	吨标煤/万元	≤0.3	约束性	特色指标
		9	单位工业增加值新鲜水耗	立方米/万元	≤8	约束性	特色指标

6.2.3　形态类指标

形态类指标主要关注区域生态宜居水平和乡风文明程度，因此可分为生态宜居和乡风文明两大类。

6.2.3.1 生态宜居指标

生态宜居指标重点考察乡村生态环境基础设施和公共基础设施建设水平、乡村环境面貌建设状况，主要参考美丽中国建设评估指标体系、江苏省生态文明建设示范村建设指标、江苏乡村振兴战略实施规划主要指标，在进行分析的基础上提出"新鱼米之乡"建设指标中的生态宜居指标。

（1）美丽中国建设评估指标体系

美丽中国建设评估指标体系中涉及生态宜居的指标共有 6 项（见表 6.2-14）。

表 6.2-14　美丽中国建设评估指标体系（生态宜居）

评估指标	序号	具体指标（单位）	指标来源
人居整洁	1	城镇生活污水集中收集率（%）	住房和城乡建设部
	2	城镇生活垃圾无害化处理率（%）	
	3	农村生活污水处理和综合利用率（%）	生态环境部
	4	农村生活垃圾无害化处理率（%）	住房和城乡建设部
	5	城市公园绿地 500 米服务半径覆盖率（%）	
	6	农村卫生厕所普及率（%）	农业农村部

（2）江苏省生态文明建设示范村建设指标

江苏省生态文明建设示范村建设指标中涉及生态宜居的指标共有 9 项（见表 6.2-15）。

表 6.2-15　江苏省生态文明建设示范村建设指标（生态宜居）

类别	序号	指标	单位	指标值	指标属性
生态良好	1	集中式饮用水水源地水质达标率	%	100	约束性
	2	生活污水处理率	%	≥90	约束性
	3	生活垃圾无害化处理率	%	100	约束性
	4	林木覆盖率	%	≥25	约束性
	5	河塘沟渠整治率	%	≥90	约束性
	6	村民对环境状况满意率	%	≥90	参考性
生活富裕	7	农民人均纯收入	元/年	高于所在县（市、区）平均值	约束性
	8	使用清洁能源的农户比例	%	≥80	约束性
	9	农村卫生厕所普及率	%	100	约束性

(3) 江苏乡村振兴战略实施规划主要指标

江苏乡村振兴战略实施规划主要指标中涉及生态宜居的指标共有5项（见表6.2-16）。

表6.2-16　江苏乡村振兴战略实施规划主要指标（生态宜居）

分类	序号	主要指标	单位	2020年目标值
生态宜居	1	村庄绿化覆盖率	%	29
	2	对生活垃圾进行处理的村占比	%	100
	3	对生活污水进行处理的村占比	%	70
	4	畜禽粪污综合利用率	%	78
	5	农村无害化卫生厕所普及率	%	95

以上3个指标体系，主要通过考察农村生活污水治理、生活垃圾分类治理、村庄绿化、河塘沟渠整治状况来评价生态宜居水平。江苏省"新鱼米之乡"指标体系的构建可以重点考虑以上几方面，并结合相关新要求，补充规划编制、绿色建筑、清洁能源等指标。因此，生态宜居指标由村庄规划、生活污水处理和综合利用率、生活垃圾处置利用率（开展生活垃圾分类收集的农户比例、生活垃圾无害化处理率）、村庄绿化覆盖率、农村新建绿色建筑比例5项指标构成（见表6.2-17）。

表6.2-17　江苏省"新鱼米之乡"建设指标（生态宜居指标）

领域	类别	序号	指标	单位	指标值	指标属性	指标分类
形态	生态宜居	1	村庄规划	—	编制及实施	约束性	基础指标
		2	生活污水处理和综合利用率	%	100	约束性	基础指标
		3	生活垃圾处置利用率 开展生活垃圾分类收集的农户比例 生活垃圾无害化处理率	%	100 100	约束性	基础指标
		4	村庄绿化覆盖率	%	≥40	约束性	基础指标
		5	农村新建绿色建筑比例	%	≥60	参考性	基础指标

6.2.3.2　乡风文明指标

乡风文明指标重点考察乡村精神文明建设、生态文化建设和践行绿色生活方式状况，主要参考江苏省生态文明建设示范村建设指标和江苏乡村振兴战略实施规划主要指标，在进行科学研究的基础上细化提出"新鱼米之乡"建设指标中的乡风文明指标。

(1) 江苏省生态文明建设示范村建设指标

江苏省生态文明建设示范村建设指标中涉及乡风文明的指标共有3项（见表6.2-18）。

表6.2-18 江苏省生态文明建设示范村建设指标（乡风文明）

类别	序号	指标	单位	指标值	指标属性
村风文明	1	开展生活垃圾分类收集的农户比例	%	≥80	约束性
	2	遵守节约资源和保护环境村规民约的农户比例	%	≥95	参考性
	3	村务公开制度执行率	%	100	参考性

(2) 江苏乡村振兴战略实施规划主要指标

江苏乡村振兴战略实施规划主要指标中涉及乡风文明的指标共有4项（见表6.2-19）。

表6.2-19 江苏乡村振兴战略实施规划主要指标（乡风文明）

分类	序号	主要指标	单位	2020年目标值
乡风文明	1	村综合性文化服务中心覆盖率	%	98
	2	县级及以上文明村和乡镇占比	%	60
	3	农村义务教育学校专任教师本科以上学历比例	%	80
	4	农村居民文化娱乐支出占比	%	>9.3

以上2个指标体系中主要从村规民约的制定、农村文化设施建设等方面考虑，构建了乡风文明指标。乡村文化是"新鱼米之乡"建设的灵魂，乡风文明水平通过精神文明建设等多个方面反映。因此，江苏省"新鱼米之乡"建设指标中乡风文明指标包含以下5项：遵守节约资源和保护环境村规民约的农户比例、村民绿色出行比例、村级综合性文化服务中心、生态环保知识普及率、生态环境科普基地（见表6.2-20）。

表6.2-20 江苏省"新鱼米之乡"建设指标（乡风文明指标）

领域	类别	序号	指标	单位	指标值	指标属性	指标分类
形态	乡风文明	1	遵守节约资源和保护环境村规民约的农户比例	%	≥95	约束性	基础指标
		2	村民绿色出行比例	%	≥80	约束性	特色指标
		3	村级综合性文化服务中心	—	建设	约束性	基础指标
		4	生态环保知识普及率	%	100	参考性	特色指标
		5	生态环境科普基地	—	建设	约束性	特色指标

6.2.4 制度类指标

制度类指标主要关注区域生态制度创新情况、"新鱼米之乡"建设成效及公众参与情况,因此又可分为制度创新、满意度、参与度三大类。

6.2.4.1 制度创新指标

制度创新指标是江苏省"新鱼米之乡"指标体系中的亮点指标,是结合江苏省生态文明建设实际情况,基于"十四五"生态环境保护重点工作提出的新指标,主要包括生态系统生产总值(GEP)核算制度、生态预算制度、农村环境基础设施长效管护机制 3 项指标(见表 6.2-21)。

表 6.2-21　江苏省"新鱼米之乡"建设指标(制度创新指标)

领域	类别	序号	指标	单位	指标值	指标属性	指标分类
制度	制度创新	1	生态系统生产总值(GEP)核算制度	—	建立	约束性	特色指标
		2	生态预算制度	—	建立	约束性	特色指标
		3	农村环境基础设施长效管护机制	—	建立	约束性	基础指标

6.2.4.2 满意度指标

满意度指标参考了《国家生态文明建设示范市县建设指标》中的"公众对生态文明建设的满意度"。

6.2.4.3 参与度指标

参与度指标参考了《国家生态文明建设示范市县建设指标》中的"公众对生态文明建设的参与度"。

6.3 "新鱼米之乡"建设指标体系

紧扣新时代鱼米之乡建设内涵,与"绿水青山就是金山银山"理念、乡村振兴战略、高质量发展、美丽中国及美丽乡村建设、生态文明建设示范乡镇和示范村建设等要求进行深度衔接,在传承的基础上进行创新,遵循特色鲜明、数据可得原则,建立了符合江苏特色的"新鱼米之乡"建设指标体系,为江苏省"新鱼米之乡"建设水平评估提供参考。这一指标体系包含 22 个基础指标和 21 个特色指标。

6.3.1 基础指标

"新鱼米之乡"建设基础指标包括生态、业态、形态、制度四个方面的9大类共22项指标,其中约束性指标18项,参考性指标4项(见表6.3-1)。后续可根据生态文明建设、乡村振兴战略和美丽江苏建设实际推进情况,对"新鱼米之乡"建设指标体系持续进行完善。

一是生态。主要关注区域生态环境质量状况及生态系统完整性与稳定性。指标包括:水环境质量(地表水水质达到或优于Ⅳ类的比例、农村黑臭水体消除比例)、受污染耕地安全利用率、乡土树种绿化比例、水生态系统状况(水域面积占比、水系连通性)、河湖自然生态岸坡比例、外来物种入侵。

二是业态。主要关注区域生态产业、绿色发展及清洁生产情况。指标包括:农村居民人均可支配收入年均增幅、绿色优质农产品比重、农业废弃物综合处置利用率(畜禽粪污综合利用率、农作物秸秆综合利用率、农膜回收利用率、农药包装废弃物回收处理率)、水产养殖尾水达标排放率、农作物病虫害绿色防控覆盖率、化肥施用强度(折纯)。

三是形态。主要关注区域生态宜居水平和乡风文明程度。指标包括:村庄规划、生活污水处理和综合利用率、生活垃圾处置利用率(开展生活垃圾分类收集的农户比例、生活垃圾无害化处理率)、村庄绿化覆盖率、农村新建绿色建筑比例、遵守节约资源和保护环境村规民约的农户比例、村级综合性文化服务中心。

四是制度。主要关注区域生态制度创新情况、"新鱼米之乡"建设成效及公众参与情况。指标包括:建立农村环境基础设施长效管护机制、村民对"新鱼米之乡"建设的满意度、村民对"新鱼米之乡"建设的参与度。

表6.3-1 江苏省"新鱼米之乡"建设基础指标

领域	类别	序号	指标	单位	指标值	指标属性
生态	环境质量	1	水环境质量状况 地表水水质达到或优于Ⅳ类的比例 农村黑臭水体消除比例	% %	≥90 100	约束性 约束性
		2	受污染耕地安全利用率	%	100	约束性

续表

领域	类别	序号	指标	单位	指标值	指标属性
生态	生态状况	3	乡土树种绿化比例	%	≥90	约束性
		4	水生态系统状况 水域面积占比 水系连通性	% —	不下降 稳定提高	约束性 约束性
		5	河湖自然生态岸坡比例	%	≥90	约束性
		6	外来物种入侵	—	没有入侵	参考性
业态	生态产业	7	农村居民人均可支配收入年均增幅	%	≥10	约束性
		8	绿色优质农产品比重	%	≥85	约束性
	清洁生产	9	农业废弃物综合处置利用率 畜禽粪污综合利用率 农作物秸秆综合利用率 农膜回收利用率 农药包装废弃物回收处理率	% % % % %	≥99 ≥99 ≥98 ≥98 ≥90	约束性
		10	水产养殖尾水达标排放率	%	≥95	约束性
		11	农作物病虫害绿色防控覆盖率	%	≥95	约束性
		12	化肥施用强度（折纯）	千克/公顷	<220	约束性
形态	生态宜居	13	村庄规划	—	编制及实施	约束性
		14	生活污水处理和综合利用率	%	100	约束性
		15	生活垃圾处置利用率 开展生活垃圾分类收集的农户比例 生活垃圾无害化处理率	% % %	100 100 100	约束性
		16	村庄绿化覆盖率	%	≥40	约束性
		17	农村新建绿色建筑比例	%	≥60	参考性
	乡风文明	18	遵守节约资源和保护环境 村规民约的农户比例	%	≥95	约束性
		19	村级综合性文化服务中心	—	建设	约束性
制度	制度创新	20	农村环境基础设施长效管护机制	—	建立	约束性
	满意度	21	村民对"新鱼米之乡"建设的满意度	%	≥90	参考性
	参与度	22	村民对"新鱼米之乡"建设的参与度	%	≥90	参考性

6.3.2 特色指标

江苏省"新鱼米之乡"建设除满足基础指标外，重要农产品保障型、特色生态产品供给型、第二产业引领型、文旅融合发展型、生态系统服务型应分别满足对应的特色指标,包含 21 项。

6.3.2.1 重要农产品生产保障型

重要农产品生产保障型"新鱼米之乡"特色指标包括生态、业态 2 个方面 3 大类 5 项指标(见表 6.3-2)。

一是生态。主要关注区域农田生态系统完整性和稳定性,指标为基本农田保护区面积。

二是业态。主要关注区域农业产业发展情况和清洁生产情况。指标包括:高标准农田比重、粮食综合生产能力、农田退水综合处理率、机插秧播种面积占比。

表 6.3-2 重要农产品生产保障型"新鱼米之乡"建设特色指标

领域	类别	序号	指标	单位	指标值	指标属性
生态	生态状况	1	基本农田保护区面积	—	不减少	约束性
业态	生态产业	2	高标准农田比重	%	≥80	约束性
		3	粮食综合生产能力	万吨	不降低	约束性
	清洁生产	4	农田退水综合处理率	%	≥90	约束性
		5	机插秧播种面积占比	%	≥95	参考性

6.3.2.2 特色生态产品供给型

特色生态产品供给型"新鱼米之乡"特色指标包括生态、业态 2 个方面 3 大类 4 项指标(见表 6.3-3)。

一是生态。主要关注区域生态环境质量状况及生态系统完整性及稳定性。指标包括:土壤环境质量、单位国土面积生态系统生产总值。

二是业态。主要关注生态产业、绿色发展及清洁生产情况。指标包括:生态加工业产业占工业总产值比重、居民人均生态产品产值占比。

表 6.3-3 特色生态产品供给型"新鱼米之乡"建设指标

领域	类别	序号	指标	单位	指标值	指标属性
生态	环境质量	1	土壤环境质量	—	满足标准要求	参考性
	生态状况	2	单位国土面积生态系统生产总值	万元/平方公里	稳步提高	参考性
业态	生态产业	3	生态加工业产值占工业总产值比重	—	稳步提高	参考性
		4	居民人均生态产品产值占比	—	稳定提高	约束性

6.3.2.3 第二产业引领型

第二产业引领型"新鱼米之乡"特色指标包括业态方面 2 大类 5 项指标（见表 6.3-4）。

主要关注区域生态产业、绿色发展及清洁生产情况。指标包括生态加工业产值占工业总产值比重、单位 GDP 建设用地使用面积下降率、重点企业清洁生产审核实施率、单位工业增加值综合能耗、单位工业增加值新鲜水耗。

表 6.3-4　第二产业引领型"新鱼米之乡"建设指标

领域	类别	序号	指标	单位	指标值	指标属性
业态	生态产业	1	生态加工业产值占工业总产值比重	—	稳步提高	参考性
		2	单位 GDP 建设用地使用面积下降率	%	≥4.5	参考性
	清洁生产	3	重点企业清洁生产审核实施率	%	100	约束性
		4	单位工业增加值综合能耗	吨标煤/万元	≤0.3	约束性
		5	单位工业增加值新鲜水耗	m³/万元	≤8	约束性

6.3.2.4 文旅融合发展型

文旅融合发展型"新鱼米之乡"特色指标包括生态、业态、形态 3 个方面 4 大类 5 项指标（见表 6.3-5）。

一是生态。主要关注区域生态环境质量状况及生态系统完整性及稳定性。指标包括：二氧化碳净排放量、单位国土面积生态系统生产总值。

二是业态。主要关注区域生态产业、绿色产业发展情况。指标为生态旅游收入占服务业总产值比重。

三是形态。主要关注区域生态宜居水平和乡风文明程度。指标包括：村民绿色出行比例、生态环保知识普及率。

表 6.3-5　文旅融合发展型"新鱼米之乡"建设指标

领域	类别	序号	指标	单位	指标值	指标属性
生态	环境质量	1	二氧化碳净排放量	—	0	参考性
	生态状况	2	单位国土面积生态系统生产总值	万元/平方公里	稳步提高	参考性
业态	生态产业	3	生态旅游收入占服务业总产值比重	—	稳步提高	约束性
形态	乡风文明	4	村民绿色出行比例	%	≥80	约束性
		5	生态环保知识普及率	%	100	参考性

6.3.2.5 生态系统服务型

生态系统服务型"新鱼米之乡"建设指标体系包括生态、形态、制度 3 个方面 4 大类 6 项指标(见表 6.3-6)。

一是生态。主要关注区域生态环境质量状况及生态系统完整性及稳定性。指标包括:二氧化碳净排放量、自然生态空间保护、单位国土面积生态系统生态总值。

二是形态。主要关注区域生态宜居水平和乡风文明程度。指标为生态环境科普基地建设。

三是制度。主要关注区域生态制度创新情况、"新鱼米之乡"建设成效及公众参与情况。指标包括:生态系统生产总值(GEP)核算制度、生态预算制度。

表 6.3-6 生态系统服务型"新鱼米之乡"建设指标

领域	类别	序号	指标	单位	指标值	指标属性
生态	环境质量	1	二氧化碳净排放量	—	0	约束性
	生态状况	2	自然生态空间保护 生态保护红线 生态空间管控区 自然保护地	—	面积不减少, 性质不改变, 功能不降低	约束性
		3	单位国土面积生态系统生产总值	万元/平方公里	稳步提高	参考性
形态	乡风文明	4	生态环境科普基地	—	建设	约束性
制度	制度创新	5	生态系统生产总值(GEP)核算制度	—	建立	约束性
		6	生态预算制度	—	建立	约束性

第七章 江苏省『新鱼米之乡』建设内容与典型模式

第七章 江苏省"新鱼米之乡"建设内容与典型模式

本书围绕"新鱼米之乡"建设内涵与目标，结合江苏乡村生产生活实际，重点从农村突出环境问题生态化治理、恢复和提升农村生态系统功能、优化农村特色优质业态、提升特色形态、创新建设制度五个方面研究提出符合江苏实际的"新鱼米之乡"建设途径，以期为江苏省"新鱼米之乡"建设整体工作推进提供参考。在明确建设途径的前提下，结合典型案例研究分析，紧扣江苏乡村社会经济发展、自然地理、资源禀赋特点，总结提炼出重要农产品保障型、特色生态产品供给型、第二产业引领型、文旅融合发展型、生态系统服务型五种类型"新鱼米之乡"建设典型模式，并分别针对五种类型，明确了建设思路与实施途径，以期为具备相应特点地区的乡村开展"新鱼米之乡"建设提供指导。

7.1 "新鱼米之乡"建设内容

7.1.1 农村突出环境问题生态化治理

立足农村生产生活实际，优先采取资源化利用和生态化治理措施，解决农村生活污水、生活垃圾、农业面源和农作物秸秆等突出环境问题。全面开展农村污水治理提升行动，推广整县制农村生活污水社会化治理，注重将生活污水治理与农村改厕有机衔接，推动厕所粪污经无害化处理后就地就近还田、粪水生态处理。推动垃圾分类和资源化利用，以镇（街道）为单位结合实际探索建立"户分类投放、村分拣收集、镇回收清运、有机垃圾生态处理"的农村生活垃圾分类收集处理体系，积极推进有机垃圾就地生态处理。引导推动养殖户种养结合,发展循环农业,提升生态健康养殖水平。推进农业废弃物综合利用,加快完善农作物秸秆收储利用体系。

7.1.1.1 加强农村生活污染治理

一是加大农村生活污水治理力度。全面排查农村污水治理情况,推动农村生活污水处理设施规范化建设与运行,加强综合治理、协同推进,将农村生活污水治理与村庄规划、苏北地区农民群众住房条件改善同步推进,与厕所革命、黑臭水体治理、国省考断面水质改善等有效衔接。开展农村生活污水社会化治理试点建设,整县制推进农村生活污水治理,逐步建立统一规划、统一建设、统一运行的建设管护机制。结合农村实际,因地制宜采用污染治理与资源利用相结合、工程措施与生态措施相结合、集中与分散相结合的建设模式和处理模式。对于距离城镇较近的村庄,推进城镇污水治理设施和服务向农村延伸,生活污水可通过管网就近纳入城镇污水治理设施统一处理;离城镇生活污水管网较远的村庄,建设污水集中处理设施或分散式污水治理设施实现达标排放;居住偏远分散、人口较少的规划保留村庄,结合农村卫生厕所改造工作,实现厕所粪污经无害化处理后就地就近还田、灰水生态处理。鼓励农户利用房前屋后小菜园、小果园、小花园等,实现就地回用,鼓励将农村生活污水通过人工湿地等方式实现尾水再利用。在条件允许的情况下,可将生态沟、渠、塘等改造为人工湿地,实现景观美化和生态净化功能的统一。

二是健全生活垃圾收运处置体系。提高生活垃圾减量化、资源化、无害化处理水平,加大非正规垃圾投放点整治力度,积极探索符合农村特点和农民习惯、简便易行的分类处理模式,进一步引导农村居民提升垃圾分类意识,提高垃圾的分类收集率和资源化利用率。结合实际探索建立"户分类投放、村分拣收集、镇回收清运、有机垃圾生态处理"的农村生活垃圾分类收集处理体系,建立健全与分类相衔接的投放、收运网络和终端处理设施建设。借鉴环太湖地区城乡有机废弃物处理利用示范区经验,协同推进农村有机生活垃圾、厕所粪污、农业生产有机废弃物资源化处理利用,以乡镇或行政村为单位建设一批区域农村有机废弃物综合处置利用设施,探索就地就近就农处理方式和资源化利用路径。探索农村建筑垃圾等就地就近消纳方式,鼓励用于村内道路、入户道路、景观等建设。扩大供销合作社等农村再生资源回收利用网络服务覆盖面,推动再生资源回收利用网络与环卫清运网络合作融合。协同推进废旧农膜、农药包装废弃物回收处理。

7.1.1.2 推进农业面源污染防治

一是推进种植业污染防治。推广使用有机肥和高效低毒农药,普及实施缓释测土配方等高效施肥技术,扩大病虫害统防统治覆盖面,推进高效节水灌溉等,实现化肥农药减量增效。推广化肥农药实名购买制度,实施农药集中采购统一配送。推动废弃物综合利用,提高农机农艺配套比例及秸秆机械化还田质量,加快完善秸秆收储利用体系,培育壮大秸秆肥料化、饲料化、能源化、基料化、原料化等离田利用主体,发展高附加值的利用产业。对农膜、农药包装等废弃物,探索建立回收处置系统,合理利用经济手段,引导回收及资源化利用。

二是促进畜禽生态健康养殖。引导推进养殖户种养结合,着力构建绿色种养循环农业发展新机制。建立"生态消纳为主、纳管和工业治理为辅"的畜禽养殖污染治理体系,在区域层面以县为单位编制实施畜禽养殖污染防治规划,开展畜禽养殖环境承载力分析,完善源头减量、粪污处理、田间配套等设施,组织实施畜禽养殖污染治理。推进畜禽粪便资源化利用,制定区域内种养结合粪肥定量定向施用计划,优化畜禽粪污资源化利用模式。

三是开展水产生态健康养殖。合理控制水产养殖密度,实施水产绿色健康养殖技术推广"五大行动"(生态健康养殖模式推广行动、养殖尾水治理模式推广行动、水产养殖用药减量行动、配合饲料替代幼杂鱼行动、水产种业质量提升行动),开展国家级水产健康养殖和生态养殖示范区创建,推广多营养层级综合养殖、池塘工业化养殖等模式,严格监管控制水产养殖投入品使用,加强水产养殖规范用药指导,提升生态健康养殖水平。积极推进养殖池塘生态化改造,推动进水和排水分离、生态净化、生态养殖工作,加强配套养殖池塘、汇水区、净化区、排水区水质监测,规范养殖尾水排放口设置,加强养殖尾水集中排放期监管,提高鱼塘养殖尾水循环利用和达标排放水平,并合理控制湖泊围网养殖。

7.1.1.3 提升监测监控能力

一是健全农业农村生态环境监测监控体系。系统整合农田氮磷流失监测、地表水生态环境质量监测、农村生态环境质量监测等数据,构建农业面源污染环境监测"一张网",实现监测数据互联互通。探索在特色农产品产地、畜禽水产养殖场及敏感水体开展新污染物监测。鼓励有条件的地区和饮用水源地、沿河区等生态敏感地区,对集中式污水处理设施安装在线监测设备,采用运行状态远程实时监控系统,综合运用互联网、物联网等技术,建立农村生活污水治理设施数字化服务网络系统和平台。

二是加强农业面源调查监测统计。完善农业面源调查监测统计体系,开展主要农作物化肥农药使用情况、秸秆和畜禽粪污综合利用情况、废旧农膜和农药包装废弃物等回收处置情况调查,规范数据采集、统计和报送程序,确保相关数据有效采集、准确统计和客观评价。

三是加强水产养殖尾水和农田退水监督监测。按照《池塘养殖尾水排放标准》(DB 32/4043—2021)限值要求,率先在新(改、扩)建的百亩连片养殖池塘开展集中排放期监督性抽查监测,对不符合标准的,依法进行查处并要求整改。优先在10万亩以上规模化灌区布设退水监控断面,开展灌区退水水质监测。

四是开展农业面源污染评估。对农田灌溉用水和出水水质开展长期监测,掌握农业面源污染物产生和排放情况,加强暴雨、汛期等重要时段水质监测。开展农业污染物排入水体负荷核算评估,确定监管的重要地区和重要时段。综合应用遥感技术、统计资料和地面监测结果,研究探索农业面源污染监测评估方法。组织开展农业生产相关环境影响及容量研究,探索建立农业面源总量控制制度。

7.1.1.4 强化保障体系建设

一是加强农村生态环境保护制度体系和管理机制建设。坚持"谁生产谁负责、谁污染谁治理"的原则,夯实生产经营者的生态环境保护主体责任。各级政府牵头负责,帮助协调解决难点问题。加强工作联动推进,生态环境部门加强对农业面源污染的监测、预警和分析,并加大监测结果运用;将各级政府、相关部门农业面源污染治理工作开展情况纳入生态环境保护督察范畴,推动国家有关政策和要求的贯彻落实;加大对相关生产经营主体的执法监管力度,严格依法处理各类农业生态环境违法问题。农业部门加快推进现代农业经营体系建设,加强新技术新模式的创新和推广,提升绿色生产比例。其他相关部门在职责范围内,积极为农业面源污染治理营造良好的政策环境。

二是适度加大财政投入。农业面源污染治理具有显著的外部性效益,各级公共财政要加大投入,合理引导、带动社会资本投入,加快建设各类农业污染防治基础设施。加强各级生态环境监测机构能力建设,实现农业面源污染监测从定性向定量、从事后告知到提前预警的转变,切实提高监测服务水平。

优化农田基础设施建设,提升种植业污染的治理水平。在水产主产区推广建设尾水处理区,提升池塘养殖尾水达标排放或循环利用水平。

三是积极推动全民参与生态环境保护。充分利用各种媒体,大力开展生态环境保护监督和宣传教育工作,使农民成为农村生活污水治理、农村生活垃圾治理、农村厕所革命、农村人居环境整治的主体,积极主动参与农村人居环境整治的全过程,营造全社会共同参与生态环境保护的浓厚氛围,为各级政府和相关部门开展工作创造良好的社会舆论环境。对农业生产经营者这一重点人群有针对性地开展生态环保宣传教育,鼓励农业生产经营者树立农业绿色生产理念,掌握绿色生产技术,切实担负起农业污染治理的责任。

7.1.2 农村生态系统功能恢复与提升

以推动农村生态系统功能恢复与提升为目标,坚持节约优先、保护优先、自然恢复为主的方针,推进农村生态保护修复,增强自然生态系统功能和稳定性,提升生态产品供给能力。全面推进农村河塘水系综合整治,以房前屋后河塘沟渠为重点,持续推进河道清淤、岸坡整治、水系连通,提升水体自净能力,构建生态河湖体系。全面清理河塘乱占乱建、乱垦乱种、乱排乱倒,全面消除农村黑臭水体。充分利用现有沟、塘、渠等,建设生态安全缓冲区、地表径流集蓄与再利用设施,有效拦截和消纳各类污染物,净化农田退水及地表径流。统筹山水林田湖草综合整治,修复自然生态系统涵养水源、保持水土、净化水质、保护生物多样性等功能,逐步恢复田间生物群落和生态链。

7.1.2.1 推动生态河湖体系构建

一是大力推进农村黑臭水体治理。落实河长制要求,加强农村河道环境整治及监管维护。根据国家《农村黑臭水体治理工作指南(试行)》相关要求,以县级行政区为单元,组织开展农村黑臭水体排查,建立名册台账,将面积较大、污染严重、群众反映强烈的黑臭水体纳入国家和省重点监管清单,实行动态更新,并及时向社会公开。根据农村黑臭水体污染成因,结合生态河道改造,按照分级管理、分类治理、分期推进的治理思路,以实现水面无漂浮物、河岸无垃圾、无违法排口、水体无异味为治理目标,采取截污控源、生态恢复、清淤疏浚、水系连通等综合措施开展农村黑臭水体治理,加快提高农村生活污水治理率。

二是加强农村河道畅流。全面推进农村河塘水系综合整治,实施农村清洁河道行动,建设生态清洁型小流域,鼓励河湖长制向村级延伸,加强农村水环境治理和长效管护,着力提升农村河湖监管能力,还给老百姓清水绿岸、鱼翔浅底的自然环境。以房前屋后河塘沟渠为重点,持续推进河道清淤、岸坡整治、水系连通,提升水体自净能力。开展"三乱"整治,严肃查处非法围垦河道及向河道排放污水、倾倒废弃物行为。以"引排自如、生态良好"为目标,健全县乡河道轮浚机制,加快农村生态河道建设,实现农村河道水流顺畅。充分利用现有沟、塘、渠等,建设生态安全缓冲区、生态沟渠、地表径流集蓄与再利用设施,有效拦截和消纳农田退水和农村生活污水中各类污染物,净化农田退水及地表径流。

三是强化农业农村水资源高效利用。探索将高标准农田建设、农田水利建设与农村生活污水治理相结合,统一规划、一体设计,确保农业用水安全。发展农业节水灌溉,强化灌溉试验站网建设,加强灌溉技术与农机、农艺、农技等有机结合,因地制宜推广喷灌、微灌和管道输水灌溉等高效节水灌溉设施,以及配套用水计量设施、智能灌溉控制系统,提高农业灌溉水利用效率。在高标准生态农田建设试点基础上,结合生态河道建设,鼓励通过栽植水生植物和建设植物隔离带,对农田沟渠、塘堰等灌排系统进行生态化改造,开展农业灌溉区退水监测,推进农田退水治理及循环利用,促进农田生态环境改善。

7.1.2.2 加强农村生态系统保护修复

一是系统诊断农村区域关键生态环境问题。以整体保护、系统修复为导向,紧扣农村区域生态系统特征,识别"生命共同体"生态保护修复重点区域空间分布和主要结构特征,基于农村生态系统的外貌、结构和功能的差异,结合地表水的产流、径流与汇流和地下水的补给、径流、排泄特征,以及物质的侵蚀、搬运、堆积过程等,梳理出自然资源要素及其之间的空间结构关系、物质交换关系、能量流动关系。修复自然生态系统涵养水源、保持水土、净化水质、保护生物多样性等功能,强化检疫性有害生物防控,逐步恢复田间生物群落和生态链。

二是整体优化提升农村生态空间格局。统筹考虑地形地貌、河流水文、土地植被等自然环境因素,综合农村生态系统特征及区域主导生态功能,以自然水文肌理及物质能量输送系统为脉络,串联山、水、林、田、湖、草六大要素,打造"源-通-汇"三位一体的整体生态空间格局,兼顾各要素之间的协调性和关联性。提升乡村绿化质量,积极推进绿美乡村建设。示范推广种地养地和综合治理相结合的耕地轮作换茬与休耕培肥模式,合理搭配不同类型作物和种植方式来提升耕地地力,构建环境友好型的种植制度和轮作休耕机制。

三是探索建立山水林田湖草系统保护修复的治理模式。按照"整体保护、系统修复、综合治理"的理念,统筹兼顾、整体施策、多措并举。合理划分生态子系统,从一个"生命共同体"的高度整体把脉区域生态环境问题,为对症施策、统筹兼顾奠定坚实基础,避免"头痛医头、脚痛医脚"。在综合评价区域生态系统的本底现状与存在问题的基础上,运用生态系统综合管理理论,确立"源头控制-过程阻控-受体保护净化"的整体保护修复思路,综合施策达到改善生态系统结构、提升生态系统功能的目标。

7.1.2.3 加大生物多样性保护力度

推广"戴庄经验",发展生物多样性农业,探索绿色生态循环农业发展路径。严守耕地红线和永久基本农田控制线,坚守生态保护红线,强化农业资源保护与节约利用。在森林生物多样性重点控制区,注重保护和修复山地森林生态系统,加强古树名木的管护;在湿地生物多样性重点控制区,注重生态平衡和基本功能的维护;在农田生物多样性重点控制区,注重遏制野生物种的流失,畅通生物交流通道。实施水生生物资源养护,科学开展渔业增殖放流,强化渔业资源和生态环境监测。全面实施农村绿化美化行动,加大投资力度,支持地方种质资源的挖掘与保护,选育一批优质林草品种,探索植物科学配置模式,强化生物多样性。

7.1.3 农村特色优质业态优化提升

以产业绿色低碳循环高效发展、人民生活富足为目标,依托农业农村资源优势,因地制宜发展优势特色明显、规模集中连片、市场竞争力强的乡村产业,全面提升产能、品质和效益,推进乡村一二三产融合发展。建设一批优质农产品生产基地,大力推进标准化、品牌化和市场化建设,推动农产品加工业结构优化升级。提高乡村旅游产品质量,推动休闲观光农业和乡村旅游高质量发展。加快现代信息技术与农业农村发展深度融合,提高农业农村治理现代化水平。推动形成绿色循环低碳高效的生产方式,推进农业投入品减量化、生产清洁化、废弃物资源化、产业模式生态化,提高农村产业可持续发展能力。

7.1.3.1 构建现代乡村优质特色产业体系

立足江苏"鱼米之乡"背景,突出乡村特色产业,着力提升产能、提升品质、提升效益。深入实施现代农业提质增效工程,培育发展产值千亿元级特色产业。围绕精品蔬菜、应时鲜果、名特茶叶、规模畜禽、特种水产、花卉苗木等,集聚多元市场主体、现代科技、高端人才、资本投入等各种要素,持续推进现代农业产业园、农业科技园区、农产品加工集中区、农村一二三产业融合发展示范园、省级农业高新区建设。大力推进标准化、品牌化和市场化建设,挖掘提升乡土特色产业,建设一批特色产业强镇、发展一批"一村一品"示范村、打造一批产业集群。加大富民强村帮促力度,强化特色产业培育,支持有条件的村,加快农产品加工和物流设施建设,发展壮大富民产业。加快农业生产数字化赋能,推进物联网技术在设施农业、畜禽水产养殖应用。推进农业电商平台载体建设,拓展农产品营销渠道。推进品牌强农,打造知名品牌,提升乡村产业内在品质和产品外在品相,赋予乡土特色产品文化标识,创建一批"苏"字号乡村产业。

7.1.3.2 稳步提升农产品加工业发展水平

推动农产品加工业结构优化升级,统筹发展农产品产地初加工、精深加工和副产品综合利用,实现农产品多元化发展、多层次利用、多环节增值。紧密结合江苏优势特色产业集群布局,积极打造集标准化原料基地、集约化加工、体系化物流配送和营销网络为一体的农产品加工园区,建设一批省级示范集中区。强化科技研发、融资担保、检验检测等公共服务,完善仓储物流、供能供热、废污处理等基础设施,推动企业集群集聚发展。强化技术创新、业态创新和装备创制,加快推动农产品加工业转型升级。发展"中央厨房+冷链配送+物流终端""中央厨房+快餐门店""健康数据+营养配餐+私人订制"等新型加工业态。充分利用高校科研院所力量优势,运用智能制造、生物合成、3D打印等新技术,提升农产品加工水平。

7.1.3.3 大力推进乡村休闲旅游农业发展

紧扣"品质提升、品味提档、品牌提振",围绕"田园风光、乡土风味、农耕乐趣、农艺传承、原味乡愁",大力发展乡村休闲旅游农业。因地制宜建设休闲旅游农业精品村、主题园、重点县,促进资源有机整合、产业深度融合、服务共建共享,推动全域化发展。立足"每天有景看、每月有花赏、每季有果尝、全年可农游",创新经营模式,实现周年不间断经营。突出特色化、差异化、多样化,开发形式多样、独具特色、个性突出的业态和产品,培育一批创意农产品、创意农田景观、创意文化、创意节庆、创意美食、创意农居。推动乡村休闲旅游农业高品质发展,做亮一批精品农庄农园,做精一批热门打卡线路,做响一批美食民宿产业,打造精品农旅区。鼓励各地依托区域特色农业资源,开展特色鲜明的农事体验活动。支持休闲农业公共服务设施建设,提升公共服务能力。运用"旅游+""生态+""互联网+"等模式,推动休闲观光农业和乡村旅游高质量发展。

7.1.3.4 积极推进乡村产业融合发展

以农业产业化经营为基础,深入推进农村一二三产业融合发展,推动乡村产业转型升级。发展农村产业融合主体,发展壮大以农业龙头企业为引领,农民合作社、家庭农场为支撑,种养大户为基础的新型农业经营主体队伍,培育农村一二三产业融合的主力军。加快农业全产业链建设,拓展产业增值增效空间,推动乡村产业生产、加工、储运、销售、品牌、体验、消费、服务等各环节紧密关联、有效衔接、耦合配套、协同发展。推动产业链、创新链紧密融合,打造共性技术研发平台和创新联合体。创新多种业态融合,发展创意农业、功能农业、数字农业、智慧农业等产业融合新业态。

7.1.3.5 推进农业农村绿色循环低碳高效发展

高质量建设国家农业绿色发展先行区,推进生态循环农业试点村建设,鼓励工厂化集约养殖、立体生态养殖等新兴养殖模式及关联设施产业发展。全面推行高效施肥技术和模式,全面推进农药包装废弃物回收、无害化处理产业发展。推进健康栽培,强化生态控害,推广"四诱"、生物农药等绿色防控技术及产品,推进农作物病虫绿色防控示范区建设。深入推进生态健康养殖,采用节水减排、农牧循环新技术新模式,改进规模畜禽养殖场养殖工艺,推广生态健康养殖技术模式。推进农作物秸秆、畜禽粪便、食用菌机制等有机废弃物多元化利用,加大有机废弃物处理设备研发和推广应用的财政补贴力度,实现有机废弃物全量资源化利用。拓展农业生态涵养功能,发展绿色循环农业,生产优质绿色品牌产品,将生态价值内化于产业。

7.1.3.6 加强农业机械化低碳发展

有序推进设施农业宜机化、标准化建设,鼓励高精尖农业机械研发生产,推广应用现代化智能化设施设备,从源头上保证农业机械节能减排效果。以农业生产全程全面机械化推进行动和农业机械装备智能化绿色化提升行动

"两大行动"为抓手,加快农业机械化向全程全面高质高效转型升级。健全农业机械设备的节能减排管理体系,提倡农机化清洁生产,对农业机械设备进行能耗检测,杜绝高能耗、高污染的农业机械产品进入销售环节,把好源头关。强化组织管理和社会化服务,提高农业机械的作业效率。加强秸秆综合利用机械化技术运用,鼓励各地结合本地实际,统筹安排秸秆机械化还田和离田收储利用,加强秸秆机械化还田技术指导和培训,稳定提高秸秆机械化还田质量。

7.1.4 美丽宜居乡村环境提升

从符合乡村特色出发,优化完善镇村布局,持续开展农村人居环境整治行动,打造美丽宜居乡村环境,为老百姓留住鸟语花香的田园风光。以村旁、宅旁、路旁、水旁为重点,优先选用乡土树种,推进村庄绿化建设,提升绿化质量。深入开展村庄清洁行动,清理积存垃圾、河塘沟渠、农业废弃物和无保护价值残垣断壁,加强乡村公共空间治理,加快改变农民生活习惯。加强传统村落保护,注重传统空间形态、建筑保护,做好重要空间、建筑和环境设计,让传统村落焕发出新的生机。加强农村公共文化服务体系建设,推进重大文化惠民工程,广泛开展群众性文化体育活动,不断丰富农村居民精神生活。实施农村传统文化保护、传承和提升行动,加大对民间文艺和文化产品的扶持力度。

7.1.4.1 优化乡村空间布局

加强顶层设计,全面提升乡村规划水平,在规划引领中塑造"形态美"。制定出台支持重点镇、特色镇发展的政策意见,完善规划编制,推动一二三产业布局、发展项目安排、公共服务配套等向重点特色镇村集聚,构建形态适宜、布局科学的美丽乡村形态。统筹考虑土地利用、产业发展、居民点布局、村落形态修复、人居环境整治、生态保护和历史文化传承等因素,优化乡村空间布局,因地制宜编制"多规合一"的实用性村庄规划,科学指导乡村建设,系统加强乡村发展用地保障和规划引导,避免盲目拆旧村、建新村,严格规范村庄撤并,保护特色村庄。编制村庄规划要立足现有基础,保留乡村特色,不搞大拆大建,逐步提升集聚提升类、特色保护类、城郊融合类村庄的人口和产业承载能力。对暂时没有编制规划的村庄,严格按照县乡两级国土空间规划中确定的用途管制和建设管控要求进行建设。以郊野单元村庄规划和专项规划作为乡村地区各项建设行为的空间用途动态管理平台,加强生态保护红线等底线要素约束建立相关专业部门协同审批和管理机制,统筹协调覆盖乡村地区全域空间准入和用途管理机制,明确各类建设活动管理要求。

7.1.4.2 完善农村基础设施

全面开展美丽农村路建设,促进"农村公路+"融合发展,推进农村公路与城镇道路和村内道路的衔接,加强自然村(组)内部道路建设,有序推进乡镇通三级及以上等级公路、较大人口规模自然村(组)通硬化路建设,实施农村公路安全生命防护工程和危桥改造。开展农村公路管理养护体制改革试点,推进农村公路路况自动化检测。完善村庄公共照明设施,有条件的村内主干道和公共场所基本实现全覆盖。推进农村供水工程建设改造,配套完善净化消毒设施设备。加强农村电力、通信、广播电视"三电"线路整治,深入实施农村电网巩固提升工程。推进农村光伏、生物质能等清洁能源建设。实施农房质量安全提升工程,继续实施农村危房改造和抗震改造,加强对用作经营的农村自建房安全隐患整治。健全村庄应急管理体系,按需优化应急广播终端配置,合理布局应急避难场所和防汛、消防等救灾设施设备,畅通安全通道。

7.1.4.3 着力提升村容村貌

一是持续推进村庄清洁美化行动。深入开展以"四清一治一改"(清理农村积存垃圾、河塘沟渠、农业废弃物和无保护价值的残垣断壁,加强乡村公共空间治理,加快改变农民生活习惯)为重点的常态化村庄清洁行动,推动村庄面上清洁向屋内庭院、村庄周边拓展,引导农民群众逐步养成良好卫生习惯,鼓励村庄清洁行动制度化、常态化、长效化。实施乡村绿化美化行动,加强村庄片林、道路林网、水系林网、农田林网建设,推进农村"四旁"(水旁、路旁、村旁、宅旁)植树绿化,充分利用荒地、废弃地、边角地、池塘等开展村庄小微公园、乡村湿地公园和公共绿地建设。引导鼓励村民栽植果蔬、花木打造美丽庭院、美丽菜园、美丽果园、美丽村景、美丽田园。

二是着力提升乡村风貌保护水平。立足地方特色,挖掘乡村特色风貌元素,加强村庄建筑特色、风格、色调引导,突出乡村特色和地域特点,鼓励有条件的地区在农村人居环境整治提升中加强与农文旅产业发展一体推动。突出设计引领,加强新建农房风貌塑造,鼓励既有农房通过"微改造"促进风貌协调,推动绿色农房建设,构建农房、村庄和自然环境有机融合的乡村特色风貌。加快推进已批实施方案的"城中村"项目改造,新启动一批"城中村"改造,优先实施列入涉及历史文化名镇名村保护的"城中村"。扎实推进特色田园乡村高质量发展,积极推进传统村落挂牌保护,建立动态管理机制。

三是强化农村人居环境整治监管机制。加强农村人居环境整治监管体系建设,完善机构与人员配置。明确不同主体间的权限和责任分工,加大对紧缺部门的专业人才配置,优化吸纳专业人才的制度体系,强化乡镇政府、村委会、村民等主体在农村人居环境整治方面的监管作用。畅通人居环境整治监管渠道,及时反馈群众意见,设立相应奖励机制,促进居民间的互相监督,实现村民与政府信息的双向流通,积极引进新型技术手段,实时监测片区人居环境整治效果,及时发现并上传环境污染问题。

7.1.4.4 强化乡风文明建设

一是加强社会主义精神文明建设。加强农村思想道德建设,弘扬和践行社会主义核心价值观,推进农村思想政治工作,提振农民群众精气神。普及科学知识,推进农村移风易俗,革除高价彩礼、人情攀比、厚葬薄养、铺张浪费等陈规陋习,反对迷信活动,推动形成文明乡风、良好家风、淳朴民风。广泛开展"注重家庭、注重家教、注重家风"建设。精心选树时代楷模、道德模范等先进典型,塑造乡村能人和乡贤的良好形象。关注农村青少年教育问题和精神文化生活,完善工作举措,加大资源投入,保障农村青少年健康成长。

二是弘扬特色乡村文化。深入挖掘本土特色乡村文化,加强历史文化名镇名村保护与利用工作。用好红色资源,传承好红色文化基因,推进乡村文化与建党精神、城市精神、改革开放精神融合发展。加大全球和中国重要农业文化遗产申报力度。结合地方特色资源和历史耕读文化,建立一批科普性强的农耕体验基地、教育基地和文化馆。传承传统优秀农民体育活动,推动农家书屋转型升级,发扬民间艺术、地方戏曲,组织开展群众喜闻乐见的文体赛事活动,创办优秀文艺作品基层巡演等文化惠民活动,深化中国特色社会主义和中国梦宣传教育。

三是普及生态文明理念。将转变农民思想观念、移风易俗、推行文明健康生活方式作为农村精神文明建设的重要内容,将绿色低碳生产生活方式纳入农民教育培训范围。重视家庭和社会的生态文明教育,切实将生态环保、低碳简约的理念与生活习惯融合在一起,全社会普及生态价值观念以及绿色低碳生活方式。发挥爱国卫生运动群众动员优势,广泛开展乡村健康促进活动,推动养成文明健康、绿色环保生活方式,提高农村居民健康素养。

四是积极推进示范创建。持续推进城乡环境卫生综合整治,深入开展卫生创建,大力推进健康镇村建设。围绕美丽田园乡村、特色田园乡村建设,打造一批美丽县区、美丽乡镇、美丽村庄,探索培育以生态优先、绿色发展为导向的高质量发展示范典型。推动"绿水青山就是金山银山"实践创新基地示范建设,积极探索将生态禀赋转化为绿色财富、生态高颜值转化为发展高质量的科学路径,因地制宜将区域生态环境优势转化为经济优势。

7.1.5 制度体系建设与创新

以激发乡村发展活力为目标,坚持系统性思维,建立完善乡村生态产品价值转化机制、土地管理机制、多主体监督考核机制、多元化经济政策体系,创新"新鱼米之乡"运营模式,为推进"新鱼米之乡"建设提供有力保障。

7.1.5.1 建立生态产品价值转化机制

一是建立乡村生态系统生产总值核算标准与方法体系。开展乡村生态系统生产总值(GEP)核算试点,研究建立符合乡村特色的 GEP 核算指标体系,形成江苏省乡村 GEP 核算标准体系、技术规范,为全面开展江苏省乡村区域生态产品价值核算提供理论指导和实践指南。

二是建立生态产品监测监督机制。结合国家、浙江省、江苏省等地研究基础,考虑乡村社会经济发展特点,基于现有自然资源和生态环境调查监测体系,建立乡村生态产品动态监测制度,摸清各类生态产品数量、质量等底数,形成乡村区域生态产品目录清单。建立江苏省乡村区域生态产品智慧监管平台,实现数据动态更新和跟踪,制订乡村区域生态产品信息调查统计技术规范。建立开放共享的乡村区域生态产品信息云平台,实现信息化管理。以生态空间管控区为核心,提升乡村区域生态产品监管水平。

三是建立生态产品价值评价机制。将 GEP 核算纳入乡村生态文明考评机制,针对各类生态产品分布和生态产品价值实现的不同路径,考虑不同类型生态产品商品属性,构建以乡镇(街道)单元为主体的生态产品总值和生态产品价值评价体系。建立 GEP 定期核算制度,每年进行动态优化、迭代升级,产品清单及定期核算结果作为生态产品价值转化的基础数据。

四是健全生态产品经营开发机制。延伸生态产品产业链和价值链,辐射带动乡村绿色产业发展,多渠道拓展生态产品价值实现路径,推动生态产品经营开发收益和市场份额不断扩大。推动生态资源权益交易,探索资源权益指标交易、碳汇权益交易试点、用能权交易机制,建立健全碳排放权交易机制和排污权有偿使用制度。建立转化成效评价机制,严格限制转化成效低的途径,推动资源配置绿色化。

五是建立生态产品交易机制。探索建立"两山银行",盘活沉睡资产,聚集分散资金,创新"产业培育、管理导入、利益再分配"的生态价值共享新模式,促进乡村共同富裕,提升民众获得感。成立生态产品市场化交易中心,搭建丰富优质的生态产品市场化运营平台,开展生态产品交易试点,促进生态价值转化为经济价值,切实破解生态产品"交易难"、"变现难"和"抵押难"的问题,严格监管生态增值部分资金使用,出台资金管理办法。

六是健全生态产品价值实现保障机制。明确配套的财税、产业、金融、投资、资源环境等管理机制、部门协作模式、保障措施和法律责任,为促进生态产品价值实现提供法律保障。加快编制乡村区域生态产品价值实现规划,建立国土空间规划和生态产品价值实现统筹协调、高效联动的运行机制。建立激励约束机制,探索将生态产品价值实现程度、评价考核结果与规划布局调整、用地指标分配与转让、项目资金安排等挂钩。引导各地建立多元化资金投入机制。加大绿色金融支持力度。

七是建立生态产品价值实现推进机制。加强组织领导,建立健全统筹协调机制。在生态产品价值核算、供需精准对接、可持续经营开发、保护补偿、评估考核等方面开展实践探索。将生态产品价值实现工作推进情况作为评价党政领导班子和有关领导干部的重要参考。

7.1.5.2 完善土地资源管理机制

一是明确耕地利用优先序和管制目标。永久基本农田重点用于粮食特别是口粮生产,一般耕地主要用于粮食和棉、油、糖、蔬菜等农产品及饲草饲料生产。严格农用地转为建设用地,明确耕地和永久基本农田不同的管制目标和管制强度,严格控制耕地转为林地、园地等其他类型农用地,强化土地流转用途监管,确保耕地数量不减少、质量有提高。

二是强化农村宅基地改革与管理。突出规划引领,保障农村宅基地合理使用,明确农村宅基地审批程序和有效退出机制,鼓励农村集体经济组织及其成员盘活利用闲置宅地基和闲置住宅。坚决落实农村宅基地"四个禁止"(禁止违背农村村民意愿强制流转宅基地,禁止违法收回农村村民依法取得的宅基地,禁止以退出宅基地作为农村村民进城落户的条件,禁止强迫农村村民搬迁退出宅基地),以维护农民土地权益和农村稳定为前提,坚决杜绝宅基地非法买卖,严格禁止城镇居民利用宅基地建设私人别墅,严防工商资本违规推动农地非农化。

三是优化土地利益分配格局。探索土地征收由一次性的经济补偿向多次多元化补偿转变,健全城乡建设用地增减挂钩收益返还制度,推动净收益主要返还给农村、农民,防止地方强制推动增减挂钩损害农民利益。调整土地出让收益城乡分配格局,提高资金使用效益,保证土地出让收入优先支持乡村振兴,提高土地出让收入优先用于农业农村比例。完善省级统筹资金调剂机制,制定资金使用管理办法,推动省级统筹资金重点用于支持粮食主产和财力薄弱的区域,补齐乡村振兴短板。

四是发挥土地对农村经济发展的带动作用。以农村土地为载体,吸引更多资金、技术、人才向农村流动。一方面积极培育"能人"和"复合型人才",加强农民就业创业培训,培养新型职业农民,深化村民自治实践,增强农村社会发展活力。另一方面创造优越的投资环境,吸引投资商在农村设立项目,激活农村经济。

五是建立完善乡村建设用地保障制度。推进节约集约用地,在村民自愿原则下,依法将有偿收回的闲置宅基地、废弃的集体公益性建设用地、乡镇企业关闭后的土地转变为经营性建设用地入市,盘活农村存量建设用地,激活农村土地资源,提高农村闲散土地利用效率。存量集体经营性建设用地应当优先用于满足发展壮大集体经济和乡村产业。完善农村新增建设用地保障机制,满足乡村产业、公共服务设施和农民住宅用地合理需求。建设用地指标向乡村发展倾斜,县域内新增耕地指标优先用于折抵乡村产业发展所需建设用地指标。

7.1.5.3 建立完善经济政策体系

一是建立多元投融资制度。积极引导社会资本投入,在生态服务购买资金筹集上,充分发挥市场的融资作用。积极鼓励和引导农民群众投资捐资、投工投劳,让农民身体力行投入农村生态文明治理和建设,帮助农民自我建设、自我发展、自我享受,既享受"绿水青山"的生活环境,又得到"金山银山"的利益回报。

二是创新生态补偿机制。建立完善乡村生态补偿机制,统筹生态领域转移支付资金使用,设立专门的生态效益补偿基金,用于生态保护和修复。探索将生态产品调查和价值核算成果,生态产品转化成效评价结果,作为调整生态补偿标准的重要依据,合理确定补偿标准,从以数量为主的补偿方式转向以提升乡村区域生态产品生产能力、生态保护成效等为主的生态激励型补偿方式。不断完善农业生态治理补贴制度,围绕水生生物资源养护、耕地保护等方面完善补偿制度,加大对农民在耕地地力保护、耕地轮作休耕、高标准农田建设等方面的补贴力度,增强农民绿色生产动力。

三是完善农村集体经济发展保障体系。巩固拓展资源发包、物业租赁、资产经营等传统发展路径,创新探索融合经济、绿色经济、服务经济和"飞地"经济等集体经济发展新路径。深化村企合作、探索村社融合,构建多主体共同参与、共同建设、共同分享的集体经济发展新格局。加强农村集体资产管理,提升集体经济对农民群众的带动效应、对乡村的服务能力。

四是创新金融支农方式。成立省级金融机构服务农业农村现代化战略联盟,鼓励金融机构加大农业农村专属金融产品创新力度,大力推广"苏农贷""富农易贷"等产品,拓展全省农村产权交易平台金融服务功能。推进农村土地承包经营权、"宅基地"使用抵押贷款。充分发挥省乡村振兴投资基金作用,改善农村金融生态环境。稳定和加强种粮农民补贴,完善最低价收购政策。推动农业保险高质量发展,扩大完全成本保险和收入保险范围,实现三大粮食作物全覆盖。

7.1.5.4 建立多主体监督考核机制

一是完善信息公开制度。建立资金流向"决策-管理-操作"纵向透明的数据信息网络平台,保证信息的完整性、真实性、准确性、及时性,公开披露资金流向动态相关信息,避免因信息不对称损害农民利益。实施全过程跟踪审计,建立多渠道信息反馈平台,提高公众监管力度,建立健全网络反馈机制、"两代表一委员"特别考核的督查机制。

二是建立基于"用户体验"的考核机制。完善乡村建设管护及评价机制,建立反映村民满意情况的绩效评估机制,将村民对建设和运行维护的满意度纳入绩效考评指标,由村民代表、专业人士组成考核和评估小组对"新鱼米之乡"建设和运行维护进行满意度考核,强化绩效考评的运用,推动"新鱼米之乡"建设符合村民意愿,增加村民对"新鱼米之乡"建设的参与感和获得感。

7.1.5.5 创新"新鱼米之乡"运营模式

探索"新鱼米之乡"项目化运作和公司化经营模式,为"新鱼米之乡"建设提供源源不断的动力。优化以行业和单项治理为主的项目规划建设方式,探索以治理区域为基本单元,统筹生态治理端、资本端和产业端,实现项目一体化规划建设的新模式。发挥省级环保企业的引领作用,鼓励地方政府资本、国有资本、社会资本、村民共同设立项目股份制公司,开展项目建设经营,探索村集体建设用地通过入股、租用等方式参与"新鱼米之乡"建设。鼓励村集体和集体经济组织成员通过自主经营、合作经营、委托经营等多种形式盘活、利用闲置宅基地和农村住宅。通过入股分红、土地租金、务工薪金等方式,促进农民增收,提升农民生活品质,引导民众积极参与"新鱼米之乡"建设。

7.2 "新鱼米之乡"建设模式与典型案例

基于对江苏农村现状及问题的分析,结合江苏特色,研究提出重要农产品生产保障型、特色生态产品供应型、第二产业引领型、文旅融合发展型、生态系统服务型等五个类型"新鱼米之乡"建设模式。以经典案例分析为参考,注重与美丽田园乡村建设、特色小镇建设、农村人居环境整治等工作充分融合,兼顾继承和创新,突出习近平生态文明思想、美丽中国建设、"绿水青山就是金山银山"理念、全面建成小康社会等在江苏的探索和实践,牢固树立绿水青山就是金山银山的理念,坚持人与自然和谐共生,围绕生态、业态、形态、制度四个方面研究提出各类型"新鱼米之乡"建设思路与内容,为江苏省建设一批自然循环、环境优美、生态宜居、生活富裕、乡风文明的"新鱼米之乡"提供科技支撑。

7.2.1 重要农产品生产保障型"新鱼米之乡"

重要农产品是指维持人类基本生存需求的农业、渔业、牧业等产品,与人们日常生活的"米袋子""菜篮子"息息相关。《中共中央 国务院关于抓好"三农"领域重点工作确保如期实现全面小康的意见》中强调,粮食生产要稳字当头,稳政策、稳面积、稳产量。确保重要农产品特别是粮食供给,是实施乡村振兴战略的首要任务。研究重要农产品生产保障型"新鱼米之乡"建设思路与内容,对保障重要农产品有效供给和促进农民持续增收具有重要意义。

7.2.1.1 建设思路

重要农产品保障型乡村以农业高质高效发展为目标,通过强化农业清洁生产和农村污染防治、加快绿色农业技术创新、推进高标准农田建设等措施强化乡村生态环境治理及生态修复,推动农业绿色发展,持续改善农业生态环境。在乡村形态提升方面,优化村庄布局,促进耕地资源集约及配置优化;完善农村生活污水治理设施建设,治理农村黑臭水体,加强河道畅流,开展农田林网建设,促进农业高质高效发展,优化乡村人居环境。业态优化方面,建设高质量农产品种植基地、农业现代化示范区、有机废弃物处理与资源化利用中心,提升农业生产机械化水平,完善粮食产销链,构建农业发展支撑体系,全力保障粮食安全和重要农产品有效供给。

该类型的核心和驱动力是人民生活的基本需求以及宏观政策对粮食作物、油棉糖、水产、畜禽、蔬菜等重要农产品的生产和有效供给提出的要求和保障措施。一方面,保护修复乡村生态环境,有效保障粮食安全,提升农产品品质,增加农产品产量,倒逼乡村形态、业态优化提升;另一方面,乡村业态的优化将促进集约化发展,有效降低投入产出比,有利于实现生产现代化。助力农产品销售,并反哺乡村形态提升和生态环境质量改善(见图7.2-1)。

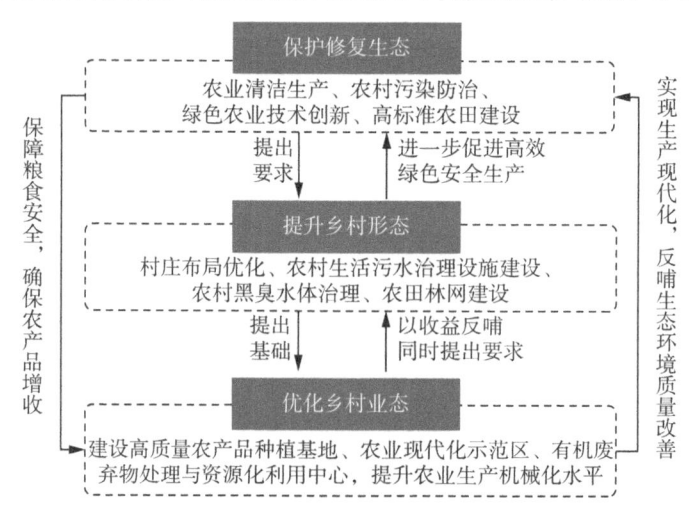

图 7.2-1 重要农产品生产保障型"新鱼米之乡"建设思路

7.2.1.2 建设任务

(1) 生态保护修复

强化农业清洁生产和农村污染防治。加强农业废弃物资源化利用,推进农村生活污水处理设施、畜禽粪污和农作物秸秆等综合利用设施建设。完善农村生活垃圾分类收集处理体系,积极推进有机垃圾就地生态处理。建立农业废弃物回收处理与资源化利用系统,加强农膜、农药包装废弃物回收。提升农业生产过程清洁化水平,全面推广节水技术,深化测土配方施肥,发展健康养殖技术。推动农业生产投入品减量,推进农业"三减",减少农药、化肥、除草剂的使用,提升利用效率。改善农业生态环境,有效防控工业和城镇污染向农业转移。

加快绿色农业技术创新。加大对新型绿色农业技术创新资源的投入,结合农业多元经营主体的创新功能,加快新型有机肥、生物肥,低毒、环保型农药以及绿色防控技术等绿色农业技术的创新应用。重视绿色农业技术的应用推广工作,通过建设绿色农业技术生产示范基地进行新技术的应用。

推进高标准农田建设。严格保护耕地,推进受污染耕地治理修复,保障粮食安全。强化农田水利设施建设、气象设施等农业基础设施建设,降低水土流失及气象灾害影响。在确保粮食安全、农民增收的前提下,推进耕地轮作制度,积极探索科学、有效的轮作方式与合理的轮作作物组合,实现耕地用养结合,有效恢复和提升地力,提高农产品品质。开展粮食生产高质高效创建示范活动,集成推广标准化技术模式。推动地方将高标准农田建设中新增耕地作为占补平衡补充耕地指标调剂所得收益,优先用于高标准农田建设。建立农田建设监测监管平台,建立有效管护机制,明确管护主体,制止耕地"非农化",防止耕地"非粮化",落实管护责任。

推动现代化生产。积极打造数字农业应用推广基地,推进物联网、人工智能、区块链等信息技术集成应用。开展智慧农(牧、渔)场建设、智慧农机应用示范。完善重要农产品监测预警体系,科学做好农业防灾减灾。建设现代农业全产业链标准化试点,推动新型农业经营主体按标生产。

(2) 提升乡村形态

完善农村生活污水治理设施建设。综合考虑村庄自然地理因素、布局形态规模、基础设施条件、环境改善需求等,充分考虑村民的生活习惯和需求,因地制宜确定生活污水治理模式,结合美丽乡村建设、村庄环境综合整治和绿化景观布置等实施,使用成熟稳定、实用低耗的处理技术。鼓励农户利用房前屋后小菜园、小果园、小花园等实现生活污水就地回用,鼓励通过建设人工湿地等方式实现氮磷资源化和尾水再利用。

推进农村黑臭水体治理。开展环境现状调查,包括水文、水质、水体岸线等,明确与周边水系的连通关系,排查入河(塘)排污口情况。分析农村生活污水、规模化畜禽养殖等点源以及种植业、分散式畜禽养殖等面源对黑臭水体产生的作用。在充分调查的基础上,遵循"系统综合、标本兼治、经济适用、利用优先、绿色安全"原则,采取控源截污、清淤疏浚、生态修复等治理措施,全面开展农村黑臭水体治理。

推动村庄布局优化。编制村庄发展规划,合理划分建设用地及耕地,促进耕地资源集约及配置优化。在成片农田区域边和农村主干道旁建设农田林网,依据不同土地类型和用途,合理规划网格,选择适宜树种,增强防风固沙能力,防治水土流失,降低自然灾害对农业生产的不良影响,并提高绿化面积。按照工程化施工的建设要求,组织专业队伍进行绿化施工和绿化养护,确保造林成效。

(3)优化乡村业态

建设高质量农产品种植、农业养殖基地。全力推进高标准农田建设,探索高品质畜禽养殖和水产养殖模式,推动种植业和养殖业基础设施提档升级。积极推进绿色优质农产品基地和农业养殖基地建设,推动种植和养殖品种培优,提高农产品产量和质量。通过建立"公司+基地+农户""公司+合作社+农户""合作社+农户"等多种发展模式,积极推进农产品标准化生产,开展"绿色食品""有机农产品""农产品地理标志"的"两品一标"认证,提升品牌知名度。

建设有机废弃物处理及资源化中心。完善秸秆收储利用体系,培育壮大肥料化、饲料化、能源化、基料化、原料化等秸秆离田利用主体,发展高附加值的利用产业,服务周边区域。提高农机农艺配套比例及秸秆机械化还田质量,引导推进养殖户种养结合,发展循环农业。探索建立农膜回收绿色补偿制度,提高农膜回收处置效率。推进农药包装废弃物回收利用。

建设农业现代化示范区。以提高农业产业体系、生产体系和经营体系现代化水平为目标,加强资源整合、政策集成,开展农业现代化示范区建设。加快构建现代农业生产体系,强化现代农业科技和物质装备支撑,用现代设施、装备、技术手段武装传统农业,提高农业良种化、机械化、科技化、信息化、标准化水平。加快构建现代农业经营体系,提高农业生产集约化、专业化、组织化、社会化水平,突出抓好家庭农场和农民合作社两类经营主体,鼓励发展多种形式适度规模经营,支持农业产业化龙头企业创新发展、做大做强,培育高素质农民,吸引城市各方面人才到农村创业创新。

提升农业机械化水平。加强农业机械化管理体制转变,建立专业性强、技术优化、服务会计的基层农业机械化管理服务网络,配齐人员、装备,加大技术培训力度,提升农业机械化服务能力。加强以财政补贴和信贷扶持为主要内容的资金保障,实施购机补贴,充分利用金融政策扶持农业机械化发展。

7.2.1.3 典型案例

(1) 江西:良田良技良种筑就生态粮仓

江西省是全国 13 个粮食主产省之一,以全国 2.3% 的耕地生产了全国 3.25% 的粮食。由于耕地资源有限,江西重点发展双季稻,比重稳定在 72% 以上,居全国第一。国家统计局公布的全国粮食生产数据显示,2021 年江西省粮食播种面积 5 658.2 万亩,粮食总产量 438.5 亿斤,连续 9 年保持在 430 亿斤以上。

江西省多山地,很长一段时期,农田分散、高低不平、大小不一;此外,鄱阳湖平原的耕地虽受到鄱阳湖的滋养,但另一方面也受到洪水威胁。为了摆脱靠天吃饭的老路子,江西省积极推进高标准农田建设。2017 年,江西省率先从省级层面统筹整合资金推进新一轮高标准农田建设,以实际行动落实"藏粮于地、藏粮于技"战略。2017—2020 年,全省累计建设高标准农田 1 179 万亩,项目区耕地质量得到提升,亩均粮食单产提高 100 斤以上。同时,江西省通过整合中央和地方财政资金,发行高标准农田建设专项债等措施,有效解决耕地处于山地和丘陵造成的建设成本高问题。如今,江西省的农田发生了翻天覆地的变化:撂荒地变连片田,机耕道四通八达,水泥渠修到田头,智慧田成新样板。

江西省大力提升农业生产机械化水平,旋耕机、无人机、收割机,成为种粮"标配"。好农机助力高产田,规模化的粮食生产呈现重资产化、全程机械化趋势。江西省通过增加补贴减轻农民负担,开展技术培训推广农机应用,积极运用农业贷款等金融手段解决农民投入问题。截至 2020 年底,全省主要农作物综合机械化水平超过 75%、水稻耕种收综合机械化水平超过 81%,有效提高农业生产效率和粮食质量。

江西省积极推进种业自主创新,注重培育新品种,提升种子保供能力。已成立24个现代农业产业技术体系,组织病虫害、栽培、质量控制、清洁生产等岗位专家攻关关键核心技术,其中之一就是提高和保障种子质量。组织专业技术人员开展试验示范品种筛选、示范区建设、室内考种、数据整理及主推品种遴选等工作,为水稻良种推广打下坚实基础。

江西省高标准农田建设如图7.2-2所示。

图7.2-2 江西省高标准农田建设

(2) 江苏南京:高淳区实施"五位一体"的农村生活污水治理运维体系

高淳全区6个街道和2个镇,12个社区居委会、104个行政村、1个省级经济开发区。近年来高淳区通过太湖流域水环境治理和农村环境连片整治等,建立以区政府为统筹主体、镇政府为责任主体、村级组织为实施主体、农户为受益主体、第三方专业服务机构为服务主体的"五位一体"运维管理体系,统筹推进农村生活污水治理,入选住建部村镇建设司发布的《县域统筹推进农村生活污水治理案例》,作为6个案例之一向全国推广。

高淳区推进农村生活污水治理设施建设运维的措施主要包括:一是加强领导、创新建管机制,明确部署农村环境综合整治任务,对全区农村生活污水处理设施进行资源整合,以村庄生活污水处理系统"建得起、用得好"为导向,将物联网和无线通信远程技术作为长效管理工作的基础,逐步实现农村生活污水处理设施运行维护管理的正常化、规范化。二是统筹规划、分期实施,在前期调查论证的基础上,结合村庄布点规划和"多规合一",因地制宜确定生活污水治理模式,对相邻的村庄能够合建共用的尽量合并建设,使用成熟稳定、实用低耗的处理技术。三是分类整改,统筹组织实施,对设施正常运行的村庄,确保常态化运行;对发生故障导致无法运行的,加紧进行维修;对管网不齐全的处理设施,尽快铺设到位;对确因前期选址不当或其他原因造成无法运行的设施，进行改造或重新选址建设；对于已经确定建设项目的村庄，按正常建设程序组织实施。四是示范引路，规范指导，每年在各镇街选择一个村庄作为年度治理工程施工建设示范点。五是长效监管，强化考核。六是逐步整改，实施第三方运维。

高淳区乡村面貌如图 7.2-3 所示。

图 7.2-3　高淳区乡村面貌

(3) 山东青岛：莱西市农村生活污水无害化治理项目

莱西是传统农业大市，816 个村庄分散面积达 1 500 多平方公里，村庄分散、大小不一、原有污水管线复杂。针对这一实际情况，莱西市坚持因地制宜、分类处置的原则，依据村庄布局，充分考量村庄人口密度、经济发展水平、地理位置及排水情况，通过"分散治理＋纳管治理＋建设村级污水处理站"三种模式相结合的方式，因村制宜，分阶段、分区域有序推进农村污水治理。治理前期，组织测绘、设计等力量入村逐户进行调研，充分摸清村庄基础条件，征求村庄群众治理意见，综合考量确定治理方案。其中分散收集、抽吸转运、集中处理的村庄 645 个，纳管治理村庄 74 个，建设村级污水处理站治理村庄 52 个，全部位于非生态敏感区，总处理量为 15 600 立方米/天，改造提升治理村庄 45 个。工程范围内改厕已全部完成，待工程完工后化粪池的黑水、厨房水、洗浴水通过 52 座污水处理站进行无害化处理，达到中水回用、达标排放的标准，实现可收运可纳管、可分散可集中的"精准治污"。

项目采用"EPC＋BOT"方式投资建设。分散治理村庄、纳管治理村庄、改造提升治理村庄、模块治理村庄的污水管网由政府相关部门采用 EPC 模式实施；污水处理模块与污泥处理中心的建设及运维，816 个村庄（纳入市政污水管网的 74 个村除外）的污水处理、污泥处置及所有污水收集处理设施的维修养护部分按照 BOT 模式实施。BOT 模式可以解决建设与运营脱节的问题,通过建设运营一体化来实现项目全生命周期的高效管理,强化运营责任主体,避免出现运营不畅、成本增加、技术适用错误等情形。

(4) 福建:作物全基因组选择育种创新平台正式投入使用

福建省拥有全国最大的杂交水稻制种基地,为推动水稻分子设计育种技术研发应用,福建省农业科学院建成福建省作物全基因组选择育种创新平台。该平台引进了全国首台国产商业化水稻种子切片机与高通量基因分型设备,建成了近 3 000 平方米的水稻表型自动采集设施,每天可自动采集 3 万个水稻基因及生长情况的相关数据,为水稻育种提供信息化的参考,提高选育效率。

作物全基因组选择育种创新平台体现了福建省在农业现代化建设上取得的成效,投入使用后,可以对水稻从种子萌发到收获的生长情况进行全过程数据采集,在育种过程中的每一个步骤都可以通过大数据驱动和计算机辅助分析,并对作物实际的生长情况进行模拟预测,预测结果可用于辅助育种家进行杂交组配,提高高品质、高产量作物品种的培育成功率。

福建省作物全基因组选择育种创新平台如图 7.2-4 所示。

图 7.2-4 福建省作物全基因组选择育种创新平台

图片来源:央视网

(5) 山东平度:南村镇农业废弃物集中收集处理中心变废为宝(该案例引自《大众日报》)

平度市南村镇粮草资源丰富,畜禽养殖业发达。现有畜禽规模养殖场 85 家,养殖专业户 220 家,年出栏生猪 13 万头,家禽 2 000 万只,奶牛存栏量 0.8 万头。长期以来,畜禽粪污是养殖户最头疼的问题,若不及时处理,不仅会滋生蚊蝇和传播病虫害,还会导致水体污染破坏生态环境。南村镇也是青岛市的无公害蔬菜基地,蔬菜种植面积约 30 万亩,每年在采收、销售、加工过程中产生大量废菜叶,若将尾菜就地粉碎还田,会导致当季病虫害难以控制,并影响下一季产量。

为了解决畜禽粪污、尾菜及种植业秸秆处理难题,南村镇提出用鼓励企业投资的方式解决农业废弃物处理问题,建立青岛市农业废弃物资源化利用专家工作站,因地制宜促进农业废弃物资源化利用,利用科技手段变废为宝。南村镇与青岛农业大学合作,研发出尾菜混合式纳米膜好氧发酵有机肥技术工艺,该工艺具有发酵周期短、高温持续时间长、病害和草籽消杀率高、产出有机肥肥效好等优势。

南村镇农业废弃物集中收集处理中心拥有国内第一条纳米膜智能化农业废弃物有机肥转化生产线。该生产线位于南村镇西部生态循环农业产业园,年处理农业废弃物12万吨,其中处理畜禽粪便6万吨、尾菜4万吨、花生壳和秸秆2万吨。通过将尾菜、农作物秸秆、畜禽粪污各类废弃物倒入地下配料仓,按照比例进行配料,经机械搅拌、多级发酵、翻抛、腐熟、陈化等步骤后,输送到成品加工车间,"吐出"优质有机肥,有效提高农业废弃物综合利用率。

南村镇借鉴园区化的发展管理思路,高标准打造集种养一体的生态循环农业园区——平度市生态循环农牧产业园,引导全镇养殖户积极推动产业转型升级,发展种养结合生态循环农业,推动农业生产要素向园区集中、优势产业向园区集聚,实现农业和农村现代化。

南村镇农业废弃物集中处理中心被列为青岛市畜牧工作站畜禽粪污肥料化实验站,生态循环农牧业基地被确定为科学技术部和教育部特色产业基地、青岛市种养结合综合示范基地、青岛市畜牧科技推广示范基地、青岛市标准化示范场。投资建设处理中心的青岛康利来生物科技有限公司被授予青岛市农业产业化龙头企业称号。

(6)陕西宝鸡:太白高山蔬菜走进粤港澳大湾区,打通致富路

陕西省宝鸡市太白县地处秦岭腹地,由于山地多、海拔高,昼夜温差大,是高山反季节无公害蔬菜和绿色有机农产品的适生区。太白高山蔬菜的发展正得益于太白县独特的地理位置。

近年来,太白县举全县之力调结构、创特色,建园区、促带动,抓质量、树品牌、促营销,高标准打造全国知名的秦岭高山蔬菜生产基地。先后荣获"全国无公害蔬菜标准化示范区""全国绿色生态蔬菜十强县""全省蔬菜转型升级示范县"以及"全省一县一业示范县""全国首批种植业三品一标示范基地"等荣誉。

基地大力发展智慧农业，实现全程机械化种植，智慧化、数字化监测，智能化水肥一体喷、滴灌全覆盖，采用杀虫灯、黄板绿色防控措施进行植保，开展全程质量追溯，确保农产品安全优质，打造专业绿色的标准化蔬菜生产示范园区。基地年产太白高山特色蔬菜2 600吨，其中供粤港澳大湾区蔬菜1 800吨，实现年产值1 200万元，并形成了面向全国多地的销售网络，是太白高山特色蔬菜直供香港地区的最大生产供应商。

合作经营带动群众增收致富，走绿色生态富民之路。通过"公司＋合作社组织＋农户参与"的生产模式，基地与咀头镇咀头街村、塘口村建立蔬菜产业合作关系，以土地流转、入园务工、订单种植、入股分红等模式带动群众参与，为广大群众增收致富和全县蔬菜产业振兴做出了积极贡献。

(7) 浙江嘉善：浙江省最大的粮食种植示范基地

位于嘉善县天凝镇的善农现代农业产业园是浙江省最大的粮食种植示范基地，面积2.5万亩。产业园内自动灌排、农业尾水氮磷生态拦截沟、远程可视化等现代农业设施一应俱全，实现水稻种植全程机械化和数字化。

作为粮油全产业链主导的现代农业项目，种植基地建设配套粮食收储和加工基地，辐射带动20余家家庭农场联动发展粮油种植，全力打造"万亩水稻＋油菜轮作"示范基地。基地借助无人机、插秧机、秸秆打捆机等机械化操作，采用智慧农业模式，使得管理更加高效。

善农现代农业产业园积极发展"机器换人"，实施无人机飞播飞防、机插秧、机械旋耕开沟等，实现从打田、育秧、插秧、护养、收割到烘干脱粒全程机械化。开展生态沟渠建设，接纳稻田水的生态沟渠采用生态型"卡扣砖"替代底部和两侧的水泥硬质化措施，为水生动植物生存提供有利环境，同时也能起到水质净化作用。园区采取土地平整、田间生产道路改造、灌溉设施等措施提升改造农田基础设施，实现集自动灌排、农业尾水生态沟截流处理、远程可视化管理等于一体的管理运营模式。园区也十分重视人才引进与培养，通过优化人才引进政策吸引专业人才，并按照发展需求培养核心技术骨干，充分发挥人才在产业园数字化改造、农田土质监测等方面的重要作用。

7.2.2 特色生态产品供给型"新鱼米之乡"

特色生态产品是指在保护、改善生态环境的前提下，遵循生态学、生态经济学规律，运用系统工程方法和现代科学技术立足地方实际，生产出来的符合产品质量安全要求的、无害的、绿色的,且具有地方特色的农产品。随着生活质量的不断改善,市场对于多样化的特色生态产品从生产、加工、销售等环节提出了更高的要求,特色生态产品供给水平及标准也要相应提高。研究特色生态产品供给型"新鱼米之乡"建设思路与内容,对于协调好特色生态产品供给与市场需求、乡村振兴之间的关系具有重要作用。

7.2.2.1 建设思路

特色生态产品供给型乡村以挖掘农业多功能价值、生产加工特色农产品为指引,转变传统模式,采用资源化循环化及有机绿色生产方式,优化种养结构,保护修复乡村生态环境。在乡村形态提升方面,充分体现乡土特色,完善配套设施,形成生产、生活、生态有机结合的乡村形态。在业态优化方面,因地制宜发展园艺等特色生态产业,加快特色生态产品产业化和品牌化建设,推动现代化、智慧化生产,促进产业链延长,推进特色生态产品生产与生态旅游、体验式教育等深度融合(见图 7.2-5)。

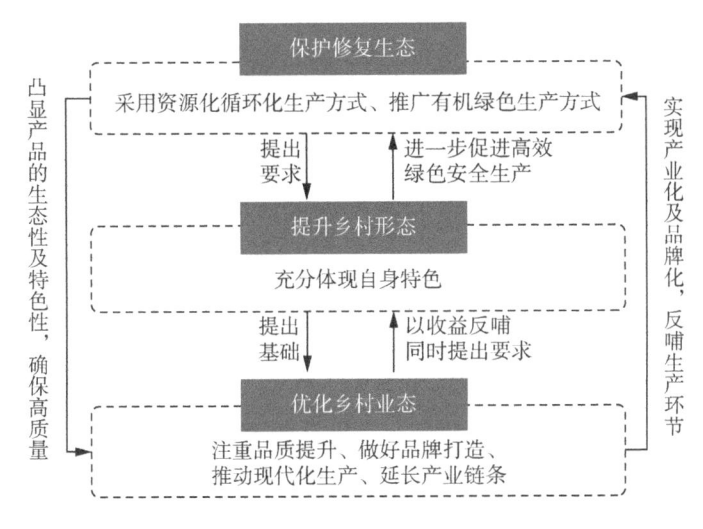

图 7.2-5 特色生态产品供给型"新鱼米之乡"建设思路

该类型的核心和驱动力是产品的生态性、特色性及高品质得到市场认可。一方面对产地基础条件和生产环节提出了高要求,促使产地保持良好的生态环境质量,也促使生产环节紧扣无害、绿色、有机等关键点;另一方面,实现产品化、品牌化,做好产品质控,增强特色生态产品市场竞争力,增加产品附加值,提高生产效益。

7.2.2.2 建设任务

(1) 生态保护修复

采用资源循环化生产方式。按照"以种带养、以养促种"的种养结合循环发展理念,以就地消纳、能量循环、综合利用为主线,构建集约化、标准化、组织化、社会化相结合的种养加协调发展模式,促进可持续发展。转变发展方式,优化种养殖结构,完善特色生态产品生产内部循环链条。因地制宜建设特色生态产品养殖、种植基地,合理配套无害化处理和利用资源化设施,加快搭建粮经饲统筹、种养加一体、农牧渔结合的现代化、循环化构架。

推广有机绿色生产方式。重点谋划、细化设计理念,完善配套设施,推动乡村建设质效提升,体现乡土特色。打造精品亮点,创出品牌效应,注重施工质量及效果呈现,以点带面发挥示范效应。积极推动农房改善,开展人居环境综合整治,加强农村污水处理设施、垃圾分类收集设施等环境基础设施建设,形成生产、生活、生态有机结合的乡村形态。

(2) 提升乡村形态

充分体现自身特色,重点谋划、细化设计理念,做好做全配套设施,推动乡村建设质效提升,体现乡土特色。打造精品亮点,创出品牌效应,注重施工质量及效果呈现,以点带面发挥示范效应。积极推动农房改善,建设慢行道、停车场等公共设施,开展水环境质量提升等系统工程,形成生产、生活、生态有机结合的乡村形态。

(3) 优化乡村业态

注重品质提升。结合自身生态本底资源,因地制宜发展特色农产品、水产品、木材、药材、装饰品、花卉、纤维等特色生态产品。积极申请有机、绿色产品认证,打造具有区域特色优势和市场竞争力的农产品。建立产品质量监督体系,从生产、加工、物流、销售各环节对生产主体、加工企业、物流主体进行监督与跟踪。落实食用农产品达标合格证制度,积极培育质量安全追溯标杆企业,申请登记绿色、有机、地理标志农产品。

做好品牌打造。加快特色生态产品产业化建设。坚持绿色兴农战略,培育、扶持、发展绿色品牌。加大资金、技术、政策等全方位扶持,积极引导、鼓励企业加入特色生态产品领域,为产业化注入新动能。加快特色生态产品品牌化建设,提升产品包装品质,培育特色生态产品生产龙头企业,做好品牌的宣传、推广工作,提高产品的市场竞争力,形成品牌特色与价值,提高品牌认知度,发挥品牌效应,全方位、多元化地拓宽市场。

延长产业链条。建立分级分选、冷链物流、包装储藏、精深加工和营销推介一体化产业链,促进产业融合发展。深入推进"互联网+"农产品出村进城工程,强化农业信息服务,发挥电商平台作用,推动绿色优质农产品生产与消费有效对接。支持农民合作社由种养向产销一体化拓展,引导建立合作社、联合社,搭建社企对接服务平台。依托特色产业、区位优势、乡土文化等资源,发展休闲农业、高科技现代农业、社区体验农业等现代农业,推进特色生态产品生产与生态旅游、体验式教育等深度融合。

7.2.2.3 典型案例

(1) 浙江丽水轩德皇菊:变"荒芜山"为"黄金山"

皇菊,又名大皇菊,黄酮素含量极高,富含多种氨基酸、维生素和微量元素。轩德皇菊 400 亩皇菊种植基地所在的莲都区叶平头村和高山村,拥有山区天然梯田,风景优美,土壤有机肥沃,光照充足,光合作用强,能够充分形成皇菊所需养分,是皇菊繁育生产的绝佳之地。独特的地理位置、优越的自然条件辅以严格的种植标准成就了轩德皇菊的上乘品质,基地严格按照有机产品种植标准进行生产,坚持用物理方式防治虫害、疏蕾限产、坚决不打农药,产品没有任何农药残留。

轩德皇菊花产品通过绿色产品认证,开发的皇菊茶兼具"食养"和"药养"特性,获"峨眉山"杯第十一届国际名茶评比金奖,是"中国长寿之乡养生(老)名优产品"、丽水市精品农产品、"丽水山耕"杯十佳农产品旅游地商品、莲都区首届养生农产品。美丽的皇菊基地也成为丽水摄影的创作基地、"十佳美丽田园",提高了丽水生态农业的知名度。

浙江丽水轩德皇菊基地如图 7.2-6 所示。

图 7.2-6 浙江丽水轩德皇菊基地

过去的叶平头村山地荒芜严重,旧村改造后,几乎每户都有负债。自从种了皇菊,漫山遍野的皇菊成为村民的致富宝贝。目前轩德皇菊公司年生产皇菊1 000多千克,产品销往北京、上海、江西等省市,还出口美国、日本、韩国等国家。过去的荒山俨然成了一座座黄灿灿的"金山"。

(2) 浙江云和雪梨:托起畲族人民的致富梦

云和县地处浙南中低山丘陵区,是"国家级生态示范县",独特的山水资源形成了适合云和雪梨种植的特定气候,为雪梨产业发展带来了得天独厚的地理优势。苏坑村坐落在群山之中,昼夜温差大,通过在山坡上推广种植云和雪梨,实现了生态产品价值的转化。

云和雪梨产业的发展,增强了畲族人民美好生活的愿望。畲族人民收入的提高,壮大了村集体经济,为基础设施资金投入的增加奠定了基础,也使得村容村貌不断改善。2018年,苏坑村完成了苏坑梨园景区化提升项目,在村内建起了停车场、云和雪梨标志性门楼,在梨园内建起了石板游步道、观景台、休息亭,方便游人赏梨花、摘品云和雪梨,回味梨之乡情。苏坑村的村容焕然一新,道路宽阔整洁,房屋错落有致,邻里和谐,民风纯正,俨然一幅幸福美丽的乡村新画卷。

浙江苏坑梨园如图7.2-7所示。

图7.2-7 浙江苏坑梨园

(3) 上海奉贤:庄行生态循环农业良性"循环"(该案例引用自农业农村部官网)

庄行,是奉贤区的农业大镇,现有水稻种植面积32 000多亩,蔬菜面积3 600多亩,果林面积4 000多亩。庄行镇组织成立了专门工作小组,围绕示范基地创建工作目标、任务,定期召开推进会议,推动示范基地创建工作,带动全镇生态循环农业建设。2021年,庄行镇被市农业农村委列入上海市首批26个生态循环农业示范基地。

针对示范基地内粮食种植区、蔬菜种植区、果树种植区出现的土壤盐渍化、土质老化等问题,通过使用微生物有机肥、水溶肥等改良土壤,逐渐恢复土壤生态平衡。大力推广有机肥替代化肥,减少化肥使用量;推广测土配方施肥技术,根据不同作物不同生长期的养分需求及土壤现状合理施肥;推广病虫害绿色防控技术,减少农药使用量,从而推进农业生产"双减"工程建设,减少农药、化肥使用量30%以上,提高化肥、农药利用率40%以上。健全农药包装废弃物和农膜等回收处置体系,对种养业产生的农药包废弃装废弃物和农膜进行统一分类回收,提升了农业生产环境质量。

推广发展"草-兔-粪-稻""蜜梨-黄鳝-蚯蚓""鱼-菜""鱼-稻""虾-稻""鳖-稻"等种养结合模式,整合农业资源,优化农业生态,使大量的农业废弃物变成可利用资源。生态循环系统的形成,有利于土壤保护修复,以动物粪污还田替代化肥使用,可保障鲜草饲料供应,有利于降低种养成本,提高种植效益,保证农产品食用安全。

推动绿色认证和品牌打造,"庄行蜜梨"是庄行一镇一品农业支柱产业,庄行镇农技部门制定从蜜梨栽培定植、嫁接、整形修剪、肥水管理、蔬果、套袋以及病虫害绿色防控和采收等八大类26项生产技术标准,建立全程生产档案,及时更新农事生产记录,与梨农签订安全生产、销售承诺书,建立蜜梨可追溯系统,保证产品的绿色安全,建成一批规模化的蜜梨标准园。同时,推动蜜梨获得无公害食品、绿色食品认证,获得"上海名牌产品"称号。

生态循环农业建设和发展,给庄行的农业带来了新的生机和活力,如今,庄行被列为农业农村部粮食高产示范镇,建成13个优质蔬菜标准园,庄行蜜梨获得国家地理标志登记保护。据统计,新叶村水稻面积绿色认证率达97.5%;渔沥村蔬菜面积绿色认证率为88%;马路村蜜梨面积绿色认证率达100%。示范基地内主要绿色食品认证率超过50%,全年农产品抽检合格率达100%,主要农产品品牌化销售率达90%以上,有力推动了农产品进社区、进商场,既提升了品牌知名度,又促进农民增收。近年来举办的庄行镇地产优质农产品推介会暨品牌推广活动中,庄行多家合作社与区机关服务中心签订农产品供销协议,为8家机关食堂提供优质大米、果蔬、禽蛋等农产品。

(4) 江苏南京溧水："无想田园"让农产品有了"金"招牌（该案例引用自"溧水发布"公众号）

溧水区农业品牌建设发展走在全国前列。一是产品品质优、价值高。按照重点产业、重点区域和重点企业全覆盖的要求，推进绿色农业全域发展，全区绿色优质农产品占比超过75%。二是建立了特色农业品牌体系。近年来，溧水区不断深挖品牌文化内涵，有效提升区域农产品"颜值"和"价值"，持续推动农户富民增收。以品牌化为抓手，以质量监管为手段，以融合化为方向，大力实施区域农产品公用品牌战略，形成了全省首个区县级农产品公用品牌——"无想田园"，拥有中国驰名商标1个（涟湖大米），地理标志2个（富财圩螃蟹和白马黑莓），省市名牌农产品31个。

"无想田园"不断促进全区农业转型升级。南京无想田园农产品有限公司连续4年实现销售额与净利润的正增长。全区22家农业龙头企业获得"无想田园"授权，包括优质稻米、休闲农业、特种水产、经济林果、有机农业、畜禽养殖等类别，纳入品牌计划的产品有蓝莓黑莓果汁、有机杨梅、草莓鲜果、鸡蛋、碧螺春茶、青梅制品等100多种。溧水区从线上线下同步增加销售渠道。线上发展农业电子商务，加快"无想田园"农产品上网。线下在主城和溧水各打造一个"无想田园"农产品直供旗舰店，并推动"无想田园"生产企业与国内知名企业、批发市场建立战略合作关系，抱团发展。注重产品质量把控，完成质量安全溯源体系建设，提高产品质量。此外，通过新闻媒体报道，参与农业节庆和知名展会活动等，进一步加大品牌宣传力度。吸引众多高质量农业项目落户，优果联将投资10亿元建设5万亩草莓基地，美国拉森集团将投资建设草莓种苗基地，美国卓梅公司将与本地草莓企业联合建设草莓标准化生产基地，易食科技将建设果品真空包装项目，新项目涉及种植、加工、销售、冷链等领域，将带动溧水区产业全面发展。

2021年，22家品牌授权企业全年实现销售13.1亿元，"溧水大米"被评为南京好大米金奖产品。截至2021年底，已成功开拓禄口机场、阳澄湖服务区、梅村服务区、广陵服务区、江宁金鹰超市、上海久光、上海供销e家连锁超市等15处强势线下平台，苏宁易购溧水馆、淘宝企业店、"食礼秦淮"、"慧农帮"扶贫商品平台、智慧溧水商城、鲜丰汇、中润油等8处强势线上平台。此外，与东郊国宾馆、西康宾馆、钟山宾馆等18处采购单位建立了长效供销关系。面向长三角地区的农产品销售额增长达60%，有力推动了富民增收。

(5) 浙江丽水庆元竹林道:架起竹农致富之路

位于浙闽边界山区的庆元县是竹的海洋,竹产业是当地的民生产业。近年来,庆元县通过建成 2 400 公里的竹林道网络,使生态产品的价值实现变得不再困难。

庆元县是浙江省重点毛竹产区,现有毛竹林面积 42 万亩,占林业用地总面积 17%,立竹量 6 167 万株。竹产业是全县经济社会发展和农民增收的主要支柱产业之一,也是全县三大传统产业之一,更是庆元县实施"产业富县"最具潜力的绿色生态产业。

庆元县发展生态产品的主要做法有:一是因地制宜、科学规划建设全县林区道路,重点突出毛竹重点乡镇的竹林道建设;二是规范各环节程序,实现阳光化;三是着重扶持管护,建立长效维护机制,实现持续化。取得的主要成效为建成 2 400 公里竹林道,每公里直接受益竹林面积达 200 亩以上,有效减少运输成本和劳动力成本,直接经济效益显著,竹林经营管理水平有所提升,市场响应能力得到加强(见图 7.2-8)。

图 7.2-8　浙江丽水庆元竹林道

(6) 浙江丽水庆元甜桔柚:助农增收的"金果果"

近年来,庆元县立足中国生态环境第一县的自然禀赋,将甜桔柚产业发展作为助农增收的重要手段,在庆元产业扶持政策的引导和市场效益的驱动下,甜桔柚产业在该县得到快速发展。截至 2018 年,庆元甜桔柚种植面积达 1.26 万亩,成为全省最大甜桔柚产区。随着市场开拓及营销力度的加大,甜桔柚的销售效益不断走高,为当地带来实实在在的收益。

庆元甜桔柚产业发展主要有以下经验做法:一是加大政策扶持,推动甜桔柚产业快速发展,通过一定的资金补助甜桔柚种植户,大大提高了种植农户的积极性。二是制定统一标准,推进甜桔柚生产进程标准化,严格落实生产规范,提升产品产量和品质;同时制定中国地理标志使用管理办法,加强对甜桔柚质量安全的监督和溯源,并进行不定期抽检。三是注重品牌建设,提升甜桔柚知名度、美誉度,线上线下渠道相结合,探索多元化的销售模式,加大品牌宣传,积极推介品牌。四是积极争取产业项目落地,扶持高效生态示范果园建设(见图7.2-9)。

图 7.2-9　浙江丽水庆元甜桔柚

(7)浙江衢州江山市:生猪养殖"天蓬模式"孕育生态循环农业

江山市贺村镇的江山天蓬现代农业科技园,通过打通生猪养殖上下游,发展集成生物饲料添加剂、饲料加工、生猪养殖、肉制品加工、有机肥生产、沼气发电、果树种植、休闲观光农业的生态循环产业链,实现资源的节约、高效、循环利用,打造四省边际农业科技成果的转化高地、生态循环智慧农业的衢州样板、三产融合发展的示范基地。

园区以"一园三区"(生态养殖区、研发加工区和休闲农业区)的布局,依托天蓬集团发展绿色循环农业,通过发展无公害饲料、设施化养殖、粪污资源化,实现源头减污、过程控污、末端治污,解决生猪养殖最大的环境污染问题。通过把牢无抗生素饲料入口关、清洁化养殖关、放心肉生产关三重保障,实现饲料安全、猪肉安全,增强大众食品安全信赖感;通过肉制品深加工,增加产业附加值,通过沼液沼渣的有机肥料转化和果树种植消纳吸收,在养殖废弃物的综合利用基础上,发展绿色养殖、休闲观光业,形成了"一二三产联动、农文旅结合"的"天蓬模式"。

7.2.3　第二产业引领型"新鱼米之乡"

产业兴则百业兴,第二产业(工业)承担着繁荣市场、增加出口、扩大就业、服务"三农"的重要任务,是国民经济的重要产业,在乡村经济和社会发展中起着举足轻重的作用。发展第二产业是提高农民增收的重要手段和实现农村可持续发展的客观要求,也是加快推动农业农村现代化的重要途径。如何协调生态环境保护与产业发展的关系,推进农村一二三产业融合发展,研究第二产业引领型"新鱼米之乡"的建设思路与内容,对推进乡村振兴战略具有重要的现实意义。

7.2.3.1 建设思路

第二产业引领型乡村以推动工业企业循环低碳发展为目标,充分利用土地、交通、人力等资源要素条件,重点发展环境友好、经济发展带动力强的产业项目,建设镇村级工业园区,大力推动镇村经济高质量发展。规范工业园区发展,严格生态环境准入,推动工业企业入园进区,鼓励企业清洁生产和循环改造,加强生态环境基础设施建设,减少能源消耗,形成企业发展与镇村生态环境保护的良性循环(见图 7.2-10)。

该类型的核心和驱动力是推动工业企业绿色低碳转型发展,一方面可以促进乡村产业提档升级,提升企业清洁生产水平,补齐生态环境基础设施短板,有利于乡村形态提升和生态环境质量改善;另一方面,优美的生态环境和乡村面貌可以倒逼工业企业绿色转型,助力乡村产业融合发展。

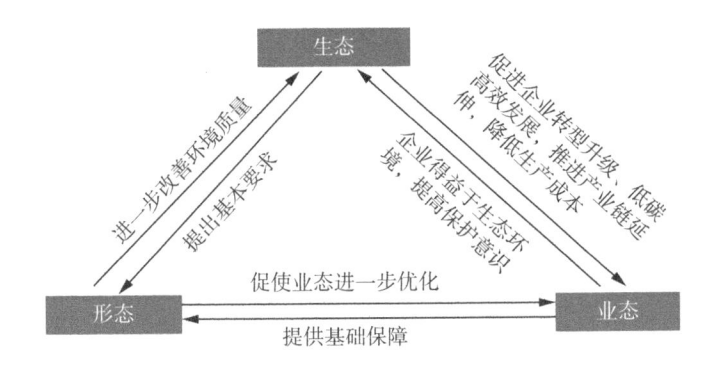

图 7.2-10 第二产业引领型"新鱼米之乡"建设思路

7.2.3.2 建设任务

(1) 生态环境整治

推进工业园区规范化建设。加快淘汰退出落后产能,坚决取缔"散乱污"企业。加强镇(村)企业集聚发展,建立现代化村镇工业园区,推动区外企业入园进区,实施污染集中治理。推进园区开展规划环评,充分发挥园区规划环评刚性约束作用。严格准入要求,建立园区生态环境准入清单,协同推进园区绿色低碳高质量发展。

强化工业污染治理。推进工业污染源全面达标排放,各企业工业废水必须处理达到污水处理厂接管标准后方可接入市政污水管网。各企业的特征污染物接管,除污染物浓度必须达标外还需满足生态环境部门下达的相应总量控制指标要求。对各企业生产过程中产生的废气,应采取相应的污染治理措施,确保达标排放,加强无组织废气治理,尽量减少对大气环境的影响。

加强园区生态环境基础设施建设。全面实施园区企业清污、雨污分流改造,推动工业废水集中处理厂及配套管网建设,适时开展工业污水处理厂提标改造,因地制宜建设污水处理厂尾水净化湿地。深化大气污染末端治理设施提档升级与全过程废气收集治理,强化末端治理设施的运行维护。完善工业固体废物收运体系,提升分类收集、分区贮存、规范化管理水平。倡导集约节约和共建共享理念,鼓励各类污染物协同治理,推进园区"绿岛"设施建设。

(2) 提升乡村形态

推进生态缓冲带建设。加强园区绿化,工业企业四周与外部交界处设置10～20 m的防护绿带,在主干道、快速路、河道两侧留有10～50 m宽的绿化带,减轻企业对外界的影响。园区内部住宅区和工业用地之间设置不少于50米的绿化隔离带。

实施绿化工程。加强企业厂区绿化,严格落实企业环境防护距离设置相关标准规范要求。通过优化植物种类和数量,提高园区绿化面积和绿量,园区绿化覆盖率不低于15%。完善园区周边农田林网体系,提高区域林木覆盖率。

(3) 优化乡村业态

加强资源循环利用。推进企业循环式生产,产业循环式组合,组织企业实施清洁生产改造。推进水资源循环利用、土地集约利用、能源节约利用、有机废弃物利用等,减少废弃物排放,实现生态环境可持续发展。

推进产业链延伸。推进企业集聚化发展,承接中心城区工业产业发展功能,打造中心城区上下游产业链,促进企业、园区高效发展。推进产业园区和产业集群循环化改造,推动环境设施共建共享、能源梯级利用、资源循环利用和污染物集中处置。

7.2.3.3 典型案例

（1）华西村奋力推进生态文明建设

江阴市华西村被誉为"天下第一村"，在发展经济的同时，全村一直坚定"金山银山要，碧水青山更要，老百姓需要的生态环境更紧要"的理念，全面实施企业净化、河水清化、村庄美化、环境绿化、居住生态化等系列生态文明建设工程，全面提升生态环境质量。2001年成为全国首个通过ISO14001环境管理体系认证的村庄（见图7.2-11）。

2000年，华西村毅然关掉了年产值达2.5亿元、利润超过2千万元的染料化工厂、线材厂等3家企业，同步推进生态环境保护与经济发展。2007年，全村销售收入超450亿元，仅纳税就超过了8亿元，成为我国名副其实的"天下第一村"。华西村特别注重生态环境基础设施建设，大力实施管网互联互通，分散排放的企业全部接管统一到污水处理厂处理达标后集中排放，2008年污水处理厂出水水质就提标至《城镇污水处理厂污染物排放标准》（GB 18918—2002）一级A标准，并积极开展循环利用和中水回用工程。

图7.2-11　华西村面貌

（2）丽水市缙云县"光伏＋"

缙云县抓住碳达峰碳中和机遇，开展光伏发电应用试点，探索创新"光伏＋"模式，联动打好"光伏＋经济薄弱村转化""光伏＋低收入农户奔小康""光伏＋农民增收""光伏＋移民后扶"四大"组合拳"，成功探索出"可实施、可推广、可复制、可示范"的光伏发电发展新模式（见图7.2-12）。

主要措施：结合地理位置优势，因地制宜，推进环保产业发展。一是发挥光伏电站运行稳定、收益有政策保障优势，谋划"光伏助村"模式，通过在经济薄弱村建设小型光伏电站，助推村集体持续增收。二是整合资源，推进光伏产业发展，通过整合省补资金、地方配套、政策补助等多方资金，分类解决项目建设资金难题；通过统筹政府屋顶、学校屋顶、村集体屋顶、租赁村民屋顶及利用荒山荒坡，以户、村、县三级电站协调发展方式，解决光伏扶贫电站选址问题。

成效：通过光伏发电应用等"清洁能源发展六大工程"示范和引导，催生带动出一大批光伏建设企业，推进光伏发展连线成片、多元化发展。

图 7.2-12　缙云县"光伏十"面貌

(3) 江苏省张家港市南丰镇永联村

永联村是江苏省乡村发展最具代表性的乡村之一，地处长江之滨，隶属于江苏省张家港市南丰镇，是全国"美丽乡村"首批创建试点村。由于地势低洼、涝灾易发，永联曾是张家港市面积最小、人口最少、经济最落后的村。改革开放以来，永联村依靠党的农村政策和"敢破敢立、自强不息、团结奉献、实干争先"的永联精神，抓住各种发展机遇，历经以工兴村、轧钢富村、并队扩村、炼钢强村等阶段，已发展成为苏南地区面积最大、人口最多、经济实力最强的行政村之一。

主要措施：一是以企带村，集体经济实力强。改革开放期间，村领导组织村民挖塘养鱼、开办企业，陆续办起了水泥预制品厂、家具厂、枕套厂等七八个小工厂以及村集体轧钢厂，收益颇丰。在村集体的共同努力下永联村不仅完全脱贫，还跨入全县十大富裕村的行列。村集体有了经济实力，就可以为新农村建设、美丽乡村建设"加油扩能"，永联曾被称为"华夏第一钢村"。二是强化农业产业化经营。随着集体经济实力的壮大，永联村不断以工业反哺农业，2000年成立"永联苗木公司"，将全村4 700亩可耕地全部实行流转进行集约化经营。苗木公司对外承接绿化工程，出售绿化树木，每年可获得上千万元的效益;村民每年可以获得 1 200 元/亩的土地流转费;没有进入永钢的农民,可就地转化为苗木公司的"工人",扩大农民就业渠道;而苗木基地本身则成为永钢集团的绿色防护林和村庄的"绿肺"。三是推进农村公共基础设施建设。近十几年来,永联村投资十多亿元建设小学、幼儿园、医院、商业街、农贸市场、休闲公园等配套工程。2006 年,永联村投资 10 亿元,为村民建现代新村,使 8 000 多位村民都可以入住公寓式楼房,同时节约土地 800 多亩。村党委利用永钢集团的产业优势,创办了制钉厂,有效吸纳了村里的剩余劳动力。通过建设个私工业园,统一建造生产厂房,廉价租给本村个私业主。鼓励和引导村民发展餐饮、卫生、娱乐、房屋出租等服务业,永联村基础设施及社会公共事业建设都得到快速发展(见图 7.2-13)。

成效:永联村长期以来坚持共建共享、共同富裕的原则,积极探索和实践了从计划经济时代的集体生产向商品经济时代的集体经济转变、继而向市场经济条件下的集体资本跨越的发展路径,形成了既充分体现社会主义优越性,又充分尊重市场经济规律的中国特色社会主义新农村模式,正在以新的居住、生活、生产、组织和收入等方式,实现着农村、农业、农民存在方式的转变。

图 7.2-13　永联村现状面貌

(4) 河南漯河"三链同构"实现食品产业集群协同发展

漯河位于华北平原西南边缘地带,近年来,河南省漯河市紧紧抓住"粮头食尾、农头工尾",围绕"产业链、价值链、供应链",探索出三链同构、集群协同的农食融合乡村产业高质量发展模式。

主要措施:一是培育产业群体,促进全产业链延伸。扶持五级订单生产,夯实产业链基础。按照专种专收、专储专用、优种优收、优加优销要求,组织食品加工企业、面粉生产企业、种子企业、收储企业与种植大户、家庭农场和小农户签订"五级订单"。对优质专用、订单品种所需良种给予每亩20元补贴,组织相关金融机构洽谈合作,开发"专项贷""订单贷""种子贷"等金融产品。制定土地、资金、人才扶持政策,支持组建龙头企业牵头、农民合作社和家庭农场跟进、小农户广泛参与的农业产业化联合体25个,联合体吸收龙头企业100家、农民合作社和家庭农场200家,年产值突破900亿元。打造优势产业集群,带动产业链拓展。实施"十百千"亿级产业集群培育、"小升规"培育、"小升高"培育三大工程,形成了双汇肉制品、中粮面业面制品、喜盈盈烘焙膨化食品、卫龙休闲食品、中大恒源健康食品、三剑客乳制饮品等6大产业全链条集群化发展的品牌典型。二是打造平台载体,促进全价值链提升。打造食品研发平台,搭建国家级、省级研发平台84家,食品企业每年研发新产品300个以上;企业自主建设省级以上工程技术中心10个、博士后工作站4个、院士工作站2个。打造质量标准平台,设立市长标准奖,对主导或参与国家和行业标准制定的企业和组织进行奖补。以标准引领品种培优、品质提升、品牌创建,全市无公害农产品品牌154个、绿色食品品牌35个、有机农产品品牌1个、中国驰名商标6个、名牌产品4个。打造食品云平台,创新"互联网+"电商营销模式,成立食品行业工业互联网标识应用创新中心、江南大学技术转移中心漯河分中心,形成大宗粮食电商服务平台,联结各类批发市场50多个、农村连锁超市1 400多家、中介组织1 500多家。三是打通产业间联结点,促进全供应链贯通。打通食品和装备制造业联系点,成功发行3亿元检验检测专业园区建设专项债券,建设智能食品装备产业园,吸引广东6家国家级高新技术企业入驻。打通食品和造纸产业联系点,着眼食品包装高端化、多样化、个性化的需要,建设临颍食品饮料包装专业园区,年产各类饮料包装45亿只、占全国市场的十分之一,园区年营业收入近30亿元。打通食品与宠物饲料行业联系点,投资10亿元建成宠物食品科技产业园,引进美国嘉吉20万吨预混料项目,利用玉米提取淀粉和果糖后产生的副产品作为加工宠物饲料的母料。打通食品与物流产业联系点,发挥漯河四方通衢的交通区位优势,大力发展冷链物流产业。全市国家A级物流企业24家,冷藏车拥有量占河南省四分之一,9家企业上榜全国冷链物流百强,占河南省的三分之二(见图7.2-14)。

成效:漯河立足农副产品丰富的实际,大力发展食品产业,工业发展驶入快车道。漯河食品产业作为全国食品产业集群的示范样板,不仅在经济体量谋求突破,更在整体产业生态发力,形成一种有机循环机制。2020年,全市食

图7.2-14 漯河食品产业

品产业营业收入2 000亿元,带动农户25万,户均增收3 000多元。

(5)扬州"一园"立足美食之都

扬州食品产业园位于扬州市区东南部,总体规划10平方公里,现有企业166家,是江苏省目前唯一的集食品加工、制造、流通、研发、冷链物流、工业旅游为一体的现代食品产业集聚区,拥有三和四美、维扬豆食等"中华老字号"企业,先后荣获"海峡两岸农业合作试验区""全国农产品加工示范基地""中国食品物流示范基地""中国中小企业创新服务先进园区""省级农产品加工集中区"等称号。

主要措施:一是提升食品产业园功能与品牌效应。政府加大在财政、政策、要素、资源等方面的扶持力度,并将其发展列入城市旅游、文化发展规划。做大做强本土品牌企业。充分发挥"三和四美""扬大乳业"等产品的品牌效应,做大企业规模,提高市场占有率,进一步增强品牌企业对本地农副产品的带动力,提升农副产品质量,促进农民增收致富。二是推动园区企业提质升级。充分利用江南大学(扬州)食品生物技术研究所、扬州大学食品工程学院和省食品高端协同发展平台等科研院所优质资源,加大产学研合作力度,建立健全研发植入产业的良性机制,精心打造科技产业化的"桥头堡";着力开发适应不同口味需求和风俗习惯的"外土化"食品;紧跟健康饮食潮流,加强功能性营养食品、绿色有机食品的开发,提升产品档次,改善企业效益;加大对食品安全监测能力建设的支持力度,健全食品质量安全监管体系,完善食品质量追溯制度,加强食品标准体系建设。三是推进园区工业旅游。以"大运河文化带建设"为机遇,以扬州获批"世界美食之都"为契机,加快推进中国冷库博物馆、包子博物馆、豆制品博物馆等重点旅游项目建设的七星食品"工业"观光游,尽快将中福生物、万吨冷链、维扬乳业等一批质态好的企业申报省级工业旅游点,打响园区工业旅游招牌,全力以赴推动工业旅游向纵深发展。四是结合国家战略为发展契机。紧跟国家发展步伐,以"长江经济带、一带一路倡议"等为招商契机,以"三大载体"为平台支撑,主动对接上市公司、跨国公司等大型企业,瞄准国际500强企业、全国100强企业,进一步挖掘、延伸产业链,实现企业纵向链接、横向配套,形成上下游企业集聚,努力打造特色产业集群(见图7.2-15)。

图 7.2-15　扬州食品产业园

成效:2019年,食品产业园全年实现税收总额2.1亿元,同比增长33%,纳税金额超1 000万元的企业共有4家;实现全社会固定资产投资12.2亿元,新增私营企业数70家、新发展个体工商户50个;实现协议注册外资3 000万美元、新签约外资项目数5个,外贸自营出口额650万美元;规上企业研发投入完成2 900万元,申报市级重点研发计划项目1项,产学研合作项目5项,申报省科技副总项目1项,获批高企入库培育1家;东园食品获批江苏首批省级四星级上云企业,三和四美、日顿食品、皓宇图文获批江苏首批省级三星级上云企业,维扬豆制品获江苏省"老字号"。

7.2.4　文旅融合发展型"新鱼米之乡"

旅游业是综合性产业,不仅是拉动乡村经济发展的重要动力,更是提高人民生活水平的一个重要指标。习近平总书记指出,原生态是旅游的资本,发展旅游不能牺牲生态环境;发展旅游要以保护为前提,不能过度商业化;文化产业和旅游产业密不可分,要坚持以文塑旅、以旅彰文,推动文化和旅游融合发展,让人们在领略自然之美中感悟文化之美、陶冶心灵之美。研究文旅融合发展型"新鱼米之乡"建设思路与内容,对于推进乡村产业结构优化升级、促进乡村振兴具有重要作用。

7.2.4.1 建设思路

以文化旅游、生态旅游为主的乡村,应以生态环境保护与第三产业协调发展为目标,充分发挥资源禀赋优势,大力推动旅游业提质增效,提升基础设施建设水平,加强生态环境保护和修复,为发展生态旅游提供更多的基础条件。深入挖掘本土特色乡村文化,加强历史文化名镇名村保护利用。鼓励小散企业、低效企业退出,盘活存量资产,腾出土地指标,用于旅游设施和基础设施建设,发展生态旅游、文化旅游及高端服务业(见图7.2-16)。

该类型的核心和驱动力是自然生态禀赋和历史文化底蕴带来的第三产业发展,一方面可以推动区域文化和生态旅游产业发展方式转变、产品转型、服务转优和管理体制提升,打造多元化旅游业态,促使旅游业高品质、高质量发展。另一方面生态文化旅游的高质量发展,可以更多反哺于生态环境保护修复和乡村面貌持续改善,实现生态效益、社会效益与经济效益统一。

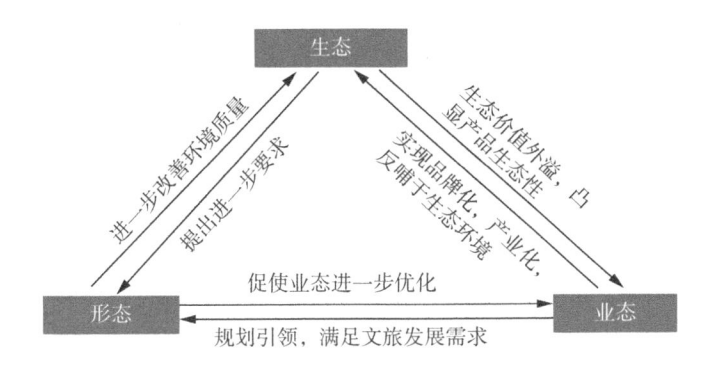

图 7.2-16　文旅融合发展型"新鱼米之乡"建设思路

7.2.4.2 建设任务

(1) 生态保护修复

全力保护生态基底。保护本土生态资源,突出自然资源的原真性、完整性保护,加强生物多样性和生态系统多样性保护,对于具有传统特色的村落,在维持原始生态风貌的基础上,可开展景观带建设,展现自然生态之美。

开展环境综合整治。推进散小企业等行业整治,确保企业达标排放。开展农作物病虫害绿色防控,推进化肥农药减量增效,因地制宜实施农田排灌系统生态化改造。深化高标准农田生态化改造。

(2) 提升乡村形态

强化规划引领。加强顶层设计，高起点、高水平谋划区域建设和未来发展，在规划引领中塑造"形态美"。立足生态资源禀赋和特色资源，坚持先策划后规划再建设，考虑好运营模式、营销主题再建造施工，增强规划编制和建造施工的科学性、前瞻性，保持乡村的真实感、风貌的多样性，严格执行基本农田保护政策，守护好乡村旅游自然环境和传统风貌的底线。结合乡镇国土空间总体规划和村庄规划，农业农村发展规划及交通、水利等相关规划，编制乡村旅游业发展总体规划，整体打造旅游业态，引领乡村旅游向集约化、生态化和品质化有序发展。

保护传统村落、建筑。对具有历史意义的传统村落、特殊建筑、古迹实施挂牌保护，对具有保护价值的宗祠、廊桥、古道等开展科学修缮保护。以体现文化传承、修旧如旧、生态环保可持续等为原则，保留传统空间机理，重视宗族文化。积极争取资金，维持古村落完整风貌。

完善基础设施建设。修建生态停车场、铺设石子硬化路、污水管道，推进电线、电信、电话、网络、广播等建设。积极推动农村生活垃圾有效治理，建立和完善"户分类、组保洁、村收集、镇转运、县处理"的农村生活垃圾分类收运处理体系。提高农村污水处理设施管网入户率，加强生活污水源头减量和尾水回收利用。推进农村生活污水处理工程建设和已建设施的提标改造，因地制宜建设分散式农户小型污水处理设施。拆除违章建筑，清理违法用地，为镇（村）发展拓展空间。

(3) 优化乡村业态

扩增业态产品。发挥生态本底好的独特优势，打造特色业态产品，通过创意包装和创意营销提高农产品附加值，向旅游地商品转化；在发展高效生态农业的基础上，依托独特的自然风貌和生态环境，进一步实现从"卖产品"到"卖风景"。

推进产业融合。推进"互联网+""旅游+"战略。推进电商融合发展，依托民宿平台，推广旅游地商品。推进农旅、花旅、文旅等多元融合，打造一批旅游特色产品。丰富"吃、住、游、购、娱"旅游产品产业链，最大化地释放生态红利。推广"旅游+"理念，推进"旅游+教育""旅游+基金""旅游+电子商务"等融合新格局。

强化机制体制。建立闲置资源"二次创业"工作机制，对闲置民房、抛荒农田等进行流转,实现复垦。建立整体招商机制,引进一批有资金、有理想、有情怀的工商业主,建立部门合力提升工作机制等。

7.2.4.3 典型案例

(1) 龙泉溪头村

龙泉市宝溪乡溪头村位于龙泉市西陲,距主城区约 60 公里,面积 148 平方公里,下辖 11 个行政村 7 635 人,该乡是中国工农红军挺进师入浙根据地、国际竹建筑双年展举办地、现存于世最大的龙窑集聚区,境内披云山为瓯、闽、钱塘三江源头,素有三江之源、青瓷故里、红色宝溪的美誉,其文旅融合走在全国前列(见图 7.2-17)。

图 7.2-17　溪头村面貌

主要措施:实施绿化造林,在景区周边建设彩色森林暨珍贵树种基地 400 亩,种植红豆杉、红豆树、香榧等十余种彩色珍贵树种,全乡共完成绿化造林 32 片 912 亩,森林抚育 2 500 亩,建设生态公益林 9.8 万亩,森林覆盖率达 87.3%。在剿灭劣Ⅴ类水工作中,共排查感官污染小微水体 23 处,景区上下游均实施了河道清淤疏浚工程,组织开展河道保洁志愿活动 17 次,义务投工 500 余人次,清理河道近 20 公里。在创国卫工作中,全民共建,投工投劳 3 500 余人次,拆除旱厕、猪栏 30 余处、300 余平方米,清理乱堆乱放 270 余处,整治卫生死角 50 余处。

成效:基于良好的生态保护,宝溪乡成为丽水市第一批成功创建国家卫生乡的 2 个乡镇之一。窑主题、竹主题的文旅融合壮大了乡村美丽经济,外出经商人员纷纷返乡创业,收入不断提高;青瓷产品需求量提升明显,新增青瓷店铺 5 家、售卖点 10 余个;茶叶、香菇、木耳、灵芝、山茶油等特产的产销量大幅增加。

(2) 莲都古堰画乡

莲都区古堰画乡小镇，位于浙江省丽水市莲都区的西南方，核心区面积为3.91平方公里，小镇始终遵循习近平总书记重要嘱托，将"绿水青山就是金山银山"理念融入生态经济、生态制度和生态文化之中，推动小镇"形态、生态、业态"融合、特色发展。小镇拥有世界级完整的人文遗存和奇绝醉美的江南山水，是国家4A级旅游景区、国家水利风景区、世界首批灌溉工程遗产和联合国教科文遗产所在地，是"丽水巴比松油画"的发祥地、"中国摄影之乡"和中国书法家协会的主要创作基地，自然风光旖旎，人文底蕴深厚，生态底色透亮，产业特色鲜明（见图7.2-18）。

图7.2-18 "古堰画乡"小镇面貌

主要措施：一是强化规划保障，激发内生动力。邀请国内知名规划设计团队，高起点、高水平谋划古堰画乡建设和未来发展，委托中国美院设计团队完成编制《古堰画乡城市色彩详细规划设计》等方案，对核心区域的建筑色彩、风格等进行总体规划，并逐幢为画乡区块沿江建筑设计立面改造方案，努力提升景区整体品质。同时，加快修编《碧湖-大港头分区规划》《特色小镇规划》《古堰画乡创建国家5A级旅游景区总体规划》，有力提升建设水平。二是夯实项目基础。围绕5A级景区评定标准，合理布局、大力推进重大项目建设。2015—2017年，古堰画乡小镇累计完成固定资产投资26.58亿元。古堰画乡景区停车场、中国江南巴比松、滨水花苑、风情商业街、镇区强弱电杆线下地工程等10个项目顺利完工。古堰画乡游客中心、滨水花苑停车场等8个项目进展有序。目前，古堰画乡旅游码头及港航管理码头工程、栈道新建项目、堰头村亮化改造、古民居修复等23个创5A项目正在全速推进。

成效：小镇旅游综合实力实现了新的跨越，景区的基础设施条件不断完善，"双创"的环境不断优化，"堰上休闲吧""米未咖啡吧"等一批原创业态不断涌现,周边民宿床位不断增加,入住率逐年提升,农民收入直线增长。

(3) 浙江丽水悬崖古村松阳陈家铺村的蝶变

四都乡陈家铺村原本是偏居一隅的古村落,始建于元末明初,距今有600多年的历史,传统文化积淀丰厚,保留着祠堂、香火堂、社庙、古民居、古店铺、驿站等40余幢传统建筑,但随着村民的搬迁逐渐"空心化",陈家铺的房屋、山林、田地闲置。2014年以来,四都乡发挥古村生态资源优势,致力于古村落的保护利用,大力发展乡村旅游、民宿经济、文化创意、电商经济、影视创作、美食美学研究等新业态,保留中国传统村落风貌文脉的同时,为乡村发展注入了新动力。先后引进先锋书店、飞鸢集、云夕摩加共享民宿等项目,特别是陈家铺平民书局,被誉为"悬崖边最美的书店",成为松阳文化地标。同时大力培育高山蔬菜、萝卜、白茶等高效生态产业,土特产萝卜片、番薯干名扬县内外。成立番薯产业合作社和农文旅公司,初步形成由农户、村集体和工商资本共同参与的组织化合作化机制,实现村民致富、村集体增收和乡村振兴(见图7.2-19)。

图 7.2-19 陈家铺村面貌

陈家铺村立足古村生态资源禀赋,将乡村闲置土地、闲置资金、闲置劳动力等有效组织起来,建立由农户、村集体和工商资本共同参与的组织化合作化机制,因地制宜发展高效生态农业、文创产业和乡村民宿业,推动小农户生产与现代产业有效链接,让村民共享生态产业链的增值收益,促进村民增收、村集体经济发展壮大,村民走上致富路。

(4) 北京门头沟

门头沟是首都京西生态大门和水源涵养地,全区总面积1 455平方公里,山区占98.5%。重点培育"文旅体验、科创智能、医药健康"等三大产业,以产业绿色升级带动生态富民和高质量发展。

经验做法：一是坚持生态立区，为首都发展奉献"一片绿"。"十三五"以来实施京津风沙源治理工程100多万亩，新增林地10.25万亩，抚育林木19.1万亩，地区森林覆盖率、林木绿化率分别达到46.61%和70.02%，居全市前列。二是规划先行，多规合一。编制新城控规和镇域规划等22个专项规划，结合分区规划启动旅游专题规划，完成点状供地规划，实现"多规合一"；全域整合景区旅游资源，规划打造潭柘寺—戒台寺—定都峰—九龙山组团、京西商旅古道组团等八大旅游景区组团，构筑区域全域旅游发展大格局。三是完善旅游设施，提升全域旅游"便捷舒适"。积极构建"快旅慢游"的旅游交通网络，推进S1线、小火车观光特色旅游交通路线等重大旅游交通设施建设，依托独特资源京西古道，全域布局570公里旅游休闲步道；推进厕所革命工程，在国道沿线新建厕所30座、提升改造乡村厕所113座，为20座景区厕所加装除臭系统。四是深化供给改革，丰富全域旅游"产品供给"。实施精品民宿战略，聚力打造一批以精品民宿为核心、文旅体验产业为特色的田园综合体；建设玉河谷风景区、树唐枫林中医药文化旅游基地、西马各庄村冰雪夜间经济项目、梁家庄"创艺乡居"等一大批精品文旅体验项目；实施永定镇北岭农业观光基地、清水镇奇异莓基地、藜麦等高附加值农游合一项目。五是拓宽发展空间，推进全域旅游"融合发展"。推进古道、古村落、古寺庙、古长城的文物保护修缮工作，按照《村庄民宅风貌设计导则》《村民手册》，把古村落规划好保护好发展好，持续举办北京国际山地徒步大会、永定河文化节"两大品牌"节事活动（见图7.2-20）。

成效：门头沟聚全区之力，以文旅产业为主导，践行"绿水青山就是金山银山"理念，加快发展精品经济、精品旅游、精品小镇引领高质量全域旅游发展格局，打造"绿水青山门头沟"城市品牌，2019年11月被生态环境部评为"绿水青山就是金山银山"实践创新基地。

图7.2-20 门头沟面貌

(5) 四川稻城

稻城位于四川省西南边缘,甘孜州南部,境内以海子山、俄初山、红草地等为代表的自然景观而闻名,成为国际生态文化旅游目的地。

经验做法:一是创新生态惠民新模式。亚丁村等由全县最落后的村落变为县域最富有的村落,麻格同村成功入围"世界旅游联盟旅游减贫案例"。二是创新景区厕所新模式。采用先进的泡沫封堵微生物降解环保节能技术,解决了高原地区无公共厕所的传统难题。获得了中国旅游景区协会授予的"中国旅游景区'厕所革命'培训基地"、厕所革命"全国示范点"的荣誉称号。三是创新旅游发展模式。以"旅游+美食""旅游+体育""旅游+科技""旅游+文化""旅游+农牧业"等创新模式,提升绿色发展总量。四是创新生态修复模式。注重全景式打造、全社会参与、全产业发展、全方位服务、全区域管理,打造了8万亩青杨防护林,成为全世界海拔最高、面积最大的青杨人工林,被誉为"离太阳最近的绿色工程"(见图7.2-21)。

图 7.2-21 稻城面貌

成效:四川稻城不断强化绿色发展理念,构建绿水青山向金山银山转化的体制机制,大力实施"生态立县、旅游强县、人才兴县、依法治县"四大战略,成功地使全县最落后的村落变为县域最富有的村落。

(6) 河南新县田铺大塆

新县田铺大塆位于豫南大别山腹地,全乡总面积102.8平方公里,人口仅6 500多人,是国家扶贫开发工作重点县和大别山集中连片特困地区扶贫攻坚重点县(见图7.2-22)。

经验做法:一是打造"合作社+生态景区+惠民"的生态扶贫模式,涌现出田铺大塆创客小镇等典型案例,坚持不挖山、不填塘、不砍树、不大拆大建,形成了农家乐餐饮、特色民宿、观光体验等多种业态,带动193户贫困户稳定

图 7.2-22　田铺大塆面貌

脱贫,实现了从美丽乡村到美丽经济的转变。二是打造"全域旅游＋产业融合"的生态旅游模式,把全县作为一个大景区来谋划,把乡镇作为一个景点来构图,把村庄作为一个小品来设计,形成"处处是风景、路路是景廊、村村有游客中心"的全域发展态势,被总结为"有景无点、有区无界、有门无票"。

成效:新县围绕"山水红城、健康新县"的发展定位,以"创客小镇"为主题,通过"合作社＋公司＋农户"的模式,把创新创意融入美丽山水,为文化旅游、美丽乡村建设探索了新模式,打通绿水青山向金山银山转化的通道,成功地以"山水红城、健康新县 大别山旅游公园""九镇十八湾、全域游新县"两大旅游品牌享誉全国。

（7）贵州兴义市万峰林街道

万峰林街道地处黔、桂、滇结合部的石漠化集中连片的深度贫困地区,面积约45.7平方公里,人口16 827人。境内为典型的喀斯特地貌,旅游资源异常丰富(见图7.2-23)。

图 7.2-23　万峰林面貌

经验做法:一是复绿还清,从乡村旅游到生态经济。持续推进退耕还林、人工植树、飞播造林,取缔大棚种植,实行土地轮作休作,大力发展绿色农业;打捞清底纳灰河,推进给污水处理管网建设,以上措施让万峰林的生态环境得到有效整治、自然资产得到了有效补充。二是发展文旅业态,在脱贫攻坚中溯源文化传承。万峰林街道以万峰林旅游集团为龙头,运用"公司+合作社+农户"模式,采取"结对帮扶、政策支持、市场引导"方式,让贫困户以土地、山林、房屋等资源和"特惠贷"资金入股万峰林旅游集团等市场主体,让贫困户以自家房屋、租房等方式,发展精品客栈、农家乐和旅游服务业。此外,以布依族、苗族等民族传统文化为主的旅游开发,也是万峰林打造业态的一大特色。把原来简易的集体榨油坊,改造成布依族传统的木质结构景观点,吸引游客体验手工古法制油,带动了产业发展。

成效:万峰林街道历经"消耗自然资产—补充自然资产—保值增值自然资产"的艰苦曲折探索,走出了一条不同于东部地区亦有别于西部其他地区的"石漠转绿成金脱贫致富"和"绿水青山向金山银山"转化的特色发展道路。如今的万峰林,翠峦簇拥、水波潋滟,望得见青山、看得到绿水,俨然一幅中国最美乡村的山水画卷。

(8) 浙江安吉鲁家村

鲁家村位于浙江省安吉县递铺街道,面积16.7平方公里,七山一水二分田,现有人口2 299人(见图7.2-24)。

图 7.2-24 鲁家村面貌

经验做法:为建设美丽乡村,发展家庭农场,鲁家村不惜出资300万元,聘请高端专业团队,按照4A级景区标准对全村进行村庄环境规划、产业规划和旅游规划。先期设置的18个家庭农场,则根据区域功能划分,分别以野山茶、特种野山羊、蔬菜果园、绿化苗木、药材等产业为主,形成家家产业各不同的鲁家村特色。此外还设计了一条4.5公里的环村观光线,串点成线,把分散的农场构建成一个整体。鲁家村采用"公司+村+家庭农场"的组织运营模式,与安吉浙北灵峰旅游有限公司共同投资成立安吉乡土农业发展有限公司、安吉浙北灵峰旅游有限公司鲁家分公司，前者负责串联游客接待场所、交通系统、风情街、家庭农场等主要场所，后者利用多年经验和客源做好营销宣传。后来又成立了安吉乡土职业技能培训有限公司，为鲁家村民、村干部、创业者、就业者提供乡村旅游方面的培训。

成效：鲁家村引进各具特色的家庭农场，创新"党组织＋公司＋家庭农场"经营模式，实现一二三产业融合发展，数年间已从一个穷村蜕变为集家庭农场、高端民宿、乡村旅游于一体，集生产、生活、生态功能于一身的国家级田园综合体，成为"开门就是花园、全村都是景区"的中国美丽乡村新样板。

7.2.5 生态系统服务型"新鱼米之乡"

生态系统服务是生态系统为人类生存与发展所提供的自然本底条件和功能，是人类从生态系统中获取的各种产品和惠益。生态系统服务是保障农村经济可持续发展和环境健康的重要前提和基础，产业活动是生态系统服务变化的主要驱动力。随着农村城镇化快速推进，经济活动不断活跃，重点生态功能区的生态系统服务受到一定程度的扰动。如何协调好生态服务功能提升与农村发展的关系，研究生态系统服务型"新鱼米之乡"建设思路与内容，对推进乡村振兴战略与乡村生态文明建设具有重要的现实意义。

7.2.5.1 建设思路

生态系统服务型"新鱼米之乡"是指各类自然保护地、生态保护红线和生态空间管控区域等重点保护区域占主导地位的乡村，具备显著的涵养水源、保持水土、保护生物多样性等调节服务功能。该类型乡村以发挥生态系统调节服务功能为主要目标，通过重要生态空间保护、生物多样性维护、受损生态空间修复、生态廊道建设等措施强化生态系统保护修复，维护生态系统完整性和稳定性，提升生态系统服务价值。在乡村形态提升方面，紧密结合重点保护区域和对象，塑造富有乡土特色的生态形象，提升生态品位；推动生产用地集聚化，最大化腾退分散低效用地，扩大生态宜居空间，擦亮乡村底色，增强乡村吸引力。乡村业态优化方面，以生态友好型的农业、旅游及其他服务业为主，严格控制区域内旅游开发、农业生产规模，变"卖山林"为"卖生态"，生产发展实施统一经营、集中管理。盘活生态资产，将无形的生态资产转化为有价值的商品，实现生态价值变现，用于反哺生态保护修复。同时挖掘多元化社会服务功能,开展野外科普宣传教育等。

该类型的核心和驱动力是良好的自然生态系统带来的生态价值外溢,一方面可以促进本区域及周边区域业态和形态的迭代升级,促使产业向高端、高品质、集约化方向发展,收益可反向补偿生态系统保护修复;另一方面生态系统质量的改善及服务功能的提升,可获取更多的生态补偿资金,用于开展保护修复。最终实现生态效益、社会效益与经济效益共赢(见图7.2-25)。

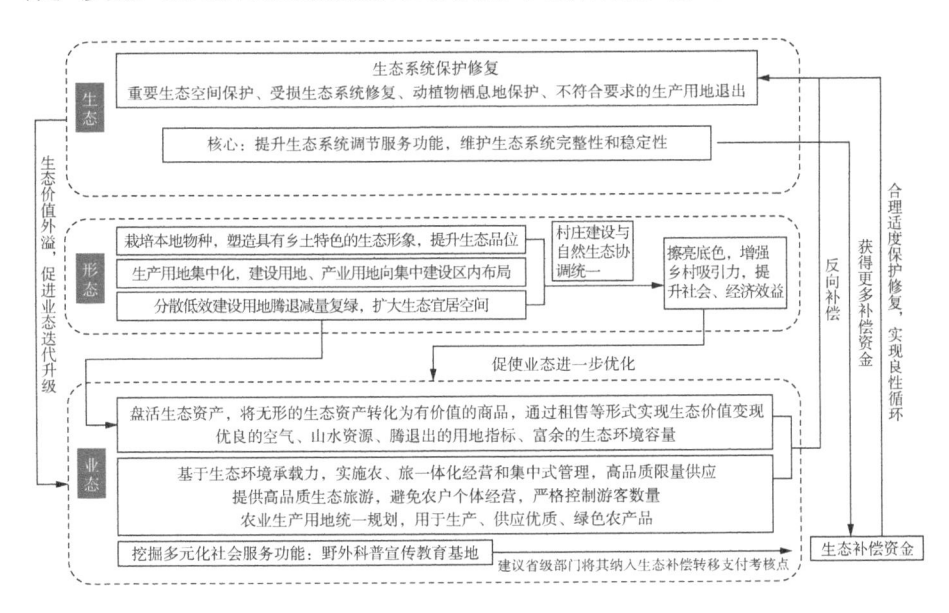

图 7.2-25　生态系统服务型"新鱼米之乡"建设思路

7.2.5.2　建设任务

(1) 生态保护修复

加大重要生态系统保护力度,改善动植物生境。严格保护各类生态保护红线、生态空间管控区域、自然保护地,将以上区域作为生物多样性保护的重要载体,严格遵守法律法规,确保生态保护空间面积不减少、功能不降低、性质不改变,维护乡村生态系统平衡与生物多样性。

开展受损生态系统保护修复,恢复生态系统完整性。生态系统受损区域,根据生态系统退化、受损程度和恢复力度,充分考虑区域水资源、原生物种等自然禀赋,按照宜林则林、宜草则草、宜湿则湿、宜荒则荒的原则,合理选择保育保护、自然恢复、辅助再生和生态重建等措施,用基于自然的解决方案,因地制宜开展山水林田湖草沙系统保护修复;建立生态系统连接通道,改善生态系统破碎化局面。

开展低效闲散用地腾退修复,扩大生态空间。对于自然保护地、国家生态保护红线内不符合保护要求的建设用地,实施分批按期退出,对产出效率偏低的工业用地实施腾退,腾退土地及闲置的各类废弃地、荒地实施生态保护修复,坚决杜绝以保护修复之名行开发建设之实的行为。

(2) 提升乡村形态

生态景观营造与生态保护修复融合,充分挖掘本地乡土物种优势,在自然生态本底较好的区域,突出特色化生态系统,兼顾生态保护与景观观赏。充分考虑自然、半自然及人工土地利用的分布格局,增加景观的多样性和异质性,为多种生物创造适宜的生存条件,进而保证生态系统的持续发展。乡村规划建设与生态系统保护修复融合,统一规划,整体实施,实现景物合而为一。

(3) 优化乡村业态

该类乡村以生态保护为主,产业开发为辅,因此,业态发展以不对生态系统造成影响为前提,以卖生态为主,将无形生态资产转化为有价值的商品,建立生态资产账户,因地制宜发展生态旅游,同时可开展科普宣教、康养等服务。

设立生态科普宣传教育基地。在生态系统质量较好、保护水平较高、生物物种较为丰富的乡村区域,设立生物多样性保护科普宣教基地,为全省各类学校提供生态体验教育场所,展示生态系统与生物多样性保护现状,宣传生物多样性保护知识。

生态资产多途径变现。对于腾退闲散用地实施生态保护修复后,原有工业用地变生态用地,多出的建设用地指标通过跨区域置换、转卖、租赁指标等方式,与周边城镇置换,产生稳定收益,反哺生态系统保护修复。对于生态资源本底较好,生态环境宜人的非法定保护区域,基于生态可承载能力开展生态旅游,成立农旅公社,小规模旅游,集中式管理,统一化经营。将好山、好水、好空气等优质生态系统提供的优良生态环境转化为标的物,再以某个时间段的生态服务作为标的物,进行打包销售,提供休闲养生服务。

生态农产品高端定制。探索成立农旅公社,农业交由公社统一经营,因地制宜,开展符合生态环境保护要求的生态农产品种植,实施定点、限量供应服务。

7.2.5.3 典型案例

(1) 徐州拖龙山废弃采石宕口

拖龙山位于铜山区长安路东侧,原本是废弃已久的采石场旧址,岩石裸露、断壁残垣,到处堆放着建筑垃圾和生活垃圾。

徐州实施了拖龙山山体生态修复工程,成为第十三届中国(徐州)国际园林博览会分址之一,占地面积21.4万平方米。在拖龙山山体的生态修复过程中,消险是首要的任务,需要把山体上松动的石头挖掉,同时在坡脚的位置设置五米宽的截水盲沟,使雨水可以通过缝隙下渗,避免形成滑坡。施工时采取渣土分层压实、挡墙砌筑、种植土回填、山林复绿的施工方案,让山体生态修复更稳定。拖龙山山体生态修复工程的最大亮点是融入海绵城市理念,因地制宜设置生物滞留设施、蓄水坑塘。同时栽植耐旱乡土植物,既有效控制水土流失,又能收集净化山体径流雨水。拖龙山山体生态修复工程以"见山不见全山"为景观修复目标,总体上进行封山育林,恢复生态,丰富生境。

原本光秃秃的山体之上已经栽植了各种树木,有法桐、木槿、石楠、女贞、朴树、枇杷、重阳木等三十几种。树木掩映下的拖龙山在春日的阳光里尽显绿意,焕发了勃勃生机(见图7.2-26)。

图7.2-26 拖龙山废弃采石宕口生态修复前后

(2) 西藏林芝嘎拉桃花村

西藏林芝嘎拉村原本只是当地一个默默无闻的小山村,缺乏完善旅游基础设施和景区功能,村容村貌较差。

林芝嘎拉村实施了统一规划,从生态保护修复、景观提升、文化凝练等多个方面着手,进行村公房建设、道路改造设计、围墙改造设计、景观节点打造、娱乐休闲设施设计等景观提升措施,优化桃源之滨的环境;通过基础设施改造提升,挖掘当地人文历史和产业特色,整合桃花、村落、溪流、民族文化等资源,强化雪域桃源景观,成为一个享誉四海、宜居宜业宜游的桃花村。

如今,嘎拉桃花村成为西藏美丽乡村建设的一个鲜明典型范例,每年都吸引大量的游客,也获得了主流媒体关注,中央电视台《新闻联播》连续四年报道了桃花村桃花节盛景(见图 7.2-27)。

图 7.2-27　桃花村美丽乡村面貌

(3) 遂昌金矿的美丽蝶变

遂昌金矿被誉为"江南第一金矿",从唐代就已经开采,遗留下大量的昆山古迹。长期以来,坑道酸性重金属废水和含硫废石渣场污染问题一直未得到有效治理,严重影响下游居民生产生活。

自 2007 年以来,遂昌金矿一手抓矿山整治和生态保护工作,一手创建国家矿山公园,取得了生态"高颜值"与发展"高质量"齐头并进。先后投入资金 3 000 多万元,实施酸性废水处理、清污分流等一系列工程,坚决治理酸性重金属废水;投入 3 000 万元资金,实施矿山植被恢复,开辟山坡种植毛竹等经济林,矿区内植草复绿,使得矿区绿化率达到 99.9% 以上,以保护植被强化水源涵养和空气净化能力。

桃花水母,有着水中大熊猫的美誉,已濒临灭绝,但在治理后重现在矿区内,实现了生态环境服务质量的提升,丰富了区域生态产品种类(见图 7.2-28)。

(4) 溱湖湿地科普馆

泰州溱湖湿地风景区被当地人称为"幸福的水天堂",它风景独特,野趣天成,拥有全国少见的淡水湿地,是国内第二家国家级湿地公园。基于优越的自然环境,中国溱湖湿地科普馆在风景秀丽的溱湖之畔应运而生,作为国内首家湿地类主题体验馆,先后被评为国家级科普教育基地、江苏省环境教

图 7.2-28　遂昌桃花水母

育基地、江苏省科普教育基地、全国科普教育基地及江苏省社会科学评级示范基地(见图 7.2-29)。

图 7.2-29　溱湖湿地

科普馆主要以生态展示、科普教育、生态示范功能为主,通过声、光、电等高科技现代化的手段向人们宣传湿地的有关知识。融科学性、参与性、趣味性于一体,让游客在娱乐的同时接受科普知识的熏陶。一层主题为"溱湖寻迹",主要通过水孕溱湖、观鸟天堂、麋鹿故乡、绿影生灵、溱湖夜色、足迹星空、溱湖迭韵、沉浸溱湖等 8 个展区,向参观者介绍溱湖湿地的动植物、四季溱湖美景,开启参观者的感官,来感受和体味自然之美。二层主题为"探本溯源",设有探本览胜、湿地银河、溱湖会船、溱湖砖瓦、危机与恢复、地球之肾、生态花园等展区,介绍了溱湖的地理位置、地方文化特色和风俗,展示和解释湿地的作用,让参观者理解生态系统的敏感性和复杂性。三层为大型场景"百鹊归巢",通过喜鹊跟随着人们回到了家园,讲述了全球范围内人类在保护湿地、保护自然过程中所走过的"足迹",从而在宏观层面上带来一种理性的思考。整个布展中,既有互动游戏让游客参与,又有水墨画电影让游客身临其境。走进这个科普馆,就犹如进入一个人与自然和谐共生的世界。

基于当地生态系统服务禀赋,建设湿地旅游业应当开发与保护并重。中国溱湖湿地科普馆将成为泰州湿地旅游业发展的一颗璀璨明珠,也将成为溱湖国家湿地公园乃至全省湿地保护事业发展的新亮点,是生态资产变现的一条典型途径。

(5) 遂昌空气拍卖

遂昌深藏深山密林,这里有万亩高山杜鹃,每年四五月份,方圆十里一片花海;这里有清新的空气,给人以高山"氧疗"般的享受。2013年遂昌空气拍卖会上,杭州大成职工疗休养旅行社竞得茶树坪村农家乐2013年休闲养生服务承包权。好山好水好空气,一经打包整合,顿时成为最珍贵的标的物——遂昌县高坪乡茶树坪村等3个村合办的一场"空气拍卖会",引得数百公里之外的沪、杭等地旅行社竞相出价,以总计174万元的价格拍得3个小山村一年的休闲养生服务权。依托山高水清空气好,引来无数游客,原本边远贫穷的高坪,华丽"变身"高山养生胜地(见图7.2-30)。

图 7.2-30 遂昌美景

(6) 浙江景宁李宝村云中公社

李宝村云中公社在发展中充分考虑生态承载力,用古法生产出清洁的食材,构建纯净的人伦关系,实现生态保护与乡村振兴的多重目标(见图7.2-31)。

李宝村为了避免旅游给生态环境带来的破坏,通过科学严格的环境容量测算,在评估生态承载的基础上,实施"限号零",同时严格规范游客行为,践行生态文明,保护生态环境。云中公社以"蔬菜不成片"措施,防农产品病虫害,在考量土地承载力基础上,开荒种草,改善土壤肥力,种出营养价值高的

图 7.2-31 李宝村乡村现状面貌

蔬菜,定量供往周边城镇区域。李宝村模式不仅保障人类社会良性发展与环境资源供应相适应,实现了生态产品价值变现,还保障人类的健康发展。

(7)浙江省安吉县山川乡高家堂村

高家堂村位于全国首个环境优美乡——山川乡境内,全村区域面积 7 平方公里,其中山林面积 9 729 亩,水田面积 386 亩,是一个竹林资源丰富、自然环境保护良好的浙北山区村。高家堂是安吉生态建设的一个缩影,以生态建设为载体,进一步提升了环境品位(见图 7.2-32)。

图 7.2-32 高家堂村美丽乡村

高家堂村将自然生态与美丽乡村完美结合,围绕"生态立村——生态经济村"这一核心,在保护生态环境的基础上,充分利用环境优势,把生态环境优势转变为经济优势。现如今,高家堂村生态经济快速发展,以生态农业、生态旅游为特色的生态经济呈现良好的发展势头。全村已形成的如竹产业生态、生态型观光型高效竹林基地、竹林鸡养殖规模,富有浓厚乡村气息的农家生态旅游等生态经济对财政的贡献率达 50%,成为经济增长支柱。高家堂村把发展重点放在做好改造和提升笋竹产业上,形成特色鲜明、功能突出的高效生态农业产业布局,让农民真正得到实惠。从 1998 年开始,高家堂对 3 000

余亩的山林实施封山育林,禁止砍伐,并于2003年投资130万元修建了环境水库——仙龙湖,有效发挥生态公益林水源涵养功能,还配套建设了休闲健身公园、观景亭和生态文化长廊等。

高家堂村建有浙江省农村第一个应用美国阿科蔓生态基处理技术的生活污水处理系统,还有湖州市第一个生态公厕,且建成了湖州市第一个以环境教育、污水处理示范为主题的农民生态公园。以湖为境,映射出村庄的整洁有序,村内民风淳朴,生活怡静,真正实现了"蓝天、碧水、绿地"的人与自然和谐之美。

(8) 探索践行"绿水青山就是金山银山"理念的"平利模式"

平利县隶属于陕西省安康市,森林覆盖率达76%,拥有4万余户全国最大的徽派居民群。境内万顷高山草甸、天书大峡谷、长安硒茶小镇、桃花溪、芍药谷、龙头村、蒋家坪村等景区景点独具魅力。近年来,平利县深入贯彻习近平生态文明思想,坚持践行"绿水青山就是金山银山"理念,立足良好的生态资源,秉持生态优先、绿色发展理念,呵护生态环境、优化生态布局、发展生态产业、弘扬生态文化、共享生态红利,基本实现了生态美、城乡美、产业美、风尚美、生活美,生动印证了"绿水青山就是金山银山"的巨大理论力量和实践力量,走出了一条"城乡因环境而美、百姓因生态而富"的新路子。

以保护生态环境为基础,打造青山绿水的生态美。坚持建管并重、整治并举、长短结合,努力让生态成为平利高质量发展的最靓底色。大力推进生态造绿工程,有效促进"山水田林居"和谐共生。全面开展河道治理工程,着力实施河道治污、护岸、清理和亲水景观连建,发布禁渔令,实行"部门联合、村组联手、干群联防的河长制",境内河流水质常年保持在Ⅱ类以上。深入开展"清洁平利""厕所革命"专项行动,全面推行"户收集、村转运、县镇处理"的农村垃圾集中收集处理模式,建成集镇污水处理厂11个,村级污水处理站34座,基本实现了城乡垃圾、污水无害化处理。大力开展"治污降霾·保卫蓝天"行动,不断深化细颗粒物、可吸入颗粒物、二氧化硫、氮氧化物、挥发性有机物污染控制,全年空气质量优良天数保持在340天以上。

以优化生态布局为支撑,打造协调发展的城乡美。按照"区域协调发展"的要求,着力构建以精美县城为核心、特色小镇为支撑、魅力小村为节点的城乡一体化发展格局,把平利建成处处皆景、城乡如画的全域景区。先后投资13亿元配套完善县城功能设施,形成"山环水绕、城在林中、湖在城中"的特色风貌。立足产业特而强、功能聚而合、形态小而美、机制新而活,先后打造长安硒茶小镇、药妇沟创业小镇、龙头农耕风情小镇等一批特色小镇,长安镇成为国家级特色小镇。将全县 137 个村按照精品村、中心村、一般村进行分类,因地制宜、精准施策,建成 30 个农村五星新型社区和 50 个五美新村。长安十里茶园被评为"中国美丽田园",龙头村成为"中国最美休闲乡村",三里垭村成为"全国美丽乡村示范村",2016 年平利荣获"全省农村人居环境整治先进县"。

以发展生态产业为核心,打造低碳高效的产业美。坚定不移地走绿色循环发展之路,以建设国家现代农业示范区和创建省级特色农业示范县为抓手做优一产,以创建省级经济开发区为抓手做强二产,以创建全域旅游示范县为目标突破三产,平利成为绿色崛起循环发展的产业大县。全县有茶叶和绞股蓝基地 25 万亩,省级现代农业园区 5 个、市级现代农业园区 28 个,"平利女娲茶"成为国家地理标志证明商标,"平利绞股蓝"获得"国家原产地域产品保护"认证和"中国驰名商标"称号。引进建成各类新社区工厂 83 家,平利成为中国福利基金会"暖心工程·社区工厂就业扶贫项目"全国试点县、全国支持农民工返乡创业示范县、国家扶持小微创业者激励计划试点县、全国农村创业创新典型县。着力打造美丽乡村旅游环线,建成国家 4A 级旅游景区 1 个、国家 3A 级旅游景区 4 个、国家级特色小镇 1 个、中国最美休闲乡村 1 个,2019 年全县接待游客 467.42 万人次,旅游收入达到 27.09 亿元。

以弘扬生态文化为导向,打造绿色环保的风尚美。践行"绿水青山就是金山银山"理论,不仅是要让生态环境变"绿",生产方式变"绿",更要让生活方式变"绿"。深入开展以"诚、孝、俭、勤、和"为核心的新民风建设"六大活动",推进"民风积分爱心超市"、村规民约、道德评议全覆盖,孕育出了农村敦亲睦邻、融洽祥和的生活氛围。以"绿水青山就是金山银山"实践创新基地创建为抓手,统筹推进国家卫生县城、省级平安建设示范县、省级森林城市、省级文明县城、省级生态文明建设示范县五城联创活动,深入推进绿色社区、企业、学校等绿色系列创建,积极开展生态镇、文明镇、平安镇等创建竞赛活动,广泛凝聚全民力量,形成了全民共建共创共享氛围。坚持每年开展"3·25"生态日、"6·5"世界环境日等群众性活动,实施"书香平利"计划,做好"种文化"与"送文化"相结合,推进生态文明理念由自然、自发向自觉、自愿发展,全面提升全民生态文明素养。

以共享生态红利为根本,打造美好幸福的生活美。坚持落实"绿水青山就是金山银山"理念,以经营良好生态为手段,大力抓好农民就业、公共服务和社会治理等各项工作,推进城乡发展全面融合,实现了村美人富面貌新。健全城乡统一的公共就业服务体系,积极实施"千人创业带动万人务工"工程,深化农村产权制度改革,全面增加农民工资性收入、经营性收入和财产性收入。加速推进基础设施城乡融合,全面完成城乡供水、供电、垃圾和污水处理"四个一体化"工程,通信网络、广播电视实现城乡覆盖、一体均等,建成全市环境最好、条件最优、面积最大、功能最齐全的标准化示范高中,县图书馆、博物馆建设加快推进,各类公共文化阵地、城乡居民养老保险等五大保险实现全覆盖,城乡居民有了更多的获得感、幸福感和安全感。持续健全法治、德治、自治相结合的乡村治理体系,深入开展"德在平利"系列工程,提炼自强不息、艰苦奋斗、天人合一、和谐共生的平利"女娲精神",引导农民群众树立与市场经济相适应的现代观念,提高创业本领和致富能力,确保乡村社会充满活力、安定有序,使平利成为人民幸福、社会安定的祥和之地(见图 7.2-33)。

图 7.2-33　平利县乡村面貌

2020 年 4 月 21 日,习近平总书记在平利视察时指出,人不负青山,青山定不负人。绿水青山既是自然财富,又是经济财富。他高兴地说:"希望乡亲们坚定不移走生态优先、绿色发展之路,因茶致富、因茶兴业,脱贫奔小康。"这是对平利矢志不移地坚持生态优先、绿色发展道路,久久为功、接续奋斗的高度肯定,必将鼓舞平利人民进一步树牢生态文明思想,攻坚克难、创新实干,努力探索出践行"绿水青山就是金山银山"理念的"平利模式",带动平利实现了由昔日"穷山恶水"向现在"金山银山"的脱胎换骨之变,初步实现了保护生态与经济发展双赢目标。

（9）浙江杭州西湖区双浦镇（该案例引用自中国生态修复典型案例）

西湖区双浦镇地处钱塘江、富春江、浦阳江三江交汇处，由于区域位置所限，长期以来在梯度转移中始终处于被动地位，经过多年发展，村镇仍保留传统农村形态，存在着各种典型的城乡接合部的土地管理和生态环境问题。例如，耕地保护碎片化，主要道路两侧及钱塘江沿岸大面积土地处于抛荒状态，被各类堆场、废品收购、生产小作坊侵占；村庄建设无序化，农村建设用地不仅利用粗放低效、用地结构不合理，而且布局散乱无序，在中、东部地区沿江沿浦线性分布，在西部山区沿山谷、道路、河流点状分布，可谓是"只见新房，不见新村"，沿山沿路、房前屋后、院内院外违法建筑随处可见，管理混乱无序；低端产业引起环境恶化，灵山脚下连片的甲鱼养殖场产生大量废水，氨氮总磷含量远远超标，严重影响周边河道水质，受下游潮水顶托和上游大坝拦截，富春江北支江淤塞断流长达41年，区域内农业面源污染严重，加之生活污水排放，河水逐年发黑发臭。

双浦镇充分挖掘当地特色自然资源，坚持"真保护、实恢复、强管理、优利用、快实施"发展战略，坚持全域规划，以优化生产、生活、生态空间格局夯实乡村振兴基础；坚持全要素整治，以"山水林田湖草是生命共同体"理念激发乡村振兴活力；坚持全产业链发展，以创新"土地整治＋"模式释放乡村振兴潜能。一是实施农村人居环境提升。对21个村实施美丽乡村建设，对周浦、袁浦小城镇环境进行综合整治，通过立面整治、庭院改造、道路提升、打造景观节点，自来水及燃气管道入户、污水管网接户、电力"上改下"等基础设施建设，彰显"一村一品、一村一景、一村一业、一村一韵"。二是开展农田生态系统改造。通过清洁田园行动，清理各类堆场、堆积物、废品收购点，拆除甲鱼养殖场，消除乱搭乱建等现象。通过水田垦造行动，统筹推进高标准农田建设、旱地改水田等农田基础设施建设，在杭州市主城区实现垦造水田零的突破。通过生态型土地整治行动，从选址立项到设计、实施、监管、后期管护贯穿生态环保和节能减排理念，采取生态环保的生态沟渠等工程技术措施，保持和维护农田生态系统平衡，保护生物多样性。三是开展河道水系整治。采取治水剿劣行动，打通23条断头河，提升改造30条劣Ⅴ类河道；实施富春江北支江疏浚工程，建成社井配水泵站及沉砂池、沿山南渠输水渠道；采用生态护岸，种植各种水生、湿生植物，营造有利于鸟类及陆生动物生存繁衍的水生生态环境，改善动物、微生物和无机环境在内的整个自然环境结构。四是进行废弃矿山生态修复治理。开展废弃矿山生态修复治理,采用修整、复绿、挂网保护等手段,完成西山、下羊废弃矿山及新塘废弃矿山治理,展现出青山相拥、绿水环绕、人与自然和谐共生的迷人风采,初步形成了生态环境和生态经济良性互动的生态建设保障体系,实现生态效益、经济效益、社会效益"三赢"。五是着力推进现代农业产业发展。按照"三权分离"原则,流转土地3.7万亩,发展现代农业、都市农业、精品农业,双浦现代农业产业园全面建成开放。依托美丽乡村和美丽小城镇资源禀赋,探索"田园综合体+特色小镇"产业新模式,遵循乡村自然风貌肌理,促进农业产业生态化。

  双浦镇贯彻绿色发展理念,统筹山水林田湖草系统治理,将土地整治目标由耕地的"增地提等"转向系统保护修复城乡生态空间等综合目标,整治效益由完成耕地保护任务转向激发城郊接合部地区发展内生动力,交出了环境、生态、保护、民生、经济"五本账",打造出生态富美、资源共享、城乡共富的"千万工程"新样板。一是环境账。环境"脏乱差"现象全面消除,累计拆违298万方,立面整治4 164户、庭院改造9 993户、道路提升1 388条、新增公共绿化220万方,打造景观节点376个,为1 995条道路安装监控。城乡一体化管理逐渐落实,农村地区外来人口得到了疏解,居民生活方式发生了转变,安全隐患大大减少,城郊接合地变成了"大花园",整个区域环境面貌发生蝶变。二是生态账。大力实施生态修复工程,改善生态环境,水体自净和区域生物多样性大幅提升,水清岸绿、白鹭栖息的美景再次重现。废弃矿山得以修整、复绿,并挂网保护,整理出建设用地1 400余亩,不仅提升了"颜值",更大大降低了发生地质灾害的可能。三是保护账。通过土地整理,新增耕地3 300余亩,旱改水和耕地质量提升4 300余亩。全面清理各类堆场677处、堆积物135万余吨,拆除甲鱼塘1万余亩,清理废品收购点94处,违建67万方,最大限度地保护了耕地,恢复了土地原有属性。土地管理全面加强,涉土信访积案全部化解。双浦地区的卫星像片图图斑比例从连续三年超出15%,下降到3%以内。四是民生账。农村面貌发生翻天覆地的变化,村庄内外整治干净、环境优美,水、电、气等全部进村入户,村内道路拓宽一倍、路网通达,乡风文明和睦,治安案件发案量下降了32%,群众的居住环境彻底改善,生活品质大幅提升。五是经济账。农民收入增加,房租、地租和劳动力收入数倍增长,实现"减房不减财、减人不减收"。集体经济壮大,在村集体原有物业出租收入的基础上,增加了现代农业、留用地开发、休闲旅游产业等多种收入方式,全面消除经济薄弱村。通过"土地整治＋都市现代农业""土地整治＋乡村旅游产业""土地整治＋城乡融合发展"打造一二三产业融合发展新模式。2019年,灵山风情小镇累计接待游客达 20 余万人,有效带动了景区内农家乐、民宿等乡村经济业态发展,商业配套服务由原先的 37 家增加至 200 余家,景区生态、社会、经济效益增长明显,农旅产业融合在振兴乡村经济方面的作用得到了较好验证(见图 7.2-34)。

图 7.2-34 双浦镇农村治理前后对比

图片来源：自然资源部官网

第八章 加快推进"新鱼米之乡"建设的建议

第八章 加快推进"新鱼米之乡"建设的建议

8.1 建立"新鱼米之乡"建设评估体系

建立符合省情实际的"新鱼米之乡"考核评估体系,明确考核评估要求,作为江苏省"新鱼米之乡"建设试点筛选、建设成效评估考核的评价标准。

8.1.1 构建评估指标体系

统筹考虑农村生态、业态、形态、制度等方面,建立符合江苏实际、体现区域特色的"新鱼米之乡"建设评估指标体系,指导试点地区建设,评估建设水平,为管理决策提供依据。在满足基本条件的基础上,针对重要农产品保障、特色生态产品供给、第二产业引领、文旅融合发展、生态系统服务等不同主导发展方向的地区,建立特色指标体系,引导"新鱼米之乡"建设突出乡村特色优势。

8.1.2 建立评估考核机制

与乡村振兴工作深度融合,综合考虑建设成效、组织管理、资金保障等方面因素,研究制定"新鱼米之乡"建设评估考核办法。评估考核结果与资金补助、政策支持、要素保障等挂钩,激发各地干事创业的积极性、主动性和创造性,推动"新鱼米之乡"建设取得实效。

8.2 制定"新鱼米之乡"总体推进方案

在充分认清江苏省情的基础上,坚持系统思维,坚持问题导向,探索符合江苏特色的"新鱼米之乡"建设模式与路径,编制实施方案,为江苏省"新鱼米之乡"建设提供科学指引。

8.2.1 突出三态合一,推进"新鱼米之乡"建设

聚焦农村突出环境问题,立足农村生产生活实际,以"农业强、农村美、农民富"为指引,以修复生态、优化业态、提升形态为重点,从农村突出环境问题生态化治理、恢复和提升农村生态系统功能、优化农村特色优质业态、提升农村特色形态等方面出发,提出符合江苏实际的建设途径。通过修复乡村生态,打造生态宜居美丽家园,推进绿色循环低碳发展,让"农村美"成为"新鱼米之乡"的鲜明标识;通过优化乡村业态,切实提高农业综合生产力、供给质量和竞争力,着力稳定农业"基本盘",以"农业强""农民富"筑牢"新鱼米之乡"的坚实基础;通过提升乡村形态,推进生态文化体系建设,提升乡村的精神风貌,全面提升"新鱼米之乡"的发展成色。

8.2.2 突出因地制宜,形成"新鱼米之乡"建设特色模式

聚焦重要农产品保障、特色生态产品供给、第二产业引领、文旅融合发展、生态系统服务等突出功能,探索建设思路与内容,形成一批特色鲜明、功能多样的"新鱼米之乡"。以粮食作物、油棉糖、水产、畜禽、蔬菜等重要农产品生产为主要功能的乡村,可建设成重要农产品保障型"新鱼米之乡",为保障国家粮食安全和重要农副产品有效供给发挥重要作用。特色优质生态产品供给及加工服务能力突出的乡村,可建设成为特色生态产品供给型"新鱼米之乡",充分发挥其农业多功能价值。靠近城镇建成区或工业集聚区,以发展现代化工业为主的乡村,可建设成为第二产业引领型"新鱼米之乡",实现资源集约高效利用。具备良好的自然生态禀赋、丰厚的历史文化底蕴和便利交通条件的乡村,可建设成为文旅融合发展型"新鱼米之乡"。各类自然保护地、生态保护红线和生态空间管控区域等重点生态保护区域占主导地位的乡村,可建设成为生态系统服务型"新鱼米之乡",最大化发挥生态系统调节服务功能。

8.3 健全"新鱼米之乡"建设的市场支撑体系

"新鱼米之乡"建设必须坚持市场化的方向,发挥市场在资源配置中的决

定性作用,采取市场化运作模式,走可持续的道路,推动乡村持续发展。

8.3.1 凝聚市场专业力量

发挥省环保集团、文投集团、规划设计集团、农垦集团等省属国有企业在"新鱼米之乡"建设中的协同和引领作用,吸引其他社会主体参与,以治理区域为基本单元,统筹生态治理端、资本端和产业端,为"新鱼米之乡"建设提供从规划、投资、建设到运营的一体化、个性化服务,实现控成本、提效率、降风险。

8.3.2 创新市场化运作模式

探索建立"新鱼米之乡"建设"项目化运作＋公司化经营""入股分红"等模式,坚持政府引导、市场主导、社会共治理念,鼓励地方政府资本、国有资本、社会资本、村民共同组建项目股份制公司,开展项目建设经营。鼓励村集体和农民通过土地、资金、劳动力入股的形式参与"新鱼米之乡"建设,分享产业增值收益。探索将生态环境治理项目与资源、产业开发项目一体化实施的项目组织实施方式,推动生态环境导向的开发(EOD)模式赋能"新鱼米之乡"建设。

8.4 加大"新鱼米之乡"建设的政策支持力度

在建设"新鱼米之乡"过程中,要更好发挥政府政策引导作用,加强激励政策的有效供给,激发社会资本投资农业农村的积极性,发挥农民的主观能动性,形成"新鱼米之乡"建设的合力。

8.4.1 强化用地政策支持

探索生态空间价值转化新政策,对集中连片开展生态修复的经营主体,配套一定的用地指标从事相关产业开发,预留用地不定性、预留指标不落地,激发市场主体参与农村生态环境治理的积极性。鼓励村集体和集体经济组织成员通过自主经营、合作经营、委托经营等多种形式盘活利用闲置宅基地和农村住宅。实施"拆旧建设"同步,通过实施全域土地综合整治,推进建设用地指标交易,交易收益分成与引进社会资金挂钩。探索乡村产业发展用地政策,建设用地指标向乡村发展倾斜,县域内新增耕地指标优先用于折抵乡村产业发展所需建设用地指标,保障乡村振兴建设用地。

8.4.2 拓宽资金渠道

设立省级专项财政资金,对"新鱼米之乡"建设试点的新增建设投入给予一定资金支持。各类省级相关专项资金、省生态补偿资金向试点地区倾斜,集中发挥资金效益。在省政府乡村振兴引导基金支持下,设立"新鱼米之乡"产业发展基金,支持地方政府发行政府债券,吸引社会资本,统筹各方利益,支持本土产业发展,共享发展收益。对经济薄弱地区、工作任务重的地方,适当提高省政府投资基金出资比例,支持优势产业、优质项目。完善农村金融服务,加大绿色金融支持力度,大力推广"环保贷""苏农贷""富农易贷""文旅贷"等贷款产品,增强乡村自身造血功能。

8.5 强化"新鱼米之乡"建设的组织保障

"新鱼米之乡"建设是实施乡村振兴战略的重要举措,涉及范围广,触及层次深,必须做好顶层设计,加强组织领导,强化统筹推进,全面提高推进"新鱼米之乡"建设的组织力和实效性,推动各项工作落到实处。

8.5.1 建立省级协调推进工作机制

建立"新鱼米之乡"建设工作领导机制,成立以省委省政府领导为组长,省生态环境、发展改革、工信、住建、农业农村、自然资源、财政、水利、文化旅游、卫生健康等相关部门为成员的领导小组,统筹协调推进全省"新鱼米之乡"建设工作。省各有关部门研究出台配套政策,密切协作配合,加强督促检查,形成工作合力。

8.5.2 强化市县主体责任

市、县政府对本地区"新鱼米之乡"建设工作担负主体责任,切实做好规划编制、项目落地、资金使用、推进实施和基础设施配套建设等工作,积极为项目化运作和公司化经营做好基础支撑。规划编制应坚持县域规划"一盘棋",科学布局三生空间,谋深谋细重点项目,实现县镇村功能衔接互补。资金使用应坚持树牢精品意识,坚持落细落实要求,坚持评价与调研结合、与监管并重。基础设施和公共服务建设应与产业发展齐头并进。

8.6 加快推进"新鱼米之乡"建设试点

通过试点地区先行先试,发挥示范引领作用,为全省推进探索"新鱼米之乡"建设探索路径、积累经验。

8.6.1 积极推进省级试点建设

充分融合现有特色小镇、特色田园乡村、生态文明建设示范村等各项试点示范工作,赋予"新鱼米之乡"内涵,选取部分基础条件好、示范作用突出的地区,率先开展"新鱼米之乡"试点建设,引入综合实力强、专业化水平高的市场主体,集中力量、聚集资源,推进政策集成落地,探索各具特色的建设模式和路径,形成一批可复制、可推广的示范案例。

8.6.2 加大试点宣传推广力度

及时总结"新鱼米之乡"的好典型、好经验、好做法,形成评价指标、考核标准、运营模式、推进机制、建设路径等系统化的创新成果。充分运用主流媒体和新兴媒体,深入报道"新鱼米之乡"建设试点的丰富实践和重大成就,充分发挥试点地区示范引领作用,动员社会各界广泛参与,努力营造"新鱼米之乡"共建共享的良好氛围。

附件

附件1 江苏省"新鱼米之乡"建设实施方案建议

为深入贯彻落实习近平生态文明思想和习近平总书记对江苏工作的系列重要指示精神,探索"美丽中国"江苏实践,聚力打通"绿水青山就是金山银山"转化路径,打造江苏高水平全面建成小康社会乡村样板,推进"新鱼米之乡"示范建设,提出本实施方案建议。

一、重要意义

江苏河湖交织,水量丰沛,气候湿润,土地肥沃,物产丰饶,生活富裕,是全国闻名遐迩的"鱼米之乡"。随着工业化和城镇化的快速推进,以及高投入高产出的农业集约化经营,部分地区环境污染严重、优质土地资源流失,生态系统功能退化、生物多样性减少,大片农田鱼池被水泥森林所吞噬,"鱼米之乡"黯然褪色,丧失传统风貌,成为高质量发展中最明显的短板。在全面建成小康社会基础上开启全面建设社会主义现代化国家新征程的新时期,迫切需要赋予江苏"鱼米之乡"新的内涵和时代特征,让昔日"鱼米之乡"重振新风采,描绘"新鱼米之乡"画卷。

"新鱼米之乡"是在继承和传承农村传统生活方式和生产方式的基础上,依托和发挥自然生态优势,拓展农业功能,统筹产业生态化和生态产业化,畅通绿水青山向金山银山转化的路径,培育新的经济增长点,实现人与自然和谐相处。建设"新鱼米之乡"是江苏践行习近平生态文明思想的重要途径,是实践创新"绿水青山就是金山银山"理念的积极探索,更是江苏推进"美丽中国"建设和乡村振兴的有效载体,对于推动农业农村高质量发展具有十分重要的意义。

二、总体思路

(一)指导思想

以习近平新时代中国特色社会主义思想为指导,系统学习党的二十大精神,深入贯彻落实习近平生态文明思想,以恢复乡村生态平衡和拓展发展新空间为目标,以修复生态、优化业态、提升形态为重点,统筹产业生态化和生态产业化,探索乡村绿水青山转化为金山银山的有效路径,提升农村生态环境治理体系和治理能力现代化水平,推进农业生产、农村生活清洁化,深入开展农村人居环境整治,强化污染治理、生态修复和制度创新,建设一批自然循环、环境优美、生态宜居、生活富裕、乡风文明的"新鱼米之乡",不断满足人民群众日益增长的生态环境需求。

(二)基本原则

统筹规划,融合发展。以农业农村污染治理、生态环境修复为重点,加强与"十四五"发展规划、各类专项规划、区域规划及空间规划等规划衔接,充分与美丽田园乡村建设、特色小镇建设、农村人居环境整治等工作融合,统筹推进各项建设任务,系统谋划"新鱼米之乡"的实现路径。

因地制宜,差异施策。充分考虑各地在自然条件、空间形态、产业发展、地域文化等方面的差异,科学规划、因地施策,既尽力而为又量力而行,合理确定本地区目标任务,着力保护和塑造乡村特色风貌,发展乡村特色产业,推进生产系统和生活系统循环链接,真正让农村美起来、农民生活好起来。

政府引导,共建共享。充分发挥政府引导作用,建立符合市场规律的多元化投入机制,引导社会资本和广大农民参与"新鱼米之乡"建设,让良好生态环境、绿色生态产业、特色乡村风貌成为农民生活质量的增长点,推动生活品质大幅提升,让人民群众有更多获得感。

继承创新,先行先试。在继承和发扬人与自然和谐共生发展模式的基础上,结合新时代发展要求和江苏农村发展现状,积极开展"新鱼米之乡"试点建设,创新投融资模式和运营管理方式,探索习近平生态文明思想的江苏农村实践,推动江苏走上产业生态化和生态产业化的高质量发展之路。

(三)建设目标

以行政村或自然村为单元,以农村污染防治为切入点,以实现乡村"生态美、产业强、百姓富相统一"为战略目标,在农村生活污水污染治理、农业面源污染治理、秸秆资源化利用等突出环境问题上取得重大突破,农村生态环境得到明显改善,生态系统功能逐步恢复,农业生产和农村生活清洁化水平明显提升,乡村风貌全面提升。通过五到十年,使"新鱼米之乡"建设取得突破性进展,建成一批可复制、可推广的实践成果,使得天更蓝、水更净、田更沃、形象更美、产业更融合、文化更吸引成为乡村发展优势,实现农业增效、农村增色、经济增强、生态增优、文化增智,形成经济生态化、生态经济化的良性循环,实现人与自然和谐共生、互利共赢,建成新时代的"新鱼米之乡"。

三、建设途径

(一)推进农村突出环境问题生态化治理。立足农村生产生活实际,优先采取资源化利用措施,解决农村生活污水、生活垃圾和有机易腐垃圾等突出环境问题。全面开展农村污水治理提升行动,将生活污水治理与农村改厕有机衔接,推广整县制农村生活污水社会化治理。以镇(街道)为单位,推动建立"户分类投放、村分拣收集、镇回收清运、有机垃圾生态处理"的农村生活垃圾分类收集处理体系,深化农村有机易腐垃圾处理技术研究,推广有机垃圾就地生态处理。加快完善秸秆收储利用体系,推进农作物秸秆资源综合利用。

(二)恢复和提升农村生态系统功能。坚持节约优先、保护优先、自然恢复为主的方针,统筹推进农村山水林田湖草系统保护修复,逐步恢复农村地区生物群落和生态链,增强自然生态系统功能稳定性,提升生态产品供给能力。以房前屋后河塘沟渠为重点,持续推进农村河道清淤、岸坡整治、水系连通,提升水体自净能力。全面清理河塘乱占乱建、乱垦乱种、乱排乱倒,全面消除农村黑臭水体。充分利用现有沟、塘、渠等,建设生态安全缓冲区、地表径流集蓄与再利用设施,净化农田退水、养殖尾水及地表径流。

(三)优化提升农村特色优质业态。以绿色低碳循环为目标,推动形成绿色生产方式,推进投入品减量化、生产清洁化、废弃物资源化、产业模式生态化,实现产业生态化和生态产业化,提高农村产业可持续发展能力。加快建设高标准田园综合体,推广标准化生产技术,建设一批优质农产品生产基地,增加绿色、有机、无公害农产品供给。深入实施现代农业提质增效工程,推动农产品加工业优化升级。运用"旅游+""生态+""互联网+"等模式,推动休闲观光农业和乡村旅游高质量发展。加快现代信息技术与农业农村发展深度融合,推进5G+智慧农业建设,推动传统农业转型升级。

(四)塑造新时代鱼米之乡特色形态。从符合乡村特色出发,优化完善镇村布局,持续开展农村人居环境整治行动,打造美丽乡村,为老百姓留住鸟语花香的田园风光。以村旁、宅旁、路旁、水旁为重点,优先选用乡土树种,提升村庄绿化建设质量。深入开展村庄清洁行动,加强乡村公共空间治理。加强传统村落保护,注重传统空间形态、建筑保护,做好重要空间、建筑和环境设计。加强农村公共文化服务体系建设,推进重大文化惠民工程,丰富农村居民精神生活。实施农村传统文化保护、传承和提升行动,加大对民间文艺和文化产品的扶持力度。

(五)创新新时代鱼米之乡建设模式。坚持系统性思维,探索新时代鱼米之乡建设项目化运作和公司化经营模式,以治理区域为基本单元,统筹治理端、资本端和产业端,建立项目一体化规划、投资、建设、运营模式。鼓励地方政府资本、国有资本、社会资本、村民共同设立项目股份制公司,开展项目建设经营。鼓励村集体经济组织及其成员通过自主经营、合作经营、委托经营等多种形式盘活利用闲置宅基地和农村住宅。通过入股分红、土地租金、务工薪金等方式,促进农民增收,引导民众积极参与新时代鱼米之乡建设。

四、保障措施

(一)加强组织保障。建立"新鱼米之乡"建设工作领导机制,成立以省委省政府领导为组长,省生态环境、发展改革、工信、住建、农业农村、自然资源、财政、水利、文化旅游、卫生健康等相关部门为成员的领导小组,统筹协调推进全省"新鱼米之乡"建设工作。省有关部门要根据本方案要求,出台行动计划和配套政策,密切协作配合,加强督促检查,形成工作合力。市县人民政府对本地区"新鱼米之乡"建设工作担负主体责任,要切实做好规划编制、项目落地、资金使用、推进实施和基础设施配套建设等工作,积极为项目化运作和公司化经营做好基础支撑。

(二)拓宽资金渠道。设立省级专项支持财政资金,对建设试点的新增建设投入给予一定资金支持。各类省级相关专项资金、省生态补偿资金向试点项目倾斜,集中发挥资金效益。在省政府乡村振兴引导基金支持下,设立"新鱼米之乡"产业发展基金,吸引社会资本,统筹各方利益,支持本土产业发展,导入优质产业,盘活存量资产,拓展产业空间,共享发展收益。

(三)强化政策支持。要积极研究制订具体措施,在土地保障、项目审批、城乡规划、农业发展等方面给予支持和保障,加大对"新鱼米之乡"建设政策支持力度。在试点项目上试行"生态空间价值实现"新政策,预留用地不定性,预留指标不落地,盘活存量用地,在全域土地综合整治和建设用地增减挂钩政策上有新突破,实现试点区域建设用地总体减量、布局优化的目标。

(四)加强评估考核。将"新鱼米之乡"建设纳入高质量发展评价指标体系,制定评估考核标准和办法,对市县开展评估考核。各地要将"新鱼米之乡"建设工作纳入政府目标责任考核范围,作为相关市县干部政绩考核的重要内容。省相关部门根据各地实施方案及目标任务,定期组织督导评估,评估结果向省委、省政府报告。强化激励措施,将评估考核结果与各项支持政策直接挂钩。

(五)加强宣传引导。坚持正确舆论导向,充分运用主流媒体和新兴媒体,深入报道"新鱼米之乡"建设的丰富实践和重大成就,宣传推广各地的好典型、好经验、好做法,凝聚社会共识,动员社会各界广泛参与,努力营造"新鱼米之乡"共建共享的良好氛围。

附件2 江苏省"新鱼米之乡"建设指标体系建议

为深入贯彻落实习近平生态文明思想和习近平总书记对江苏工作的重要指示批示精神,探索"美丽中国"江苏实践,聚力打通"绿水青山就是金山银山"转化路径,打造江苏高水平全面建成小康社会乡村样板,科学引导"新鱼米之乡"建设,基于江苏省"新鱼米之乡"建设途径及指标体系研究成果,提出"新鱼米之乡"建设综合指标体系及分类型特色指标体系建议。

一、基本条件

江苏省"新鱼米之乡"建设需要具备以下基本条件。

(一)生态良好。区域生态环境本底优良,水体、大气、噪声、土壤环境质量符合功能区标准并持续改善,无黑臭水体等严重污染现象,无露天焚烧废弃物现象,生态空间得到有效保护。

(二)生产发展。带动乡村发展的主导(绿色)产业明晰,工业企业向园区集聚,有机农业、循环农业和生态农业有序发展,生态旅游健康发展,无高污染企业迁入,产业生态化和生态产业化成效突出。

(三)村容整洁。生活垃圾收运体系健全,沟渠边、河道旁、田间地头无垃圾乱堆乱放,路面整洁干净,河渠通畅。

(四)乡风文明。环保知识普及率高,节约资源和保护环境的村规民约深入人心,勤俭节约,社会治安良好,优秀的传统农耕文化得到传承。

(五)基础扎实。制定符合乡村地域特征的空间规划,生活生产空间布局合理,生态环境基础设施健全,长效管护机制完善。

二、指标要求

"新鱼米之乡"建设指标按特色鲜明、数据可得原则设置,包括生态、业态、形态、制度4个方面9大类,分为基础指标和特色指标。指标适用范围为行政村或自然村。

(一)基础指标

基础指标共22项(见表1),其中,约束类指标18项,参考类指标4项。各类型"新鱼米之乡"建设均应满足表1中的基础指标。

表1 江苏省"新鱼米之乡"建设基础指标

领域	类别	序号	指标	单位	指标值	指标属性
生态	环境质量	1	水环境质量状况 地表水水质达到或优于Ⅳ类的比例 农村黑臭水体消除比例	% %	≥90 100	约束性 约束性
		2	受污染耕地安全利用率	%	100	约束性
	生态状况	3	乡土树种绿化比例	%	≥90	约束性
		4	水生态系统状况 水域面积占比 水系连通性	% —	不下降 稳定提高	约束性 约束性
		5	河湖自然生态岸坡比例	%	≥90	约束性
		6	外来物种入侵	—	没有入侵	参考性
业态	生态产业	7	农村居民人均可支配收入年均增幅	%	≥10	约束性
		8	绿色优质农产品比重	%	≥85	约束性
	清洁生产	9	农业废弃物综合处置利用率 畜禽粪污综合利用率 农作物秸秆综合利用率 农膜回收利用率 农药包装废弃物回收处理率	% % % %	≥99 ≥98 ≥98 ≥90	约束性
		10	水产养殖尾水达标排放率	%	≥95	约束性
		11	农作物病虫害绿色防控覆盖率	%	≥95	约束性
		12	化肥施用强度(折纯)	千克/公顷	<220	约束性
形态	生态宜居	13	村庄规划	—	编制及实施	约束性
		14	生活污水处理和综合利用率	%	100	约束性
		15	生活垃圾处置利用率 开展生活垃圾分类收集的农户比例 生活垃圾无害化处理率	% %	100 100	约束性
		16	村庄绿化覆盖率	%	≥40	约束性
		17	农村新建绿色建筑比例	%	≥60	参考性
	乡风文明	18	遵守节约资源和保护环境 村规民约的农户比例	%	≥95	约束性
		19	村级综合性文化服务中心	—	建设	约束性
制度	制度创新	20	农村环境基础设施长效管护机制	—	建立	约束性
	满意度	21	村民对新时代鱼米之乡建设的满意度	%	≥90	参考性
	参与度	22	村民对新时代鱼米之乡建设的参与度	%	≥90	参考性

（二）特色指标

特色指标共 21 项（见表 2），其中，约束类指标 14 项，参考指标 7 项。各类型"新鱼米之乡"建设除满足表 1 中的基础指标外，还应分别满足表 2 中的特色指标。

1. 重要农产品保障型

重要农产品保障型"新鱼米之乡"是指以粮食作物、油棉糖、水产、畜禽、蔬菜等重要农产品生产为主要功能的乡村，具有保障国家粮食安全和保证重要农副产品有效供给的重要作用。

2. 特色生态产品供给型

特色生态产品供给型"新鱼米之乡"是指能够为人类提供可在市场交换的各种优质生态产品、拥有相应产品生产加工龙头企业、具备品牌影响力的乡村。

3. 第二产业引领型

第二产业引领型"新鱼米之乡"是指靠近城镇建成区或工业集聚区的现代化工商业重镇（村），工业集聚发展、合理布局，资源利用集约高效，产业发展实现绿色低碳循环。

4. 文旅融合发展型

文旅融合发展型"新鱼米之乡"应具备良好的自然生态禀赋、丰厚的历史文化底蕴和便利的交通条件，重点发展生态旅游、文化旅游及其他高端服务业。该类型区域能够提供优美的生态环境，鼓励低效、闲散用地逐步退出，加大生态环境受损区域保护修复力度，为发展生态旅游提供更多的生态资产。

5. 生态系统服务型

生态系统服务型"新鱼米之乡"是指各类自然保护地、生态保护红线和生态空间管控区域等重点生态保护区域占主导地位的乡村。

表 2　江苏省"新鱼米之乡"建设特色指标

领域	类别	序号	指标	单位	指标值	指标属性	适用建设类型
生态	环境质量	1	二氧化碳净排放量	千克	0	参考性	文旅融合发展型、生态系统服务型
		2	土壤环境质量	—	满足标准要求	参考性	特色生态产品供给型
	生态状况	3	基本农田保护区面积	万亩	不减少	约束性	重要农产品保障型
		4	单位国土面积生态系统生产总值	万元/平方公里	稳定提高	参考性	特色生态产品供给型、文旅融合发展型、生态系统服务型
		5	自然生态空间保护生态保护红线、生态空间管控区自然保护地	—	面积不减少,性质不改变,功能不降低	约束性	生态系统服务型
业态	生态产业	6	高标准农田比重	%	≥80	约束性	重要农产品保障型
		7	粮食综合生产能力	万吨	不降低	约束性	重要农产品保障型
		8	生态加工业产值占工业总产值比重	%	稳定提高	参考性	特色生态产品供给型、第二产业引领型
		9	居民人均生态产品产值占比	%	稳定提高	约束性	特色生态产品供给型
		10	单位GDP建设用地使用面积下降率	%	≥4.5	参考性	第二产业引领型
		11	生态旅游收入占服务业总产值比重	%	稳定提高	约束性	文旅融合发展型
	清洁生产	12	农田退水综合处理率	%	≥90	约束性	重要农产品保障型
		13	机插秧播种面积占比	%	≥95	参考性	重要农产品保障型
		14	重点企业清洁生产审核实施率	%	100	约束性	第二产业引领型
		15	单位工业增加值能耗	吨标煤/万元	≤0.3	约束性	第二产业引领型
		16	单位工业增加值新鲜水耗	立方米/万元	≤8	约束性	第二产业引领型
形态	乡风文明	17	村民绿色出行比例	%	≥80	约束性	文旅融合发展型
		18	生态环保知识普及率	%	100	参考性	文旅融合发展型
		19	生态环境科普基地	—	建设	约束性	文旅融合发展型
制度	制度创新	20	生态系统生产总值(GEP)核算制度	—	建立	约束性	生态系统服务型
		21	生态预算制度	—	建立	约束性	生态系统服务型

三、指标解释

（一）基础指标

1. 水环境质量状况

（1）地表水水质达到或优于Ⅳ类的比例

指标解释：指行政区域内主要水体水质达到或优于Ⅳ类标准的比例，执行《地表水环境质量标准》(GB3838—2002)。应达到90%。

计算公式：

$$地表水水质达到或优于Ⅳ类的比例(\%) = \frac{主要水体水质达到或优于Ⅳ类标准的数量(个)}{行政区域内水体总量(个)} \times 100\%$$

（数据来源：生态环境部门。）

（2）农村黑臭水体消除比例

指标解释：指行政区域内黑臭水体消除数占黑臭水体总量的比例。要求黑臭水体全部消除，应为100%。

计算公式：

$$农村黑臭水体消除比例(\%) = \frac{黑臭水体消除数量(个)}{行政区域内黑臭水体总量(个)} \times 100\%$$

（数据来源：生态环境部门。）

2. 受污染耕地安全利用率

指标解释：指行政区域内受污染耕地安全利用面积占受污染耕地面积的比例，执行《受污染耕地安全利用率核算办法（执行）》。应为100%。

计算公式：

$$受污染耕地安全利用率(\%) = \frac{受污染耕地安全利用面积(平方公里)}{受污染耕地总面积(平方公里)} \times 100\%$$

（数据来源：农业农村部门、生态环境部门。）

3. 乡土树种绿化比例

指标解释：指行政区域内绿化用树中乡土树种所占的比例。应达到90%。

计算公式：

$$乡土树种绿化比例(\%) = \frac{乡土树种栽种量(万株)}{绿化用树栽种总量(万株)} \times 100\%$$

(数据来源：自然资源部门。)

4. 水生态系统状况

（1）水域面积占比

指标解释：行政区域内湖泊、河流沟塘等水域面积占国土面积的比例。应确保面积占比不下降。

计算公式：

$$水源面积占比(\%)=\frac{行政区域内水域面积(平方公里)}{行政区域内国土面积(平方公里)}\times100\%$$

(数据来源：自然资源部门、水利部门。)

（2）水系连通性

指标解释：采用水文-水力综合法，综合考虑水文过程和水流阻力，用任一河流与其他河流连通度的最大值建立河网连通度，进而计算河网的加权连通度[72]。应保持稳定提高。

(数据来源：水利部门。)

5. 河湖自然生态岸坡比例

指标解释：指行政区域内河湖（库）自然生态岸坡长度占行政区内河湖岸坡总长度的比例。自然生态岸坡指不存在人工造坡、裁弯取直、岸线硬质化等违背自然规律的人工干预行为，保留原有河湖（库）生态系统，水体与土壤可以相互渗透，水体自净能力较强，有一定自然景观效果的岸坡。应达到90%。

计算公式：

$$自然生态岸坡比例(\%)=\frac{自然生态岸坡长度(公里)}{区内岸坡总长度(公里)}\times100\%$$

(数据来源：水利部门、自然资源部门。)

6. 外来物种入侵

指标解释：指在当地生存繁殖，对当地生态或者经济构成破坏的外来物种的入侵情况。外来物种种类参照《国家重点管理外来物种名录（第一批）》《关于发布中国第一批外来入侵物种名单的通知》《关于发布中国第二批外来入侵物种名单的通知》《关于发布中国外来入侵物种名单（第三批）的公告》。建设"新鱼米之乡"区域应开展外来物种入侵情况实地调研，要求没有外来物种入侵。

（数据来源：自然资源部门、农业农村部门、水利部门、园林部门、生态环境部门。）

7. 农村居民人均可支配收入年均增幅

指标来源：全面建成小康社会标准对"农村居民家庭人均纯收入"做出明确要求，《江苏高质量发展监测评价指标体系与实施办法》中关于"人民生活高质量"的考核指标之一为"居民人均可支配收入"，鉴于江苏历来以"农村居民人均可支配收入"衡量农村人均生活质量，综合决定，采用"农村居民人均可支配收入年均增幅"。

指标解释：农村居民人均可支配收入是指农村住户获得的经过初次分配与再分配后的收入。可支配收入可用于住户的最终消费支出和其他非义务性支出以及储蓄。

计算公式：农村居民人均可支配收入＝农村住户总收入－家庭经营费用支出－税费支出－生产性固定资产折旧－财产性支出－转移性支出－调查补贴。

指标标准：根据江苏农村居民人均可支配收入变化情况，计算"十三五"以来的增长率为7.28%，考虑到乡村振兴战略实施的叠加效应，因此，确定年均增幅10%作为江苏省"新鱼米之乡"建设指标目标值。（美丽乡村建设评价指标体系中，农民收入年均增长幅度≥10%为优秀。）

（数据来源：统计部门。）

8. 绿色优质农产品比重

指标解释：指种植业绿色优质农产品比重和畜禽生态健康养殖比重，通过两项指标加权平均获得。种植业绿色优质农产品比重指行政区域内绿色优质农产品生产基地面积占食用农产品耕地面积的比重，绿色优质农产品基地包括绿色食品、有机农产品、地理标志农产品生产基地、部省优质农产品生产基地。畜禽生态健康养殖比重指行政区域内达到生态养殖技术规范要求的规模养殖场数量占畜禽规模养殖场（小区）总数的比例。应达到85%。

计算公式：

$$种植业绿色优质农产品比重(\%) = \frac{绿色优质农产品生产基地面积(亩)}{食用农产品耕地面积(亩)} \times 100\%$$

$$畜禽生态健康养殖比重(\%) = \frac{达到生态养殖技术规范要求的规模养殖场数量(个)}{畜禽规模养殖场(小区)总数(个)} \times 100\%$$

(数据来源:农业农村部门、统计部门。)

9. 农业废弃物综合处置利用率

(1)畜禽粪污综合利用率

指标解释:指行政区域内规模化畜禽养殖场通过还田、沼气、堆肥、培养料等方式综合利用的畜禽粪污量占畜禽粪污产生总量的比例。应达到99%。

计算公式:

$$畜禽粪污综合利用率(\%) = \frac{综合利用的畜禽粪污量(吨)}{畜禽粪污产生总量(吨)} \times 100\%$$

(2)农作物秸秆综合利用率

指标解释:指行政区域内综合利用的农作物秸秆数量占农作物秸秆产生总量的百分比。应达到98%。

计算公式:

$$农作物秸秆综合利用率(\%) = \frac{农作物秸秆综合利用量(吨)}{农作物秸秆产生量(吨)} \times 100\%$$

(3)农膜回收利用率

指标解释:主要指用于粮食、蔬菜育秧(苗)和蔬菜、食用菌、水果等大棚设施栽培的0.01毫米以上加厚农膜的回收利用率。应达到98%。

计算公式:

$$农膜回收利用率(\%) = \frac{农膜回收利用量(吨)}{农田使用薄膜总量(吨)} \times 100\%$$

(4)农药包装废弃物回收处理率

指标解释:指行政区域内农业生产过程中回收处理的农药包装废弃物量占农药包装废弃物产生总量的比重。应达到90%。

计算公式:

$$农药包装废弃物回收处理率(\%) = \frac{回收处理的农药包装废弃物量(吨)}{农药包装废弃物产生总量(吨)} \times 100\%$$

(数据来源:农业农村部门。)

10. 水产养殖尾水达标排放率

指标解释：指行政区域内养殖尾水排放达到《池塘养殖尾水排放标准》(DB 32/4043—2021)限值的池塘养殖面积占总池塘养殖面积的百分比。应达到95%。

计算公式：

$$水产养殖尾水达标排放率(\%)=\frac{尾水达标排放的池塘养殖面积(亩)}{总池塘养殖面积(亩)}\times100\%$$

（数据来源：农业农村部门、生态环境部门。）

11. 农作物病虫害绿色防控覆盖率

指标解释：指行政区域内农作物生长过程中，实施病虫害绿色防控面积占农作物种植总面积的百分比。农作物病虫害绿色防控是指采取生态调控、农业防治、生物防治、理化诱控和科学用药等技术和方法，把病虫害危害损失控制在允许水平，并实现农产品质量安全的植物保护措施。应达到95%。

计算公式：

$$农作物病虫害绿色防控覆盖率(\%)=\frac{实施农作物病虫害绿色防控的种植面积(亩)}{农作物种植总面积(亩)}\times100\%$$

（数据来源：农业农村部门）。

12. 化肥施用强度（折纯）

指标解释：指行政区域内每年实际用于农业生产的化肥施用量（包括氮肥、磷肥、钾肥和复合肥）与耕地总面积之比。化肥施用量要求按折纯量计算。应低于220千克/公顷。

计算公式：

$$农用化肥施用强度(千克/公顷)=\frac{化肥施用量(折纯,千克)}{耕地总面积(公顷)}$$

（数据来源：农业农村部门、统计部门。）

13. 村庄规划

指标解释：指按要求编制村庄建设规划并明确生态环境保护相关内容，依法通过审批后实施。

（数据来源：自然资源部门、生态环境部门。）

14. 生活污水处理和综合利用率

指标解释:指行政区域内经过污水处理厂以及其他处理设施处理或综合利用的生活污水量占生活污水排放总量的百分比。应为100%。

计算公式:

$$\text{生活污水处理和综合利用率}(\%) = \frac{\text{生活污水处理量}(吨) + \text{生活污水综合利用量}(吨)}{\text{生活污水排放总量}(吨)} \times 100\%$$

(数据来源:生态环境部门、住建部门。)

15. 生活垃圾处置利用率

(1) 开展生活垃圾分类收集的农户比例

指标解释:指行政区域内开展生活垃圾分类、定期收集的农民户数占总户数的比例。应为100%。

计算公式:

$$\text{开展生活垃圾分类收集的农户比例}(\%) = \frac{\text{开展生活垃圾分类、定期收集的农民户数}(户)}{\text{农村居民总户数}(户)} \times 100\%$$

(数据来源:住建部门、生态环境部门。)

(2) 生活垃圾无害化处理率

指标解释:指行政区域内经无害化处理的生活垃圾量占生活垃圾产生总量的百分比。生活垃圾无害化处理指卫生填埋、焚烧和资源化利用(如制造沼气和堆肥)。应为100%。

计算公式:

$$\text{生活垃圾无害化处理率}(\%) = \frac{\text{生活垃圾无害化处理量}(吨)}{\text{生活垃圾产生量}(吨)} \times 100\%$$

(数据来源:住建部门、生态环境部门。)

16. 村庄绿化覆盖率

指标解释:指村庄建成区全部绿化覆盖面积占村庄建成区总面积的比例。包括村庄居民区绿化面积、公园面积、水面绿化面积、庭院绿化面积、街道绿化面积、草坪面积、小花园面积、小菜园面积、小果园面积、围村林面积、与村庄相连防护林面积等。应达到40%。

计算公式：

$$村庄绿化覆盖率(\%) = \frac{村庄建成区全部绿化覆盖面积(平方米)}{村庄建成区总面积(平方米)} \times 100\%$$

（数据来源：自然资源部门、住建部门、农业农村部门。）

17. 农村新建绿色建筑比例

指标解释：指达到《绿色建筑评价标准》(GB/T 50378—2019)的新建绿色建筑面积占新建建筑总面积的比例。绿色建筑指在全寿命周期内，节约资源、保护环境、减少污染，为人们提供健康、适用、高效的使用空间，最大限度地实现人与自然和谐共生的高质量建筑。应达到60%。

计算公式：

$$农村新建绿色建筑比例(\%) = \frac{新建绿色建筑面积(万平方米)}{农村新建建筑总面积(万平方米)} \times 100\%$$

（数据来源：住建部门。）

18. 遵守节约资源和保护环境村规民约的农户比例

指标解释：指行政区域内遵守节约资源和保护环境村规民约的农户数占总户数的比例。应达到95%。

计算公式：

$$遵守节约资源和保护环境村规民约的农户比例(\%) = \frac{遵守节约资源和保护环境村规民约的农户数(户)}{村庄农户数(户)} \times 100\%$$

（数据来源：生态环境部门、统计部门或独立第三方机构。）

19. 村级综合性文化服务中心

指标解释：指行政区域内由政府主导建立，面向村级民众提供公共文化服务的文化机构。主要针对村民的生产生活特点向其提供文艺演出、电影播放、读书看报、广播电视、文体活动、展览展示、技能培训等基本公共文体服务。

（数据来源：文旅部门。）

20. 农村环境基础设施长效管护机制

指标解释：指行政区域内对环境基础设施从运营维护、监督管理制度建设、经费保障等方面建立长效管护机制，确保环境基础设施持续正常运行。

（数据来源：生态环境部门、住建部门、农业农村部门。）

21. 村民对"新鱼米之乡"建设的满意度

指标解释:指行政区域内村民对"新鱼米之乡"建设成效的满意程度。该指标采用"新鱼米之乡"建设评估工作组现场随机发放问卷与委托独立的权威民意调查机构抽样调查相结合的方法获取,以现场调查与独立调查机构所获取指标值的平均值为最终结果。现场调查人数不少于行政区域人口的5%。调查对象应包括不同年龄、不同学历、不同职业人群,充分体现代表性。应达到90%。

(数据来源:农业农村部门、第三方独立机构。)

22. 村民对"新鱼米之乡"建设的参与度

指标解释:指行政区域内村民对"新鱼米之乡"建设成效的参与程度。该指标值通过统计部门或独立调查机构以抽样问卷调查等方式获取,调查人数不少于行政区域人口的5%。调查对象应包括不同年龄、不同学历、不同职业人群,充分体现代表性。应达到90%。

(数据来源:农业农村部门、第三方独立机构。)

(二) 特色指标

1. 二氧化碳净排放量

指标解释:指行政区域内指人类活动排放的温室气体(以二氧化碳计)与大自然吸收的温室气体之间的差值。要求达到"净零排放"的平衡状态。

计算公式:

二氧化碳净排放量(吨)=二氧化碳排放量(吨)-二氧化碳吸收量(吨)

主要通过清洁能源替代、净零排放工艺过程和技术取代传统工业等措施减少碳排放,将温室气体排放减少到最低限度;对于无法减排的部分通过提高生态系统碳汇能力、实施碳捕集和封存加以中和。

(数据来源:发改部门、生态环境部门。)

2. 土壤环境质量

指标解释:土壤环境质量标准是指土壤中污染物的最高容许含量。污染物在土壤中的残留积累,以不致造成作物的生育障碍、在籽粒或可食部分中的过量积累(不超过食品卫生标准)或影响土壤、水体等环境质量为界限。标准值参考《土壤环境质量 农用地土壤污染风险管控标准(试行)》(GB 15618—2018)和《土壤环境质量 建设用地土壤污染风险管控标准(试行)》(GB

36600—2018)。

（数据来源：农业农村部门、生态环境部门。）

3. 基本农田保护区面积

指标解释：指行政区域内基本农田保护区的面积，要求行政区内基本农田保护区面积不减少。

（数据来源：自然资源部门。）

4. 单位国土面积生态系统生产总值

指标解释：指行政区域内单位国土面积生态系统生产总值，是反映区域内生态系统运行状况的重要指标。生态系统生产总值是指生态系统为人类生存与福祉提供的产品与服务的经济价值，主要包括生态系统供给服务价值、生态系统调节服务价值、生态系统支持服务价值和生态系统文化服务价值。要求稳步提高。

（数据来源：统计部门。）

5. 自然生态空间保护

（1）生态保护红线、生态空间管控区

指标解释：根据《江苏省生态空间管控区域规划》，生态空间是指具有自然属性、以提供生态服务或生态产品为主体功能的国土空间，包括森林、草原、湿地、河流、湖泊、滩涂、岸线、海洋、荒地、荒漠、戈壁、冰川、高山冻原、无居民海岛等。生态保护红线是指在生态空间范围内具有特殊重要生态功能、必须强制性严格保护的区域，是保障和维护国家生态安全的底线和生命线，通常包括具有重要水源涵养、生物多样性维护、水土保持、防风固沙、海岸生态稳定等功能的生态功能重要区域，以及水土流失、土地沙化、石漠化、盐渍化等生态环境敏感脆弱区域。要求建立生态保护红线制度，确保生态保护红线面积不减少，性质不改变，主导生态功能不降低。主导生态功能评价暂时参照《关于印发〈生态保护红线划定指南〉的通知》和《关于开展生态保护红线评估工作的函》。

（2）自然保护地

指标解释：指由政府依法划定或确认，对重要的自然生态系统、自然遗迹、自然景观及其所承载的自然资源、生态功能和文化价值实施长期保护的陆域或海域，包括国家公园、自然保护区以及森林公园、地质公园、海洋公园、湿地公园等各类自然公园。

（数据来源：自然资源部门。）

6. 高标准农田比重

指标解释：指行政区域内高标准农田面积占耕地总面积的比例。应达到80%及以上。

（数据来源：农业农村部门。）

7. 粮食综合生产能力

指标解释：指行政区域内每年产生的粮食总量。应保持粮食产量不降低。

（数据来源：农业农村部门。）

8. 生态加工业产值占工业总产值比重

指标解释：指行政区域内生态加工业产值对工业总产值的贡献率，是反映生态加工业发展状况的主要指标。其中生态加工业主要包括依托生态资源衍生的农副食品加工、食品制造、饮料制造、木材加工、家具制造、矿泉水生产等。应保持稳定提高。

计算公式：

$$\text{生态加工业产值占工业总产值比重}(\%) = \frac{\text{当年生态加工业产值（万元）}}{\text{当年工业总产值（万元）}} \times 100\%$$

（数据来源：统计部门。）

9. 居民人均生态产品产值占比

指标解释：指行政区域统计口径内，居民人均生态产品价值实现的收入占居民人均总收入的百分比。该指标生态产品产值指生态系统提供的生态产品能够直接转化的价值，主要包括农、林、畜、水产品、碳汇交易以及农家乐、渔家乐旅游等收入。应保持稳定提高。

计算公式：

$$\text{居民人均生态产品产值占比}(\%) = \frac{\text{居民人均生态产品价值实现的收入（元）}}{\text{居民人均总收入（元）}} \times 100\%$$

（数据来源：统计部门。）

10. 单位GDP建设用地使用面积下降率

指标解释：指行政区域内本年度单位GDP建设用地使用面积与上年相比下降幅度。单位GDP建设用地使用面积指单位GDP所占用的建设用地面积，是反映经济发展水平和土地节约集约利用水平的重要指标。应达到 4.5%。

计算公式：

$$单位GDP建设用地使用面积 = \frac{建设用地使用面积（亩）}{地区生产总值（万元）}$$

$$单位GDP建设用地使用面积下降率（\%） = \left(1 - \frac{本年度单位GDP建设用地使用面积}{上年单位GDP建设用地使用面积}\right) \times 100\%$$

（数据来源：自然资源部门、统计部门。）

11. 生态旅游收入占服务业总产值比重

指标解释：指行政区域内生态旅游收入对服务业总产值的贡献率，是反映生态旅游业发展状况的主要指标。生态旅游是指以可持续发展为理念，以保护生态环境为前提，以统筹人与自然为准则，并依托良好的自然生态环境和独特的人文生态系统，采取生态友好方式，开展生态体验、生态教育、生态认知并获得身心愉悦的旅游方式。应保持稳定提高。

计算公式：

$$生态旅游收入占服务业总产值比重（\%） = \frac{当年生态旅游收入（万元）}{当年服务业总产值（万元）} \times 100\%$$

（数据来源：文旅部门、统计部门。）

12. 农田退水综合处理率

指标解释：指行政区域内因农业生产产生的农田退水综合处理量占农田退水产生总量的比重。应达到 90%。

计算公式：

$$农田退水综合处理率（\%） = \frac{农田退水综合处理量（吨）}{农田退水产生总量（吨）} \times 100\%$$

（数据来源：农业农村部门。）

13. 机插秧播种面积占比

指标解释：指行政区域内使用机插秧播种的农田面积占全部播种面积的比重。应达到 95%。

计算公式：

$$机插秧播种面积占比（\%） = \frac{使用机插秧播种的农田面积（亩）}{全面播种面积（亩）} \times 100\%$$

(数据来源:农业农村部门。)

14. 重点企业清洁生产审核实施率

指标解释:指行政区域内实施清洁生产审核的重点企业占重点企业总数的比例。应为100%。

计算公式:

$$重点企业清洁生产审核实施率(\%) = \frac{实施清洁生产审核的重点企业数量(家)}{行政区域内重点企业总数(家)}$$

(数据来源:发改部门、生态环境部门。)

15. 单位工业增加值综合能耗

指标解释:指行政区域内单位工业增加值的能源消耗量,是反映能源消费水平和节能降耗状况的主要指标。应不高于0.3吨标煤/万元。

计算公式:

$$单位工业增加值能耗(吨标煤/万元) = \frac{能源消耗总量(吨标煤)}{工业增加值(万元)}$$

(数据来源:工信部门、统计部门。)

16. 单位工业增加值新鲜水耗

指标解释:指行政区域内单位工业增加值所使用的生产和生活的新鲜水量,是反映水资源消费水平和节水降耗状况的主要指标。应不高于8立方米/万元。

计算公式:

$$单位工业增加值水耗(立方米/万元) = \frac{新鲜用水总量(立方米)}{工业增加值(万元)}$$

(数据来源:水利部门、统计部门。)

17. 村民绿色出行比例

指标解释:指行政区域内村民使用公共汽电车、自行车和步行等绿色出行方式的出行量占全部出行量的比例。应达到80%。

计算公式:

$$村民绿色出行比例(\%) = \frac{使用绿色出行方式的出行量(人次)}{全部出行量(人次)} \times 100\%$$

(数据来源:交通部门、统计部门。)

18. 生态环保知识普及率

指标解释:指行政区域内接受生态环保知识宣传的农村人口数占区域内农村人口总数的比重。应为百分之百。

计算公式:

$$生态环保知识普及率(\%) = \frac{接受生态环保知识宣传的农村人口数(个)}{区域内农村人口总数(个)} \times 100\%$$

(数据来源:生态环境部门、统计部门。)

19. 生态环境科普基地

指标解释:生态环境科普基地是践行习近平生态文明思想,展示生态环境保护科技成果与生态文明实践的重要场所,是向公众普及生态环境科技知识、宣传生态文明建设成就、提高全民生态与科学文化素质的重要阵地,在开展社会性、群众性、经常性的科普活动中具有示范性,是国家特色科普基地的重要组成部分;主要包括场馆、自然保护地、企业、产业园区、科研院所、教育培训等类别。要求在行政区域内建立生态环境科普基地。

(数据来源:生态环境部门。)

20. 生态系统生产总值(GEP)核算制度

指标解释:生态系统生态总值(GEP)核算制度是建立完善生态产品价值实现机制的根本。要求建立符合本地实际的生态系统生产总值核算标准体系(指标体系和核算方法),每年开展生态系统生产总值核算,编制生态产品清单。

(数据来源:发改部门、生态环境部门。)

21. 生态预算制度

指标解释:生态预算是指遵循可持续发展的要求,运用年度预算平衡理论和生态承载力理论进行资源有效配置,以维系自然资源的收支平衡。要求建立生态预算制度,编制生态预算报告,制定行政区域环境资源利用计划和年度生态预算目标,对本行政区域的自然资源进行动态监控,实施目标完成情况阶段性审计并根据阶段性审计结果及时调整下一阶段计划和预算,总体上保持年度自然资源收支平衡。

(数据来源:发改部门、自然资源部门。)

参考文献

[1] 邓坤金,李国兴. 简论马克思主义的生态文明观[J]. 哲学研究,2010(5):23-27.

[2] 恩格斯. 自然辩证法[M]. 北京:人民出版社,1984.

[3] 李仁熙,张立. 韩国新村运动的成功要因及当下的新课题[J]. 国际城市规划,2016,31(6):8-14.

[4] 李养秀. 韩国的新村运动[J]. 当代亚太,2016(6):1-22.

[5] 晖峻众三. 日本农业150年:1850—2000年[M]. 胡浩,等,译. 北京:中国农业大学出版社,2011.

[6] E. S. 萨瓦斯. 民营化与公私部门的伙伴关系[M]. 周志忍,等,译. 北京:中国人民大学出版社,2002.

[7] ABDULLAH M, SALEH E. Tehran: the making of a metropolis[J]. Habitat International,2001,25(4).

[8] 潘苹. 国际经验对我国乡村振兴战略发展的启示[J]. 农业与技术,2020,40(17):156-157.

[9] 陈新. 国外乡村建设对我国欠发达地区乡村振兴的若干启示[J]. 乡村科技,2019(30):8-10.

[10] 李宇佳,刘笑冰. 结合国外经验论乡村振兴背景下中国乡村旅游产业转型升级[J]. 农业展望,2019,15(6):104-107.

[11] 张延龙. 德国乡村振兴战略的发展经验及其启示[J]. 中国发展观察,2020(28):123-125.

[12] 刘国新,刘玉莹. 美国乡村建设经验对我国乡村振兴的启示[J]. 中国市场,2022(8):39-40.

[13] 刘晓丽.意大利旅游资源向旅游资本转变的途径[J].国际商务(对外经济贸易大学学报),2008(S1):9-13.

[14] 王秀忠,严端祥,王桂玲,等.美丽乡村 幸福安吉——浙江安吉县推进美丽乡村建设的新实践、新形势、新对策[J].中国乡镇企业,2013(9):31-40.

[15] 刘涵.换一种方式 乡村会更美——浙江省安吉县建设美丽乡村的经验与启示[J].今日海南,2017(4):33-34.

[16] 鹤蜚.青山绿水尽芳菲——浙江安吉美丽乡村建设纪实[J].生态文化,2019(1):4-10.

[17] 李晶.整体性治理视域下建设共同富裕示范区研究——基于江山市"中国幸福乡村"建设的调研[J].西部学刊,2021(24):55-58.

[18] 毛金泉.江山市"四举措"推进"美丽乡村"建设[J].浙江国土资源,2009(8):63-64.

[19] 吴理财,吴孔凡.美丽乡村建设四种模式及比较——基于安吉、永嘉、高淳、江宁四地的调查[J].华中农业大学学报(社会科学版),2014(1):15-22.

[20] 李慧.温州永嘉县美丽乡村文化建设研究[D].舟山:浙江海洋大学,2016.

[21] 周岚,崔曙平,曲秀丽.特色田园乡村:乡村建设行动的江苏实践[J].城乡建设,2021(6):16-27.

[22] 陈世强,时慧娜.中国乡村从业人员就业结构演化及对农民收入的影响[J].经济地理,2008(3):469-474.

[23] 方永恒,周家羽.体育旅游产业与文化创意产业融合发展模式研究[J].体育文化导刊,2018(2):93-98.

[24] 刘媛.江苏省农村产业融合的现状分析、发展思路与政策建议[J].江苏农业科学,2019,47(15):19-22.

[25] 王曙光.金融业如何支持农业发展转型?[J].中国金融家,2016(9):131-132.

[26] 宋长善.乡村振兴视阈下江苏省农村文化建设现状、困境与路径[J].安徽农学通报,2021,27(17):14-16+20.

[27] 李红玉.马克思恩格斯城乡融合发展理论研究[J].中国社会科学院研

究生院学报,2020(5):36-45.
[28] 中共中央马克思恩格斯列宁斯大林著作编译局. 马克思恩格斯选集:第1卷[M]. 北京:人民出版社,2012.
[29] 刘柳. 雅周现代农业园区发展中的管理问题和对策研究[D]. 扬州:扬州大学,2017.
[30] 邱晖,杨晗. 浅议产业集聚理论的分野与演替[J]. 知识经济,2012(9):10.
[31] 金相郁. 20世纪区位理论的五个发展阶段及其评述[J]. 经济地理,2004(3):294-298+317.
[32] 许丹. 国外乡村建设经验及对我国新农村建设的启示[D]. 哈尔滨:黑龙江大学,2009.
[33] 余燕,袁培. 国内外城乡一体化发展模式研究综述及启示[J]. 苏州教育学院学报,2016,33(2):78-83.
[34] 郑文哲,郑小碧. 中心镇推进城乡一体化的时空演进模式研究:理论与实证[J]. 经济地理,2013,33(6):79-83+108.
[35] 冯玲. 科学发展观视阈下的城乡一体化实践——以宁波市鄞州区城乡一体化实践为例[J]. 学术论坛,2012,35(7):151-154.
[36] 许传新. 成都城乡一体化模式对西部大开发的借鉴意义[J]. 四川行政学院学报,2007(3):69-72.
[37] 周颖杰. 论城乡一体化发展的基本内涵及主要途径分析[J]. 中国乡镇企业会计,2007(7):30-31.
[38] 吴东霞. 乡村振兴与乡村旅游耦合发展评价指标体系研究[D]. 南宁:广西民族大学,2022.
[39] 信慧娟,段文军,钟佩. 乡村旅游发展与乡村振兴耦合评价指标体系构建——以广西资源县为例[J]. 乐山师范学院学报,2019,34(8):64-73.
[40] 任龙. 以生态资本为基础的经济可持续发展理论研究[D]. 青岛:青岛大学,2016.
[41] 马爱锄. 西北开发资源环境承载力研究[D]. 咸阳:西北农林科技大学,2003.
[42] 宋长春,邓伟,宋新山,等. 松嫩平原西部生态脆弱带景观结构与生态耦合分析[J]. 应用生态学报,2003(9):1464-1468.

[43] 王培京,孟庆义,肖金玉,等.基于德尔菲法和情景分析的北京市农村生活污水处理工艺优选[J].环境科学学报,2022,42(5):22-29.

[44] 刘慧芳.韩城市乡村振兴评价指标体系构建与实证[D].咸阳:西北农林科技大学,2022.

[45] 朱彬,张小林,尹旭.江苏省乡村人居环境质量评价及空间格局分析[J].经济地理,2015,35(3):138-144.

[46] 郑兴明.基于分类推进的乡村振兴潜力评价指标体系研究——来自福建省3县市6个村庄的调查数据[J].社会科学,2019(6):36-47.

[47] 李裕瑞,张轩畅,陈秧分,等.人居环境质量对乡村发展的影响——基于江苏省村庄抽样调查截面数据的分析[J].中国人口·资源与环境,2020,30(8):158-167.

[48] 朱媛媛,周笑琦,罗静,等.长江中游城市群乡村人居环境质量评价及其时空分异[J].经济地理,2021,41(4):127-136.

[49] 杜岩,李世泰,秦伟山,等.基于乡村振兴战略的乡村人居环境质量评价与优化研究[J].中国农业资源与区划,2021,42(1):248-255.

[50] 朱建建,顾若琳,袁柳."十四五"期间乡村治理数字化的框架与指标体系设计[J].统计与信息论坛,2021,36(9):110-118.

[51] 岑朝阳,肖香龙.乡村振兴战略中"五个振兴"实施路径研究综述[J].领导科学论坛,2021(10):49-56.

[52] 李树德,李瑾.天津市社会主义新农村建设考核评价研究[J].农业技术经济,2006(6):60-64.

[53] 陈秧分,黄修杰,王丽娟.多功能理论视角下的中国乡村振兴与评估[J].中国农业资源与区划,2018,39(6):201-209.

[54] 郑家琪,杨同毅.乡村振兴评价指标体系的构建[J].农村经济与科技,2018,29(17):38-40.

[55] 张挺,徐艳梅,李河新.乡村建设成效评价和指标内在影响机理研究[J].中国人口·资源与环境,2018,28(11):37-46.

[56] MAZUMDAR R. Measuring the well-beings of the developing countries: achievement and improvement indices[J]. Social Indicators Research,1999,47(1):1-60.

[57] BEETON R J S, LYNCH A J J. Most of nature: a framework to re-

solve the twin dilemmas of the decline of nature and rural communities[J]. Environmental Science and Policy,2012(23):45-56.

[58] DURYDINKA M. The tourism function of rural areas in pomerania province:diversity and change[J]. Turyzm,2015,25(1):39-45.

[59] CLOKE P J. An index of rurality for England and Wales[J]. Regional Studies,1977,11(1):41-46.

[60] BROOKFIELD H C. From peasant to farmer:a revolutionary strategy for development[J]. Economic Geography,2016,49(1).

[61] 贵崇朔. 美丽宜居视角下西安市村庄产村融合发展机理与规划调控研究[D]. 西安:长安大学,2019.

[62] 刘继志. 天津市美丽乡村建设模式及效益评价体系构建[J]. 中国农业资源与区划,2019,40(10):256-261.

[63] 孙罡. 村镇宜居社区评价指标体系研究[D]. 北京:北京交通大学,2016.

[64] 陈锦泉,郑金贵. 生态文明视角下的美丽乡村建设评价指标体系研究[J]. 江苏农业科学,2016,44(9):540-544.

[65] 环境保护部.《国家生态文明建设示范村镇指标(试行)》[Z]. 2014.

[66] 郑梦真,朱朝枝. 福建省历史文化型特色小镇发展评价研究——以嵩口镇为例[J]. 农村经济与科技,2020,31(13):288-291.

[67] 王思敬. 河南特色小镇建设指标体系构建初探[J]. 科技中国,2019(10):84-88.

[68] 张月兰,王芳. 江苏省农业特色小镇发展路径评价与优化[J]. 江苏农业科学,2019,47(21):49-52.

[69] 何育静,黄艺,郭丽霞. 特色小镇可持续发展评价研究[J]. 江苏科技大学学报(社会科学版),2020,20(2):79-89.

[70] 马振国. 乡村振兴战略实施效果评价指标体系研究[D]. 上海:上海海洋大学,2019.

[71] 易小燕,陈印军,向雁,等. 县域乡村振兴指标体系构建及其评价——以广东德庆县为例[J]. 中国农业资源与区划,2020,41(8):187-195.

[72] 夏继红,陈永明,周子晔,等. 河流水系连通性机制及计算方法综述[J]. 水科学进展,2017,28(5):780-787.